普通高等教育“十三五”规划教材

美式橄榄球基础教程

冉 勇 主编

中国石化出版社
HTTP://WWW.SINOPEC-PRESS.COM
中国经济出版社
CHINA ECONOMIC PUBLISHING HOUSE

内容提要

《美式橄榄球基础教程》是一本实用性较强的美式橄榄球教学与训练理论用书，可为教师、教练员及广大学生及民众从事触式橄榄球运动提供理论指导。该书全面系统地剖析美式橄榄球运动深厚的内涵，详细介绍NFL所属的32支球队的发展，阐述了美式橄榄球的相关术语与常识，介绍了该项运动的技术与战术要求及比赛的标准与裁判规则，为橄榄球运动的教学、训练和竞赛实践活动提供一些理论上的帮助。

本书适合从事美式橄榄球运动的高校教师、教练员及广大学生阅读。

图书在版编目（CIP）数据

美式橄榄球基础教程/冉勇主编．—北京：中国石化出版社，2018.12（2023.1重印）

普通高等教育“十三五”规划教材

ISBN 978-7-5114-5163-7

Ⅰ．①美…　Ⅱ．①冉…　Ⅲ．①橄榄球运动—高等学校—教材　Ⅳ．①G849.2

中国版本图书馆CIP数据核字（2019）第001220号

中国石化出版社出版发行

地址：北京市东城区安定门外大街58号

邮编：100011　电话：(010)57512500

发行部电话：(010)57512575

http://www.sinopec-press.com

E-mail:press@sinopec.com

北京富泰印刷有限责任公司印刷

全国各地新华书店经销

*

710×1000毫米16开本16.25印张306千字

2019年12月第1版　2023年1月第2次印刷

定价：62.00元

前　言

橄榄球是一项在世界范围内具有一定影响和群众基础的体育项目。美式橄榄球起源于19世纪中期的英国，是由英式橄榄球演变过来的。传入美国后规则改变，进而不断地被改进，慢慢演化成了如今的竞赛形式。美式橄榄球具有高强度与快节奏兼具、个人英雄主义与团队精神并重、力量性与智慧性并存等主要特征，因而深受广大体育爱好者的喜爱和欢迎。作为一项勇者的运动、智者的游戏，美式橄榄球也被称为和平时代的战争游戏。在橄榄球场上不但要有强壮的身体，更要有智慧的头脑。由于球场上位置众多，每个位置对球员的特质要求也不同，任何人都可以在橄榄球场上找到自己的位置，所以美式橄榄球是一项男女老少都可以参与的安全运动。

美式橄榄球是一个能够充分体现冒险、竞技精神与合作精神的体育项目，居北美四大职业体育之首，具有其独特的体育魅力和运动精神。它起源于英国，而又区别于英式橄榄球运动，是结合美国自身国情与文化而发展起来的一种竞技体育。美国职业橄榄球大联盟（NFL）成立于20世纪20年代，是北美四大职业体育运动联盟之首。可以说，美式橄榄球是美国的第一运动，甚至已经成为美国的一种主流文化，是美国体育发展道路上的一个成功典范。不论是从运动员和观众人数、赛事数量、社会影响力，还是从学校体育开展情况方面来看，我国的橄榄球事业都还有非常大的提升空间。尤其是美国职业橄榄球、大学橄榄球和中学橄榄球在层层衔接的同时，又做到了互相促进，使得橄榄球运动在美国得到了全面协调的发展，形成了现如今成熟、完善的竞赛训练体系，这为我国学校体育的发展指明了方向，也提供了宝贵的经验。

针对我国橄榄球运动发展现状，为进一步推广美式橄榄球，促进其在中国的发展，特编写《美式橄榄球基础教程》一书作为参考。本书是一本实用性较强的美式橄榄球教学与训练理论用书，可为教师、教练员及广大学生及民众从事触式橄榄球运动提供理论指导。本书全面、系统地剖析美式橄榄球运动的深厚内涵，详细介绍 NFL 所属的 32 支球队的发展，阐述了美式橄榄球的相关术语与常识，介绍了该项运动的技术与战术要求及比赛的标准与裁判规则，为橄榄球运动的教学、训练和竞赛实践活动提供一些理论上的帮助。

本书内容丰富，结构严谨，逻辑清晰，注重各个章节之间的高度结合，集系统性、科学性、实用性为一体，不失为一本研究美式橄榄球的好书。

本书在编写的过程中，参考和采用了大量有关美式橄榄球的书籍，借鉴了国内外很多相关的研究成果以及著作、期刊、论文等，在此向有关专家和学者致以诚挚的感谢。另外，由于编者水平、时间和精力有限，书中提出的一些观点可能还存在一些遗漏和不妥之处，有一些内容还有待于进一步深入研究和论证，恳切地希望各位读者提出宝贵意见和建议。

编　者

目　　录

第一章　美式橄榄球的发展概述

第一节　美式橄榄球运动概述

橄榄球原名为拉格比足球（Rugby Football），它于1823年诞生于英国的拉格比学校。当时由于一场足球赛中一次偶然的犯规动作，给人们带来了新的启发，于是创造了这种新的比赛形式。这种球赛的球形后来逐渐演变成两端较尖的橄榄形，因此在中国被称为“橄榄球”。19世纪70年代，英国殖民主义扩张使得橄榄球开始登陆北美洲，随后这项运动就开始在美国高校中风靡。美式橄榄球是一种带有频繁接触性的体育运动，具有很强的对抗性和竞技性。英式橄榄球运动员穿戴的是现代足球运动员的服装，不穿护具，被称为“软式橄榄球”。由于在美式橄榄球的比赛中，有相对频繁和较为激烈的暴力冲撞，为了保护运动员尽量不受伤，上场运动员必须穿戴如盔甲一般的全套护具。因此，相对于英式橄榄球，美式橄榄球被称为“硬式橄榄球”。

美式腰旗橄榄球运动源于美国职业橄榄球大联盟（NFL）。相对美式橄榄球来说，腰旗橄榄球有其特别规则，使得比赛形式没有那么激烈。美式腰旗橄榄球保留有美式橄榄球的基本规则和技巧，但是增加了不允许抱人和推人的规定，也就没有了那么强的对抗性。尽管与非腰旗式橄榄球有所不同，但是同样为运动员提供了一个能够享受奋勇向前、技巧运用和战术变动的过程。“腰旗”（Flag）由特制腰带和两侧两根彩带所组成，由运动员佩戴在腰间，可以保护球员避免受伤。当比赛过程中需要通过擒抱对方来阻止进攻时，在腰旗橄榄球比赛中，只需要拉掉对方腰部两侧的腰旗就算是达到目的。

美国人的创新精神使得美式橄榄球相对于英式橄榄球，有了其独特的规则和乐趣。美式橄榄球的规则更加趋于精确和合理，除了有较为激烈的身体冲撞和对抗之外，这项运动也有了更大的乐趣。运动员在比赛中能够充分体现自己的英雄主义和牺牲精神，也能展示自己精湛的脚踢技巧以及准确的手传妙趣。美式橄榄球比赛中，既有粗犷勇猛的进攻，也有奔放潇洒的防守。美式橄榄球的个人英雄主义和战斗模拟特色，使美国人对这项运动产生强烈的热爱。美式橄榄球的竞技模式代表了一种拼搏到底、决不放弃、团结共赢的体育精神和体育文化，也体现了美国人敢于冒险和竞争、敢于进攻和先发制人的传统个性和观念。它是一项非常注重团队配合、战术策略以及高执行力的运动，这也是它的魅力所在。不仅运动员能从日常训练和正式比赛中获益良多，观众也能在欣赏比赛的过程中宣泄情绪、释放压力并且乐在其中。

第二节　美式橄榄球的历史文化基因

一、英国殖民主义扩张使橄榄球登陆美国

19 世纪 70 年代，美国大学开始热衷开展英式橄榄球，在耶鲁大学，个别曾在英国接受过训练的学生向自己班级的同学传授橄榄球技艺，又通过成立协会使橄榄球在整个校园很快传播开来。1874 年 5 月 15 日，哈佛大学与来访的加拿大麦吉尔大学进行了北美首场校际橄榄球比赛；两年后，哈佛、耶鲁、哥伦比亚、普林斯顿 4 所东部知名大学的有关人士在麻省斯普林菲尔德聚会，就统一各校相异的比赛规则进行了商讨，由东部知名大学主导的橄榄球运动开始向全美推广。

二、暴力事件频发为橄榄球成为美国主流运动项目孕育社会文化基因

19 世纪 60—70 年代的美国，社会秩序极不稳定，暴力的使用十分普遍，而政府强力机构又无法对频发的暴力行为进行有效遏制。在此背景下，体现“男子气”且极具野蛮性的进攻性行为或防卫行为倍受推崇。当时美国开展的橄榄球运动不仅允许运动员对对手使用擒抱和附挡，还允许使用击打动作，与社会崇尚的“男子气”的行为方式和价值观十分吻合。橄榄球在大学出现后，比赛中所需的英雄主义、好斗性、敢于牺牲的精神与身体遭受的创伤被普遍认为是勇敢的象征和男性气概的“证书”。无数男性大学生踊跃加入这项运动，以显示自己具有“男子气”，并为适应将来可能面对的“实战”而演练“粗野行为”，从而为橄榄球后来演变成美国主流运动项目孕育了极其稳固的社会文化基因。

三、创新精神和去殖民化心态使橄榄球趋向美国化

早期的英式橄榄球规则存在许多不合理之处，美国人以创新的精神使规则精确化与合理化，并且以美国的方式来改变比赛的形态。如英式规则规定进攻队员

不可以在争得球后将球传给后面的跑动队员，规则改变后此举是合法的，于是中锋和中锋打法应运而生，传统的固定打法被废除，取而代之的是以球为中心的运动战。1882 年，“最低码数”规则开始实行，球权在双方之间的交换甚为频繁，比赛变得更加精彩和扣人心弦。

美国是第一个从英国殖民统治下独立出来的国家，美国人强烈的去殖民化、去英国化心态是推动橄榄球不断朝着美式方向演变的又一重要因素。

四、比赛过于粗野促进美式橄榄球彻底脱离英国根基

然而，开始美国化的橄榄球仍然带有明显的英式色彩，不仅在技术动作上十分粗野，而且在战术设计上也极具伤害性。1905 年，美国有 18 名大学生运动员在橄榄球比赛中丧生，还有 159 人严重受伤或致残。大学橄榄球运动奉行的“男子气”观念虽然在体育比赛范畴内可被接受，但在更广的社会层面上却遭到反对。在宾夕法尼亚大学和斯沃斯斯莫尔大学进行了一场“血腥的比赛”之后，美国部分公众强烈要求取缔这一“野蛮运动”。在西奥多·罗斯福总统的干预下，东部名校开始推进橄榄球竞赛规则的改革。1906 年，至今在英式橄榄球比赛中仍属非法的向前传球被引入比赛，美式橄榄球终于彻底脱离了英国根基。

第三节　美式橄榄球的特征与价值

一、美式橄榄球的主要特征

（一）高强度与快节奏兼具

美式橄榄球运动中，不同的攻防位置对球员的身体素质条件有不同的要求。外接手需要有极快的速度和极强的弹跳能力，跑锋需要有敏捷的步法和强悍的抗干扰能力，四分卫则需要敏捷的思维、开阔的视野和强壮的臂力。所有人在场上各司其职、相互合作，充分体现了人类意志力和身体素质的极高点；进攻方每次的进攻都需要尽可能地推进码数，防守方则需要拼尽全力来抵挡对方的推进，因为不存在类似足球和篮球比赛中的来往传导球，所以比赛节奏非常快。其快节奏具体表现在：例如进攻线队员在开球后要迅速地保护四分卫不受对手的攻击，而四分卫也要快速把球传给跑锋或外接手，同时跑锋或外接手又要利用速度摆脱防守队员向前进攻。这样，速度训练必然是橄榄球训练中的重要内容。在橄榄球场

从不缺少光速跑锋，例如 NFL 第一跑锋——克里斯·约翰逊（Chris Johnson）身高 180cm，体重 88.53kg，身穿 3.76kg 盔甲的百米测试成绩 10 秒 38，完全是世界级短跑名将的速度。

（二）耐力、灵敏、柔韧性并存

美式橄榄球比赛需要持续的耐力。耐力是指人体长时间进行肌肉活动和抵抗疲劳的能力。耐力素质是人身体素质的重要组成部分之一，任何体育运动项目都必须具备相应的耐力素质水平。橄榄球比赛时间虽然只有四节，每节 15 分钟，但由于比赛规则的特殊性，每场比赛的耗时都会在 3 小时左右，这对各个位置球员的耐力都提出了很高的要求，例如进攻和防守线卫之间的相持、跑锋持续输出保持速度的能力。最具代表性的一场比赛发生在 1971 年 12 月 25 日圣诞节的一场季后赛，对阵双方是迈阿密海豚与堪萨斯城酋长队。这场比赛在常规时间就异常胶着，第四节结束 24 平，双方进入加时赛，最终比赛耗时 3 小时 21 分钟。在高强度的比赛中，球员的耐力素质就显得尤其重要。

美式橄榄球比赛需要高度的灵敏。灵敏是指迅速改变体位、转换动作和随机应变的能力。灵敏素质是要求运动员在变化的条件下能迅速表现出对动作的准确判断、快速敏捷的反应速度、高度的自我操纵能力以及迅速改变身体或身体某部位运动方向的能力，这些都是灵敏素质的表现。因此，灵敏素质的提高与发展在体育运动项目中极为重要。例如四分卫需要灵敏的脚步躲闪防守线卫擒杀，跑锋需要不同的速度变化和灵敏反应突破前进。效力于西雅图海鹰队的四分卫拉塞尔·威尔逊（Russell Wilson）是现役球员中灵敏四分卫的代表，联盟中顶级移动能力以及自己的跑动推进能力让他在进入联盟第二年就凭借着自己的灵活跑动能力带领球队拿下超级碗冠军，成为 NFL 历史上第二位率队夺冠的黑人四分卫，也开启了四分卫的新时代。

美式橄榄球比赛需要极限的柔韧。柔韧指人体活动时各关节肌肉和韧带的弹性和伸展度。柔韧素质是人体的一种重要身体素质，在橄榄球比赛中对运动员的柔韧素质有很高的要求。发展柔韧素质除了可以加大动作幅度，使动作更加优美、协调，还能加大动作力量，减少受伤的可能性。例如效力于纽约巨人队、司职外接手的奥德尔·贝克汉姆，他是联盟中身体素质最好的球员之一。贝克汉姆在新秀赛季就交出了 1305 码（1200 米）和 12 次达阵的杰出表现，其中在赛季第 8 周对达拉斯牛仔比赛中完成的一次精彩单手接球达阵瞬间点燃了全美国，并且凭借这次接球成为联盟当红小生。这次接球的难度，可以称为美式橄榄球比赛历史上最难的接球之一。他在起跳接球时，身体完全舒展开，在空中完成了一次下腰动作，充分展现了自己的柔韧性和身体素质天赋。

(三) 个人英雄主义与团队合作并重

现代美式橄榄球比赛有许多情节令观众兴奋不已，如带球者在高速奔跑中接连突破对方多次的前堵后追，最后在跑动中以近乎鱼跃的方式触地得分；防守队员奋起直追，在高速奔跑中向即将达阵的对手猛扑，并将其擒杀在地。运动员要完成这些高难度的技战术动作，不仅需要有极其出色的速度、力量和灵敏素质，更需要有敢于冒险、奋不顾身和勇往直前的个人英雄主义精神。另一方面，美式橄榄球的进攻组、防守组、特勤组共有 22 种以上的位置，比赛时每个队员各司其职，不兼任其他位置，各队进攻组与防守组是两套完全不同的人马，每次攻守转换时双方都要进行“11 下 11 上”的换人程序。加上对抗激烈、速度快、体力消耗大等因素，每队每个位置都有 1～5 名替补队员，所以一支美式橄榄球队通常都由数十至百余名运动员组成。

比赛中，场上队员必须通过相互间的协同配合以形成强有力的攻防体系。以进攻为例，从中锋传球给四分卫开始，直到跑卫带球向对方场地突破，一般包括多个基本配合环节，每个环节都在对方严密防守下进行，任何一个环节出现差错，都可能导致该轮进攻无果并转入防守。

美式橄榄球运动参与人数多，个人英雄主义与团队合作精神并重，能给观众带来场面宏大、对抗激烈、动作惊险刺激等强烈的感官冲击，这与美国传统竞争文化十分吻合。其比赛方式与美国人从其先辈秉承而来的敢于冒险、敢于竞争、敢于进攻、敢于先发制人的传统观念和个性习惯也很贴近。运动员从竞赛训练中受益匪浅，观众也能在欣赏比赛的过程中宣泄情绪、陶冶情操并且乐在其中。

(四) 力量性与智慧性并存

据统计，NFL（美国职业橄榄球大联盟）全部 2400 多名现役运动员平均身高 188cm，平均体重 110kg，而在 NBA，490 多名球员平均身高 201cm，平均体重仅为 101.8kg。现代美式橄榄球的动作虽然比当初已经温和了许多，但作为该项目的精髓，也是最能刺激观众神经、最能体现美国人冒险精神和竞争精神的身体冲撞与对抗却被不折不扣地保留了下来。在 NFL，根据位置分工及相应的技战术要求，二线防守队员游卫与强卫的主要职责分别是防守对方传球和拦截对方的带球进攻者，通常要通过大范围的高速奔跑和主动性的身体对抗动作完成战术任务，速度在全队中最为突出，而体重一般只有 80～95kg；带球向对方冲阵的跑卫以及为其开路的全卫既要有较快的奔跑速度，还要有较大的体重以免被对方轻易地拦截或扑倒，体重多为90～115kg；一线攻防队员，即攻方的截锋、护锋、中锋以及防守截锋、端锋和尖峰，通常在中锋启球后立即（或通过短距离移动后）运用身体对抗动作来完成战术任务，为了在对抗中占据优势，其体重大都在120～160kg之间。2011年，NFL体重超过130kg的选手多达524人，他们几乎都是一线攻防队员。布法罗比尔队的尖峰队员迈克·贾士帕身高196cm，体重181kg，是目前NFL体重最大的选手。

以上数据充分表明，这是一项对力量要求极高的体育运动。尽管激烈的力量对抗十分能够刺激观众的神经，但是更吸引球迷的应当是这项运动中所具备的复杂而又精确的战术策略配合。想要打好一场比赛，球员不仅仅需要过人的速度和力量，同时超强的思维能力和应变能力也不可或缺。力量与智慧并存，这应该是美式橄榄球能够一直蓬勃发展、吸引众多观众的重要原因。

二、美式橄榄球的教育价值

青少年是国家的栋梁，是中华民族的未来。青少年的教育问题，可以说是一个关乎国家的发展前途和民族的伟大复兴的问题。日本学者前川蜂雄在《体育理论》一书中写道："运动目的是培养他们恰当地进行生活应有的态度和能力，求得人全面协调发展，培养民主的个性，个人独立性，对自己行为的责任感，与别人的协作性，以及在生活中有良好的心情、公正、信任感、承认规则和规定。"美式橄榄球运动作为一项教育内容，不仅可以帮助青少年强身健体，还能培养心理素质，培养规则意识、责任意识、团队合作意识等。美式橄榄球对于教育对象所起到的作用和产生的价值，总结有以下几点：

（1）提高身体素质，提升运动能力。

美国橄榄球运动非常注重训练运动员身体的协调性和灵活性。在学习橄榄球运动的过程中，学生能够得到全方位系统的体能训练；在进行美式橄榄球比赛时，学生能在趣味中强身健体。

（2）塑造健全人格，形成良好价值观。

每个人在橄榄球队伍中都不是独立分离的个体，一场比赛的胜利靠的是所有队员的有机结合和整体表现。美式橄榄球能够教给学生的有很多：如何进行团队合作，肩负起团队给予你的责任；如何在球场上拼搏到底，取得最优的比赛成绩；如何尊重对手，帮助队友；如何去面对和克服人生中的种种困难，走向成功……除此之外，一场比赛的结果也教给大家如何正视成功和失败，形成良好的价值观。

（3）促进智力发展，提升思维能力。

美式橄榄球比赛不仅仅是身体运动的过程，也是思维活跃的过程。在很多人眼中，美式橄榄球的球员似乎个个都是膀大腰圆、四肢发达、头脑简单。实际上美式橄榄球是从哈佛、耶鲁、布朗、达特茅斯这些汇集了精英阶层、知识阶层的美国大学校园流行起来的。所以毫不夸张地说，橄榄球运动是生于高校、生于常春藤的，它是多种文化在美国汇流后，经由精英学子们加工优化才应运而生的。橄榄球运动对球员的思维能力有很高的要求，NFL 规定球员必须高中毕业三年以上才能参选，很重要的原因是 NFL 坚信，只有经过大学系统性的学习和熏陶，球员们才能更深刻地理解橄榄球这项运动。在橄榄球训练过程中，教练通常采用引导的方式，让学员敢于挑战权威，激发学员创新思考的能力。

对于青少年来说，比赛现场就像是战场，大家的努力目标就是分析战略，计划战术，将球队的能力最大化。学生参与其中，不仅需要强健的体魄，更需要对战局的把握、对比赛的认知。因此一场表现良好的比赛，是能够促进运动员的智力发展和提升其思维能力的。

(4) 培养优秀品质，提升各种素养。

美式橄榄球运动使学生拥有强壮体魄的同时，也能培养其各种优秀品质，提升素养，如：勇敢的品质，乐观的心态，独立的能力和协作的意识。

橄榄球运动是一个可以培养孩子勇敢品质的游戏，所以橄榄球运动在美国被称为“和平时代的战争游戏”，比赛规则就是不断向前推进占领对方阵地获得胜利。在训练中模拟军事化的管理方式，无条件完成教练下达的任务，同时教练也会采用引导式的方法，鼓励青少年当众分享训练感受、挑战新的战术动作、争当轮值队长等，在玩的过程中鼓励孩子去克服害怕、犹豫、惰怠的心理，进而培养勇敢的品质。美式橄榄球经过 100 多年的不断完善，危险系数已经低于足球运动，所以可以放心让青少年参与这项锻炼勇敢精神的运动。

乐观是个人对自身以及自身所具有特征所持的一种积极的态度，不因自身优点而骄傲，也不因自己的缺点而自卑，能够坦然接受现实中的自己。在橄榄球训练过程中，强调每名队员都是优秀的，每个人都有他过人的优势，它会体现在知识、经历、能力、天赋、资源等多方面，让每名队员都发现自己的优势，正视自己的劣势，乐观积极地面对生活。

独立心态是指其有独立的思想和独立的人格，表现为生活自理能力、学习自主能力、品德自检能力和行为自律能力等。在橄榄球训练过程中有铁的纪律，例如在训练过程中不允许有走动，必须是跑动。在球场上休息时只允许单膝跪地，不能坐在地上或头盔上休息，因为橄榄球场就是战场，要随时做好战斗的准备。培训青少年的这种自律行为是走向独立的第一步。同时在训练过程中强调自己的事情自己做，从穿戴盔甲、完成训练动作，到训练结束整理训练器材等，教练全部要求学员独立完成，并会在一旁进行指导同时给予表扬与激励，这样会让孩子喜欢上自己做的事情，建立了自信，从而慢慢地学会独立。橄榄球运动最重要的一项是让孩子敢于面对输赢、面对不公，例如在训练过程中你已经竭尽全力但比赛时还是没有上场的机会，赛场上因为裁判的误判使你失去了比赛的胜利。你要让孩子知道这也是成长的一部分，要想获得最终的胜利这是必然要经历的过程，这是一种自我控制延迟满足的能力，是具备独立人格的标志，今后步入社会这种能力被视为获得成功的第一要素。

协作是建立在团队的基础之上，发挥团队精神、互补互助以达到团队最大工作效率的能力。这点在美式橄榄球运动中得到了充分体现，在橄榄球场上没有个体明星，球队的胜利需要每个人的努力。不论你是进攻组的队员，还是防守组或是特勤组的队员，对于橄榄球的队员来说，不仅要有个人能力，更需要有在不同的位置上各尽所能、与其他成员协调合作的能力。比如进攻组的四分卫，他是场上的核心，但不管个人能力有多强，也必须要有线上队员的保护，如果线上队员不能阻挡住对方对四分卫的冲击，再出色的四分卫、再好的战术也不可能成功。还有防守组，不要认为他们的作用只是防守，他们不但要遏制对手的进攻，还要为自己进攻组的队员创造更好的进攻位置，同时还要争取抄截对方的传球，让球队由守转攻甚至直接得分。再例如特勤组的踢球手，感觉全场他出场的时间很有限，但他往往要在球队进攻陷入僵局的时候，通过稳定的射门为球队打开胜利之门。所以橄榄球的每名队员都会为争取每一寸领地而浴血奋战，只要同属一支球队，无论你负责哪个位置，队友的支持与信任都是基础，通过彼此间的相互配合、分工协作才能实现团队的胜利。所以无论比赛场上，还是游戏场上，只要在橄榄球面前，所有人都是配角，只有橄榄球是主角，它是全场争夺的唯一焦点，它是胜利的象征，是快乐的源泉，它具备将不同肤色、不同性格、不同身高、不同体形、不同背景、不同年龄的参与者变成朋友甚至是战友的魔力。了解自己、了解你的伙伴、珍视彼此的差异，这就是橄榄球协作精神的体现，对青少年协作意识的培养意义重大。

第二章　美式橄榄球的代表性球队

第一节　美国联合会各区的球队简介

一、美国联合会东部分区

美国联合会东部分区各球队简明情况见表 2－1。

表 2－1　美国联合会东部分区各球队简明情况表

球队名	布法罗比尔队	迈阿密海豚队	纽约喷气机队	新英格兰爱国者队
建队时间	1959 年	1965 年	1959 年	1959 年
主场名	拉尔夫·威尔逊体育场	职业运动员体育场	巨人体育场	吉列体育场
主场所在地	纽约州，布法罗市	佛罗里达州，迈阿密市	新泽西州，东卢斯福市	马萨诸塞州，福克斯伯罗市
最知名球星	O. J. 辛普森	丹·马里诺	乔·纳马斯	汤姆·布雷迪

(一) 布法罗比尔队

布法罗比尔（Buffalo Bills）是美国国家美式足球联盟在纽约州布法罗的一支球队（其队标见图 2－1）。比尔在 1960 年作为美国橄榄球联盟的一个创始成员成立，后来在美国橄榄球联盟（以下简称美联）和国家橄榄球联盟合并后成为大联盟的成员。

图 2－1　布法罗比尔队标志

1947 年球队经过命名竞选更改了名字，当时球队是被边疆石油公司的老板詹姆斯·布瑞尔（James Breuil）所拥有。有人建议此球队用“比尔”的名字，这跟著名的西部边疆开拓者野牛比尔·科迪（Bill Cody）同名，同时还进一步涉及了“边疆”的主题意义。那位获胜的竞选者提到，此球队是由边疆石油公司援助的，这就像“在纽约州西部开拓了一片新的体育边疆”。当球队于 1960 年加入新的美国橄榄联盟时，它仍沿用这一队名。

球队自 1959 年以来一直被小拉尔夫·威尔森（Ralph Wilson Jr.）拥有，价值多达7.92亿美元。

纽约州的布法罗市毗邻加拿大，冬天十分寒冷。许多年来，市民们就靠着观看体育比赛，特别是橄榄球赛熬过漫漫冬日。

布法罗市早先拥有一支隶属全美橄榄球联合会（AAFC）的职业球队：布法罗比尔队。1950年，AAFC与NFL合并，比尔队未获准加入，被迫解散。后来，美国橄榄球联盟（AFL）和NFL相抗衡时，布法罗市组队加入，并沿用原队名。比尔是威廉的昵称，来源于一个叫威廉·弗雷德里克·科蒂的人，传说此人非常善于捕杀野牛，而布法罗在英文中就是指野牛。

布法罗比尔队的历史可谓是起伏跌宕，一波三折。1964年，俱乐部成立刚刚4年，主教练路·萨班便率领比尔队连续夺得两届AFL冠军。他本人也连续两年获得AFL年度最佳教练员称号，此后萨班离开了球队，比尔队也随之进入低迷期。

在1967—1972年的5个赛季，他们一共只赢了13场比赛，尤其是1968年赛季，比尔队在AFL排名倒数第一，也因此获得了挑选状元秀的权利。他们挑选了当年美国大学橄榄球最佳运动员海斯曼奖得主O.J.辛普森。辛普森在比尔队的前三年并未得到多少拿球的机会，直到1972年萨班又回到了比尔队执教，他才开始受器重。1972年，辛普森赢得了他在NFL的第一个单赛季冲球王的称号，之后他又先后3次夺得了该称号。在接下来的几年里，辛普森成为NFL历史上获得头衔最多的跑卫之一，几乎打破了NFL所有的跑卫纪录。1973年9月16日，辛普森冲球250码，创造了当时NFL单场比赛冲球纪录。整个赛季14场比赛，他共冲球2003码，成为历史上第一位单赛季冲球逾2000码的队员，打破了由克利夫兰布朗队吉姆·布朗此前保持了12年的纪录。尽管辛普森表现出色，比尔队在季后赛中却总是铩羽而归。辛普森也于1977年离开布法罗，回到老家加利福尼亚州的旧金山49人队打球。1983年他成为比尔队第一位进入NFL名人堂的球员。1994年，发生了轰动一时的辛普森案件：辛普森的前妻和她的一个朋友遇害身亡，辛普森被指控谋杀。虽然最后辛普森被无罪释放，但事实到底如何，至今仍是一个谜。

1986年起，马夫·莱维接掌帅印，采用强有力的“无合议进攻”，该队成为NFL最强大的球队之一。1988年首次杀进AFC冠军赛后，6年内夺得了5次AFC东部组冠军。他们还连续4年杀入超级碗（1991—1994年），但4战4败。从1991年以1分之差输给了纽约巨人队到1993年以35分之差惨败给达拉斯牛仔队，比尔队每次在超级碗决赛中都是饮恨而归。主教练莱维在他执教的11年里，带领比尔队8次打进季后赛，于2001年入选NFL名人堂。

总的来说，比尔队在 1964 年和 1965 年连续两次赢得美国橄榄球联盟的冠军，但自从美联与国联合并后就再也没捧过冠军奖杯了，尽管曾连续 4 次在九十年代打入过超级碗决赛（1990—1993 年）。

（二）迈阿密海豚队

迈阿密海豚队属于美联会东区球队（其队标见图 2－2），成立于迈阿密，1966 年加入美国橄榄球联合会，并于 1970 年加入由美国橄榄球联合会和国家橄榄球联合会兼并而成的国家职业橄榄球联盟。

图 2－2　迈阿密海豚队标志

球队的名字是由球迷投票选出来的。在 20000 名球迷当中共有 622 名球迷一致建议选用“海豚”。球队的股东乔·罗宾表示他之所以喜欢这名字是因为海豚是海洋里最快最聪明的生物之一。电视明星丹尼·托马斯（Danny Thomas）也曾是海豚队的股东之一。

现在海豚队被房地产大亨史蒂芬·罗斯（Stephen Ross）拥有，价值多达 10.1 亿美元。

迈阿密海豚队的主场位于佛罗里达州的迈阿密市。队名源于经常出没于佛罗里达海岸的海豚。海豚队于 1965 年建队，属当时的美国联盟（AFL）。在刚诞生的几年内，球队成绩平平，一直到 1970 年才改观。当时年仅 40 岁的前巴尔的摩小马队王牌教练唐·舒拉接任球队的主教练，建立全新的教练班子，采用先进的管理体制。他执教的第一年，海豚队就打入季后赛。翌年，一路杀入超级碗，只是因为防守对方地冲球进攻不利而失败。但海豚队就像一股海蓝色旋风一样，预示着一个历史性赛季的到来。

1972 年，海豚队前 4 场连胜，主力四分卫格里斯受伤，舒拉换上 38 岁老将厄尔·莫劳上场。莫劳不负众望，率队以不败战绩打入 AFC 冠军赛。冠军赛关键时刻，伤愈复出的格里斯重新上场，奇迹般地战胜匹兹堡钢人队获得 AFC 冠军。在接下来的超级碗中，海豚队凭借攻防俱佳的表现力挫华盛顿红皮队夺得球队第一个超级碗。海豚队创造的单赛季不败纪录保持至今，无人匹敌，被称为“完美赛季”。

翌年，海豚队再接再厉，多次以大比分战胜对手，势不可当地第二次捧得超级碗。之后近 10 年中，舒拉虽多次率队打入季后赛，却再没能捧杯。1983 年，海豚队终于击败了洛杉矶闪电队重新夺得 AFC 冠军，但在超级碗角逐中，不敌吉布斯率领的华盛顿红皮队。

同年，海豚队在选秀中挑选了匹兹堡大学的四分卫丹·马里诺，揭开了海豚队队史上新的辉煌一章。10 多年中，马里诺创造了多项 NFL 纪录，赢得了包括“联盟最有价值球员”在内的无数奖项，成为橄榄球历史上最成功的四分卫之一。他在 1984 赛季的纪录包括单赛季最多总传球码数（5084）、最多达阵传球（48）、最多传球成功次数（362）。他在 1995 年打破了由弗兰克·塔肯顿保持的职业生涯传球码数、达阵次数和传球成功次数。唯一令人惋惜的是，他没有赢得一枚超级碗戒指。

经历了 26 年的传奇执教生涯后，舒拉于 1995 赛季后从主教练位置上退下，由前达拉斯牛仔王朝的缔造者吉米·约翰逊接替。后者尽管带队 3 次杀入季后赛，但始终无缘超级碗，不得不在 1999 赛季后黯然离去，同年马里诺带着超过 6 万码的四分卫纪录退役。

近年来海豚队经常在赛季后半段表现不佳，往往错失晋级季后赛的机会，被媒体戏称为“十二月大坎儿”，喻其不能适应客队的寒冷室外气候而失去战斗力。球队在近几年频频更换主教练。2007 赛季，前洛杉矶闪电队的进攻指导卡梅隆出任主教练。

总结海豚队的荣耀如下：

海豚队曾两次获得超级碗冠军：1972 年以 14 比 7 战胜华盛顿红皮，次年（1973 年）又以 24 比 7 战胜明尼苏达维京人卫冕成功。除此之外，海豚队还在 1971 年、1982 年、1984 年分别杀入过超级碗总决赛。

在海豚队的历史上，大部分时间都是由 NFL 历史上最成功的教练之一唐·舒拉（Don Shula）执教（1970—1995 年）。在他的执教生涯中，他曾赢得 347 场球赛。1971 年，是他成为主教练的第二年，海豚队杀进了超级碗决赛，但没能捧得冠军奖杯。次年，他们获得超级碗冠军，并成为 NFL 历史上有史以来唯一一个全胜夺冠的球队。1973 年，他们再次闯入超级碗决赛。他们是首支连续三年杀进超级碗的球队。

20 世纪 80 年代，在联盟历史上最有经验的四分卫之一丹·马里诺（Dan Marino）的率领下，海豚队多次以出色的表现闯入季后赛，并两次跻身超级碗决赛，但没能最终夺冠。

（三）纽约喷气机队

纽约喷气机（New York Jets）是美国国家橄榄球联盟在新泽西州东拉特福特的一支球队（其队标见图 2－3）。喷气机在 1960 年作为美国橄榄球联盟的一个创始成员成立。

1960 年，喷气机队的前身纽约“泰坦队”加入了美国橄榄球联盟。1963 年，当索尼·维布林（Sonny Werblin）从创始人哈利·维斯莫（Harry Wismer）手中买下球队时，为了反映球队与现代化的联系以及他对球队的期待，索尼就将球队改名为“喷气机”。他希望球队的表现能如其名一样，一喷而发，一发即成。

图 2-3 纽约喷气机队标志

球队自 2000 年以来一直被罗伯特·伍德·约翰逊（Robert Wood Johnson）拥有，价值多达 12.3 亿美元。

纽约喷气机队主场位于新泽西州的巨人体育场，球衣颜色是绿色和白色，被球迷称为“绿色军团”。球队的历史可追溯到 1959 年扩编的纽约泰坦队，1963 年更名为喷气机队。

1964 年，喷气机队在选秀中挑选了四分卫乔·纳马斯，他当年就以出色表现赢得了“年度最佳新秀”。接下来的几年，他再创辉煌，创下 14 场赛制时的单赛季传球 4007 码的四分卫纪录，成为当时美国最耀眼的体育明星和众多少女心中的白马王子。在纽约，他更受到顶礼膜拜，成为社交场合的名人，被冠以“百老汇乔”。1968 年，喷气机队在第三届超级碗中力挫巴尔的摩小马队，成为第一支获得超级碗的 AFC 球队，扭转了 NFC 的独霸局面。

之后的 20 年，喷气机队虽屡有上佳表现，却总与冠军失之交臂。最引人注目的是 1981 赛季，马克·加斯蒂诺和乔·克莱科两人共取得了 41.5 个擒杀，创造了 NFL 纪录，其防线也被戏称为“纽约擒杀交易所”。

2000 年，球队老板里昂·海斯将球队挂牌拍卖。接下来主教练辞职，接替他的防守教练员由于管理层的不稳定也辞职，大批球员也因为种种原因而离开，于是本来很有希望夺冠的球队顿时七零八落。

之后，球队被强生公司买下，聘用“激情教练”赫尔曼·爱德华兹来重建这支队伍。爱德华兹不负众望，执教第一年就将队伍带入季后赛，可惜第一轮遇上经验丰富的奥克兰突袭者队，年轻的喷气机队惜败。带着希望和荣耀进入 2002 赛季，替补四分卫查德·潘宁顿表现出色，喷气机队连克劲敌获得 AFC 东部分区冠军进入季后赛。季后赛第一轮在泥泞的草皮上以 41 比 0 的悬殊比分战胜小马队，整个联盟为之一震。第二轮面对正处在顶峰时期的老对手突袭者队，再次惜败。

经历了前两年的成功，队员们的磨合渐入佳境并且积累了一定经验。球迷和媒体开始重新看好喷气机队，不料 2003 赛季前的一场热身赛，潘宁顿手掌不幸骨折，被迫休息了大半个赛季，喷气机队也就颗粒无收。2006 年 1 月，球队宣布聘任新英格兰爱国者队的防守教练艾里克·曼吉尼出任球队的主教练，期待这位爱国者队三夺超级碗的关键人物能带领球队更上一层楼。曼吉尼上任的第一个赛季球队便一举杀入了季后赛，但在首轮就输给了老东家爱国者队。曼吉尼和他的恩师比利切克之间的恩恩怨怨也一度被媒体疯狂炒作。

回顾纽约喷气机队的战绩，在 AFL 与 NFL 的冠军对决中，当喷气机队在第三届超级碗上战胜巴尔的摩小马队时，便成了首支击败 NFL 俱乐部的 AFL 球队。但自从那以后，喷气机队再也没捧过超级碗。

(四) 新英格兰爱国者队

新英格兰爱国者（New England Patriots）是美国国家橄榄球联盟在马萨诸塞州福克斯堡的一支球队（其队标见图 2－4）。爱国者在 1960 年作为美国橄榄球联盟的一个创始成员成立，后来在美国橄榄球联盟和国家橄榄球联盟合并后成为大联盟的成员。

图 2－4　新英格兰爱国者队标志

目前爱国者队被罗伯特·克拉夫特（Robert Kraft）拥有，价值高达 26 亿美元。

历史总是戏剧性地重演。2004 年 2 月 1 日，第 38 届超级碗，又是在比赛只剩下不到 10 秒钟的时候双方仍然持平；又是亚当·维纳蒂埃利踢出一记奠定胜局的 40 码开外的射门；爱国者队又一次夺得了超级碗冠军，他们的核心人物四分卫汤姆·布雷迪又一次获得了超级碗赛“最有价值球员”的称号。一切都与两年前的超级碗赛惊人地相似，唯一不同的是这一次他们的对手是实力较弱的卡罗莱纳黑豹队，而两年前与他们对阵的是当时的夺标热门洛杉矶公羊队。当爱国者队在开赛第一场比赛就被布法罗比尔队以 31 比 0 灌了个零蛋的时候，谁能想到他们会在后来以 15 场连胜的骄人战绩捧走超级碗。如果说 2001 至 2002 赛季是爱国者队的黑马赛季的话，那么 2003 至 2004 赛季则是他们日臻成熟、走向巅峰的赛季。

新英格兰地区位于美国东北部。当初英格兰殖民者初踏美洲大地时，把这块地区起名为“新英格兰”。爱国者队成立于 1959 年，最初加入 AFL。由于波士顿在美国独立战争中具有举足轻重的地位，因此球队取名“波士顿爱国者队”。球队的队服和队徽也由美国国旗的红、蓝、白三色组成。

在爱国者队建队后的前 10 年里，经常四处颠簸，最后终于在波士顿以南 30 英里的福克斯伯罗安家。因为主场不在波士顿市内，俱乐部于 1971 年改名为新英格兰爱国者队，以吸引新英格兰地区几个州的球迷。

1970 年 AFL 和 NFL 合并后，球队战绩不佳。直到 1976 年才以外卡的身份跻身季后赛，但随即负于最终夺冠的奥克兰突袭者队。1986 年爱国者队杀进超级碗决赛，但时运不济，撞上了当时势不可当的芝加哥熊队，以 10 比 46 败走麦城。超级碗赛失利以后，在队里效力了 12 年的进攻护锋约翰·汉纳退役。汉纳 9 次入选全明星赛，是爱国者队获此殊荣最多的队员。1991 年，他成为第一个进入名人堂的“爱国者”。

爱国者队在 1987—1993 年间陷入低谷，1990 赛季更是以 1 胜 15 负的成绩垫底。1993 年，曾率领纽约巨人队两夺超级碗的比尔·帕瑟尔斯接手爱国者队任主教练，他利用第一选秀权挑选了四分卫朱·布莱德索。1994 年，成绩开始反弹，在队里效力刚刚两年的布莱德索以 4555 码的成绩名列当年 NFL 传球总码数榜首，并成为 NFL 历史上入选全明星赛的最年轻四分卫。

爱国者成立的前 42 年，两次进入超级碗决赛都无功而返，直到 2002 年初才第一次捧回超级碗。那一年的胜利颇具戏剧性。2001 年的“9·11”恐怖袭击事件掀起了全美爱国主义高潮。大约是因为爱国者队这个名字的缘故，这支队伍突然间备受老天眷顾，神话般地起死回生。球队在 5 胜 5 负之后，居然在替补四分卫布雷迪的率领下连胜 6 场，打进季后赛。这以后奇迹更是接连不断，在对奥克兰突袭者队的外卡比赛中，维纳蒂埃利先是在比赛将要结束的时候以一脚 45 码的射门把比分扳平，进入加时赛时。加时赛，爱国者队首先进攻，维纳蒂埃利又是一记射门以突然死亡法结束了比赛。这也是他们在扎根了 30 年的福克斯伯罗体育馆的最后一场比赛。爱国者队在后来的第 36 届超级碗中以另一记维纳蒂埃利的射门战胜了夺冠大热门洛杉矶公羊队，为新英格兰捧回了第一个 NFL 冠军奖杯。球队回到波士顿的时候，150 万球迷夹道欢迎。当地的人们把伦巴第杯（超级碗奖座）一站一站传遍新英格兰各州，以庆祝他们的胜利。2002 年，球队迁入新体育场。2003 与 2004 赛季，爱国者连续赢得超级碗。

得益于比利切克的运筹帷幄和成功的球员管理策略，4 年 3 夺冠的爱国者队虽然历经了不少大牌球员离队和因伤退役的冲击，但在 2005 和 2006 赛季依然保持了强劲的实力，继续稳坐美联会东部分区冠军宝座。尤其是 2006 年季后赛他们几乎再次杀入超级碗，在美联会的冠军决赛中上半场还以 21 比 3 领先，不料在领先的大好局势下被小马队翻盘，无缘超级碗。

2007 年爱国者在常规赛打出 16 比 0 的全胜赛季，还保有 NFL 常规赛最长连胜纪录——21 场（2003 年 10 月—2004 年 10 月）。

2015 年 2 月 2 日，爱国者在第 49 届超级碗上 28 比 24 击败上届冠军西雅图海鹰，第四次夺得超级碗。2016 年，爱国者进入季后赛但以 18 比 20 不敌对手丹佛野马队无缘第50届超级碗，但在2017年爱国者对阵亚特兰大猎鹰队，第三节比赛快结束时，爱国者落后猎鹰队25分，但爱国者找到猎鹰队的防守漏洞，接连拿下比分，最后打成平手，爱国者将比赛拖入加时——超级碗历史上第一次加时赛。在加时赛中爱国者逆转比赛获得了队史第五座超级碗。

在2018年爱国者24比20击败杰克逊维尔美洲虎队进入第52届超级碗，但最终以33比41不敌费城老鹰队，无缘超级碗。

二、美国联合会北部分区

美国联合会北部分区各球队简明情况见表2-2。

表2-2 美国联合会北部分区各球队简明情况表

球队名	辛辛那提猛虎队	克利夫兰布朗队	巴尔的摩乌鸦队	匹兹堡钢人队
建队时间	1967年	1944年	1996年	1933年
主场名	保罗·布朗体育场	克利夫兰布朗体育场	M&T银行体育场	亨氏体育场
主场所在地	俄亥俄州，辛辛那提市	俄亥俄州，克利夫兰市	马里兰州，巴尔的摩市	宾夕法尼亚州，匹兹堡市
知名球星	卡森·帕尔莫	吉姆·布朗	雷·刘易斯	乔·格林尼

(一) 辛辛那提猛虎队

猛虎队成立于1937年，是美国橄榄球联盟的一员（其队标见图2-5）。当时，辛辛那提市的动物园因饲养有美国罕有的动物孟加拉虎而著称。1937年，猛虎队以2胜4负2平的成绩第一次出现在众人面前，但次年美国橄榄球联盟便倒闭了。1938年与1940年，新的美国橄榄球联盟与猛虎队再次重现，但每次都只能持续一年而已。26年后，当老板保罗·布朗（Paul Brown）出现在现代化的美国橄榄球联盟时，一支职业橄榄球队于1967年重返辛辛那提市。已进入名人堂的保罗克利夫兰布朗队的创始人，他曾于1946年到1962年间担任布朗队的教练。为了让新的球队与过去的职业橄榄球有所传承，他便再次选用“猛虎”作为新球队的名字。

图2-5 辛辛那提猛虎队标志

球队目前被保罗·布朗的儿子麦克（Mike）拥有，价值多达5.62亿美元。

辛辛那提是美国老牌的工业重镇，和克利夫兰同为俄亥俄州最主要的两个城市。1968年，在原克利夫兰布朗队的传奇教练保罗·布朗的发起下，辛辛那提市得到了AFL的一个扩充名额，组建了辛辛那提猛虎队。布朗任俱乐部总经理兼第一任主教练。1970年，AFL和NFL正式合并。同年，猛虎队第一次夺得了中部组冠军并进入季后赛，可惜在季后赛中被当时的巴尔的摩小马队以17比0的悬殊比分淘汰。

1972年，肯·安德森成了球队的首发四分卫。在随后的10年里，安德森4次带领猛虎队进入季后赛。值得一提的是，在1981赛季，猛虎队第一次赢得AFC冠军，打入第16届超级碗。猛虎在超级碗中的对手是一路跌跌撞撞闯入的旧金山49人队。虽说两军相逢勇者胜，但往往幸运女神的垂青更加重要。尽管猛虎队在全场比赛中气势如虹，却3次在攻入49人队的红区后丢球而丧失得分的黄金机会。在比赛的第四节，猛虎队曾推进到49人队一码线处，4次进攻都未能达阵得分，最终落败。一个几近完美的赛季就这样以不完美的结局告终。

1984年，毕业于马里兰大学的新秀四分卫布默尔·伊实森展现出他的才华，但因为该队防守漏洞百出，一连3年没能进入季后赛。球队老板保罗·布朗给主教练山姆·伟奇下了死命令，要么1988赛季进入季后赛，要么教练组全体走人。重压之下，伟奇从严治队，收到了意想不到的效果。1988赛季，12胜4负的猛虎队取得了球队有史以来的最好成绩，夺得了美国联盟的中部组冠军并进军季后赛。在季后赛中，猛虎队首先轻取西雅图海鹰队，随后以较大优势击败布法罗比尔队，第二次夺得AFC冠军，进军第23届超级碗。历史总是惊人的相似，这次猛虎队在超级碗再次遭遇旧金山49人队，49人队的四分卫依然是乔·蒙坦纳。不同的是，这次命运女神似乎站在了猛虎队的一边。全场比赛，尽管猛虎队表现一般，却凭借3个点球和一个回球达阵以16比13领先49人队。此时比赛还剩3分钟，猛虎队的球迷仿佛已经触摸到超级碗的边沿了。然而，幸运女神又同猛虎队开了个玩笑。急于保住胜利果实的猛虎队放弃了区域防守，采用人盯人战术，酿成大祸。蒙坦纳沉着地带队向猛虎队后方推进，在比赛进行到最后34秒，达阵成功。猛虎队在7年内第二次输给了蒙坦纳和49人队。

1991年，保罗·布朗病逝，享年82岁，宣告了球队一个时代的结束，也开始了长达10多年的低迷。从1992年至2002年，猛虎队换了4任主教练，几乎年年在NFL垫底，得到3次状元秀，却还是没挑到一个能够领军的四分卫。2003年，猛虎队聘用了原华盛顿红皮队的防守教练马文·刘易斯为主教练，收得成效，取得8胜8负的战绩，球队也展现出新的气象。猛虎队还使用当年的状元选秀权挑选了南加州大学毕业的当年最佳大学生球员（海斯曼杯得主）四分卫卡森·帕尔莫。他第一个赛季一场比赛都没有首发，但其刻苦的训练和巨大的潜力赢得了刘易斯的信任。2004年训练营开始前，他就被宣布为新赛季的主力四分卫。随着卡森·帕尔莫的成熟，猛虎队逐渐成为NFL最有进攻威力的球队之一。终于在2005赛季，在阔别季后赛 15 年后，猛虎队以 11 胜 5 负的战绩，以美联合北区小组第一的身份进入季后赛。

回顾猛虎队的战绩，虽然于 1981 年与 1988 年分别赢得美联（AFC）冠军，但两次都在超级碗决赛败给了旧金山 49 人队。

（二）克利夫兰布朗队

克利夫兰布朗队于 1946 年成立，是全美橄榄球联合会（AAFC）的一员（其队标见图 2-6），1950 年球队加入了 NFL 与 AAFC 合并后的联盟。

图 2-6　克利夫兰布朗队标志

“布朗”这一队名是由球迷评选出来的，是为了纪念主教练保罗·布朗（Paul Brown）。但布朗教练对此感到很不舒服，于是球队更名为“美洲豹”。但那时已有一支半职业球队正在使用此队名，在百般无奈之下，布朗教练同意用回原名，而且他也当众表明那并不是因为他而取的，在当时还有一位重量级拳击手乔·路易斯（Joe Louis）被称为“布朗轰炸机”。

1946 年建立的布朗队于 1996 年被老板阿特·莫德尔（Art Modell）迁移到了巴尔的摩，成了现今的巴尔的摩乌鸦队，而于 1999 年建立的新布朗队由兰道夫·莱勒（Randolph Lerner）拥有，价值多达 6.95 亿美元。

克利夫兰布朗队始建于 1944 年 6 月，原属 AAFC，后来并入 NFL。历史上，布朗队曾经独步天下，所向无敌。在 AAFC 仅有的 4 年历史中，布朗队夺得全部 4 次冠军（1946—1949 年），胜 52 场，仅输 4 场，是 AAFC 里的龙头老大。1949 年，布朗队和其他 AAFC 强队一起加入了 NFL。当时原 NFL 的队伍对布朗队都不屑一顾，认为他们不是一支 NFL 级别的队伍，并料定他们进入 NFL 以后将会一败涂地。可事实上，布朗队首次在 NFL 亮相就以 35 比 10 狂胜上一年的 NFL 冠军费城老鹰队，而且最后以 12 胜 2 负的成绩捧走了当年的 NFL 总冠军杯。从 1950 年起，他们连续 6 年获得 NFL 东部赛区冠军，并在 1954 年和 1955 年又获得两次 NFL 总冠军。

布朗队前 10 年的成功很大程度上归功于灵魂人物四分卫奥托·格拉汉姆。他率队 10 年，10 次夺得分区或联盟冠军，这在职业橄榄球史上是空前的。布朗队的球迷们甚至相信只要他在场上，他们的球队就会战无不胜。格拉汉姆是 1965 年入选 NFL 名人堂的第一位布朗队球员。

接下来的几年里，尽管布朗队拥有吉姆·布朗这样的超级球星，却仍然连遭败绩。吉姆·布朗在其 9 年的职业生涯里，年年进入全明星阵容，8 次获 NFL

跑卫王称号，刷新了当时多项NFL纪录。1961年，亚瑟·摩德尔以天价400万美元买下了布朗队。第二年，他辞退了执教16年的保罗·布朗，提拔助理教练布兰顿·科利尔执掌帅印。科利尔致力于与吉姆·布朗及其他老队员建立良好的关系，以获得大家的认可。他的努力最终得到了回报。他带领球队于1964年夺得了球队自1955年以后的第一个也是最后一个NFL总冠军。1965年赛季结束后，年仅29岁的吉姆·布朗宣布退役，震惊了球坛。他以12312码的成绩名列NFL跑卫总成绩榜首。这一纪录直到20年后才被芝加哥熊队的沃尔特·佩顿打破。

吉姆退役以后布朗队雄风不再，虽然于1986年、1987年、1989年三次进入AFC决赛，但都输给了丹佛野马队。90年代以后，球队战绩平平。

1995年，摩德尔宣布将把球队搬到巴尔的摩，并易名为乌鸦队，这对克利夫兰的球迷们无疑是致命一击。在克利夫兰当地球迷和政府官员极力阻止球队搬迁的努力失败以后，决定重整旗鼓，再建一支队伍。在各方的共同努力下，短短的3年时间，克利夫兰又拥有了一支自己的职业橄榄球队。

1999年，新布朗队重返NFL，开始续写球队的历史。首场比赛就被世仇匹兹堡钢人队以43比0来了个下马威。赛季结束时，布朗队2胜14负。具有讽刺意味的是，2001年1月，在克利夫兰曾经无所作为的巴尔的摩乌鸦队，在迁出克利夫兰短短5年之内便夺得了超级碗。更具戏剧性的是，摩德尔当年买下布朗队以后，球队第一次夺得NFL总冠军的对手就是一支巴尔的摩的球队小马队。40年后，摩德尔的队伍移师巴尔的摩，又为他赢得第一个超级碗。2003赛季，新布朗队在客场和死对头巴尔的摩乌鸦队一役中，更是被对方的跑卫贾马尔·刘易斯带球推进了295码，刷新了NFL单场比赛个人带球进攻码数的纪录，令布朗队颜面扫地。在2005赛季开始前，布朗队聘请了前新英格兰爱国者队防守教练罗密欧·克雷耐尔为主教练。克雷耐尔在爱国者队任职期间帮助球队3次夺得超级碗，球迷们都希望他能领导布朗队也走出低谷，扭转球队常年小组垫底的局面。

总之，当布朗队还是AAFC的一员时，他们曾赢得了四次冠军赛，还在1950年、1954年、1955年以及1957年夺得了NFL冠军。

（三）巴尔的摩乌鸦队

巴尔的摩乌鸦（Baltimore Ravens）是一支职业美式足球球队（其队标见图2-7），位于马里兰州的巴尔的摩。他们现时为美国美式足球联合会的北区进行比赛，其主场为M&T银行体育场。

图 2-7　巴尔的摩乌鸦队标志

1995 年克利夫兰布朗队的老板阿特·摩德尔（Art Modell）宣布他准备把球队迁移到巴尔的摩，但克利夫兰只允许他将球队迁走，却不许沿用球队的原名与标志。因此，一支新的克利夫兰队于 1999 年诞生，而旧的克利夫兰队就在 1996 年改为了巴尔的摩乌鸦队。

乌鸦队的名字是来自在巴尔的摩度过余生的著名文学家埃德加·爱伦·坡（Edgar Allan Poe）的一首诗“乌鸦”，此队名是由《巴尔的摩太阳报》从投票结果中的三个最受欢迎的名字里挑选的。

乌鸦队由阿特·摩道尔（Art Modell）和史蒂文·比奇奥蒂（Steven Bisciotti）拥有，价值多达 6.42 亿美元。

1996 年 2 月 9 日，NFL 在巴尔的摩扩编了乌鸦队。按惯例，这支队伍应该不算新军，但个中原委促使 NFL 采取了异乎寻常的处理方式。

事情的起因是这样的。20 世纪 90 年代初，NFL 各队为了增加门票收入和改善球场设施，掀起了一波兴建体育场的浪潮，这自然要当地政府的财政支持。老板摩德尔向克利夫兰市政府多次提出建新体育场的要求，均被市府以各种理由拖延。市里首先给职业棒球队建了新体育场，然后给职业篮球队建了新体育馆。摩德尔心想这回终于该轮到自己了，不料市里还搪塞着不办。眼看着世仇匹兹堡钢人队也已经开始建新体育场了，摩德尔怒不可遏，决定报复。他在 1995 赛季结束时出人意料地宣布下赛季迁师巴尔的摩市，震惊了整个 NFL。

巴尔的摩原来有一支 NFL 球队小马队，1984 年迁移到印第安纳波利斯改名为印第安纳波利斯小马队。从那时起，巴尔的摩就一直在苦苦寻求另一支 NFL 队落脚，摩德尔和巴市一拍而合，巴市答应马上新建体育场迎接摩德尔。这下轮到克利夫兰全市从上到下慌作一团，市府使用各种手段坚决阻挠迁移，球迷集体抗议，但性格孤僻的摩德尔去意已决。NFL 和当地政府最后谈判达成折中方案：摩德尔的球队可以走，但不能带走布朗队的名称、标志、队服和历史，只能以新军的方式在巴尔的摩重起炉灶；NFL 在 1999 年以前重新给克利夫兰一个新军名额来继承布朗队的一切；克利夫兰市答应新建一座体育场安置新的布朗队。

苦盼 11 年终于迎来一支 NFL 球队，巴市球迷欣喜若狂，踊跃参与球队队名的征集活动。经过层层筛选和当地媒体电话采访 3 万多球迷，最终定名为乌鸦队。据说该名称灵感来源于巴市一位著名诗人的诗歌。

虽然乌鸦队名义上是一支扩招的新军，但实际上它是一支移来的久经沙场的队伍，所以没有经过扩编新军最初几年必然经历的痛苦成长期，乌鸦队新赛季第一场比赛就以 19 比 14 将奥克兰突袭者队斩于马下。1999 年，球队聘用了在 NFL 当了多年助理教练的布莱恩·比利克为主教练。第二年，乌鸦队就以强悍的防守战胜了纽约巨人队夺得第 35 届超级碗。乌鸦队还创造了 NFL 历史上一个赛季失分最少的纪录，其防守阵容也被誉为 NFL 历史上最强的防守阵容之一。

乌鸦队向来以防守坚固著称，但进攻上却一直缺乏利器。在连续两个赛季未能进入季后赛后，乌鸦队招来了前田纳西泰坦队的四分卫、曾经 3 次进入全明星阵容的史蒂夫·麦克奈尔，极大地加强了球队的进攻阵容。事实证明，麦克奈尔的加盟正是乌鸦队一直寻求的取胜关键。攻守俱佳的乌鸦队在 2006 年重新以小组第一的身份进入了季后赛。

纵观历年战绩，乌鸦队曾在 2000 年和 2013 年取得超级碗冠军。

(四) 匹兹堡钢人队

匹兹堡钢人（Pittsburgh Steelers）是一支位于宾夕法尼亚州匹兹堡市（Pittsburgh，Pennsylvania）的职业美式橄榄球队（其队标见图 2－8），是美国美式橄榄球联盟（National Football League，简称 NFL）中美国橄榄球联会（American Football Conference，简称 AFC）北部分区（Northern Division）的成员。钢人队突出的防守，被评论员们认为是他们进入二十一世纪以来战绩斐然的根本原因。

图 2－8　匹兹堡钢人队标志

匹兹堡钢人拥有巨大的球迷基础，匹兹堡市又称钢人王国。钢人目前的主场是亨氏体育场，坐落于匹兹堡市的河北岸。现在钢人队的价值达 12 亿美元。

1933 年 7 月 8 日，爱尔兰移民亚瑟·鲁尼以 2500 美元购买了球队经营权成立了匹兹堡海盗队，是 NFL 现存最老牌的球队之一。1940 年改名为钢人队以纪念匹兹堡这座钢铁城市。1962 年，钢人队采纳建议将美国钢铁协会的三色星会标作为队徽贴在头盔上。最初不知道徽标贴在金色头盔上的视觉效果如何，就暂时只贴在右边，没想到当年钢人队就取得 9 胜 5 负战绩进入阔别已久的季后赛。仅在头盔右边贴徽标被视为带来好运气而被确定下来，头盔颜色也从金色改为黑色以突出队徽。钢人队成为 NFL 唯一一支仅在头盔一边贴队徽的队。

钢人队建队最初的 40 年乏善可陈，连一个分区冠军都没赢得过。在成立的最初 10 年，有时为避免跟同城的棒球和大学橄榄球队竞争市场，鲁尼甚至不得不带队到别的城市去打比赛，但他坚信自己的球队有朝一日能够成功，始终没有迁队到其他城市，因而成为匹兹堡人的骄傲。他早在 1964 年就因对职业橄榄球运动的发展所做的巨大贡献而成为钢人队入选名人堂的第一人。1938 年，钢人队以 1.58 万美元的价格签下 NFL 第一个高薪球员拜伦·怀特。怀特当年就成为全联盟最好的跑卫。最传奇的是他退役之后做了 31 年的美国联邦最高法院的大法官直到 1993 年退休。

几十年的屡败屡战终于迎来曙光。1972 年钢人队夺得第一个 AFC 中部分区冠军。两年后，当钢人队首夺第 9 届超级碗时，整个体育界都为深受爱戴的鲁尼而欢呼。70 年代，匹兹堡钢人队打造了 NFL 的一代王朝，连续 8 次打入季后赛，夺得 7 次 AFC 中部分区冠军，4 次 AFC 冠军，并成为 NFL 首支夺得 4 次超级碗的队伍。值得一提的是钢人队连续两年问鼎（第 9、10 届），相隔两年后，又再塑连续问鼎的辉煌（第 13、14 届），这在 NFL 历史上绝无仅有。历史上，绿湾、海豚、49 人、牛仔和野马队都曾有一次连续两年问鼎。钢人王朝的功臣首推 1969 年开始执掌帅鞭的主教练查克·诺尔，其麾下有防守大将防守截锋乔·格林尼，线卫杰克·汉姆和杰克·兰博特，以及角卫梅尔·布朗特构筑成的 NFL 史称“钢幕”的坚固防守堡垒。进攻战将中则由四分卫特里·布莱德肖和跑卫弗兰克·哈里斯领衔。很多 NFL 史学家始终认为这支拥有如云战将、攻防俱佳的雄狮是 NFL 有史以来最强的队伍，这从上述 8 人全部在有资格候选名人堂的第一年就荣登宝殿即可佐证。之后，队中又陆续有几员大将入选名人堂。哈里斯在 1972 年季后赛最后一刻战胜突袭者队的一招，被 ESPN 评为美国体育史上最经典时刻之一，史称完美无瑕之接球。

钢人队的成功归功于老板用人不疑，疑人不用。钢人队从 1969 年至 2006 年，只聘了两任主帅。第一个是 NFL 唯一率队 4 夺超级碗的金牌教练诺尔，任职 23 年，战绩是 209 胜 156 负 1 平。第二个就是自 1992 年开始执教，刚刚退休的比尔·考沃，他受聘时是 NFL 最年轻的主教练。15 年来率队 10 次打入季后赛，获得 8 次分区冠军，5 次打入 AFC 冠军赛，两次打入超级碗，一次夺得超级碗。

2004 年，钢人队选来了四分卫本·罗斯里斯博格，绰号“大奔”。谁也没有料到，赛季开始刚两周，“大奔”就因为汤米·马多克斯受伤而在比赛中途匆忙披挂上阵。更让大家没有想到的是，自其首发之后的 14 场常规赛，球队取得了全胜，以 15 胜 1 负的成绩昂首步入季后赛。接下来的 2005 赛季更是一个魔幻般的赛季。一路跌跌碰碰的钢人队以 4 连胜的成绩取得了季后赛的最后一个席位。接下来他们书写了美国职业橄榄球季后赛史上史无前例的壮举：以第 6 号种子的身份，连续 3 个客场击败 AFC 名列前 3 位的种子队，打入超级碗，继而最终捧回球队的第 5 个超级碗，成为第 3 支拥有 5 个超级碗的球队。2006 年赛季结束后，功德圆满的主教练比尔·考沃宣布退休，迈克·汤姆林继任成为球队在37年里聘请的第3位主教练。随着很多老队员和教练员的退役及转会，钢人队的历史揭开了新的一页。

值得骄傲的是，到目前为止，匹兹堡钢人一共赢得过6次超级碗、8次美联冠军，超过任何其他球队。

三、美国联合会南部分区

美国联合会南部分区各球队简明情况见表2-3。

表2-3 美国联合会南部分区各球队简明情况表

球队名	印第安纳波利斯小马队	杰克逊维尔美洲虎队	休斯敦得州人队	田纳西泰坦队
建队时间	1953年	1993年	1999年	1959年
主场名	RCA穹顶体育场	阿尔泰尔体育场	雷利昂体育场	泰坦体育场
主场所在地	印第安纳州，印第安纳波利斯市	佛罗里达州，杰克逊维尔市	得克萨斯州，休斯敦市	田纳西州，纳什维尔市
知名球星	佩顿·曼宁	弗莱德·泰勒	德马科·莱昂斯	文斯·杨

(一) 印第安纳波利斯小马队

1984年3月28日，当罗伯特·伊瑟(Robert Irsay)将NFL著名的球队从巴尔的摩(Baltimore)迁移到热情的中西部中心印第安纳波利斯(Indianapolis)时，一支专业的橄榄球队——印第安纳波利斯小马队(Indianapolis Colts)诞生了。为了反映巴尔的摩养殖赛马的著名历史，很多球迷投票选用“小马队”。于是，“小马队”便成了此球队的新名(其队标见图2-9)。

图2-9 印第安纳波利斯小马队标志

自1972年起，小马队一直被罗伯特·伊瑟(Robert Irsay)拥有，此球队如今价值5.47亿美元。

印第安纳州地处美国的心脏，首府印第安纳波利斯更是连接美国各地的要冲。印第安纳波利斯小马队前身是巴尔的摩小马队，1947年建队时属于与NFL竞争的AAFC。1950年，小马队作为AAFC的一员并入了NFL，但赛季结束后就解散了。1953年又重新成立。

1956年，小马队与当时默默无闻的四分卫约翰尼·尤尼塔斯签约。谁也没有想到，正是他使小马队在此后十余年内长盛不衰，三度成就问鼎联盟的伟业。1958 年 NFL 总决赛，尤尼塔斯冷静地带领小马队在一分半钟内前进至巨人队 20 码线，以一记定位球扳平了比分。紧接着在加时赛中，他挥洒自如，传跑结合，率队前进 80 码达阵成功，为小马队赢得了历史上第一个 NFL 总冠军。此战以后，尤尼塔斯一举奠定了一代名将的地位。尤尼塔斯在小马队效力 17 年，先后三度被评为联盟最有价值球员，10 次入选全明星阵容，刷新了不计其数的纪录，后人盛赞他为有史以来最伟大的球员。1972 年，尤尼塔斯离开了小马队，小马队也从此一蹶不振，再也没能闯过季后赛第一轮。

1984 年，球队迁至印第安纳波利斯，并修建了一个穹顶球场，但这并未给小马队带来好运。在此后的 15 年里，小马队只有 3 次进入了季后赛，其中 1995 年折戟于 AFC 冠军决赛是唯一的亮点。

为了重塑小马队的辉煌，罗伯特·艾尔塞在 1997 年重金聘来了当年布法罗比尔队的黄金阵容设计师比尔·波里安做总经理。波里安在 1998 年选秀大会上选中了田纳西大学的四分卫佩顿·曼宁，从此开始了重建之路。第二年他又选中了迈阿密大学的跑卫艾杰林·詹姆斯，再加上此时已在队中的外接手马文·哈里森，小马队的三剑客诞生了，球队也一跃成为一支 NFL 进攻强队，屡屡杀入季后赛，但都铩羽而归。

波里安痛感球队攻强守弱，在 2002 赛季后请来了原海盗队主教练托尼·邓吉出任主教练，他以防守著称。邓吉擅长两分防守法，出任主教练后，通过不同途径得到了德怀特·福莱利、鲍伯·桑德斯、安芬尼·麦克法兰德和凯托·朱恩等防守中坚，队伍的防守大为增强。

多年的辛勤耕耘终于结出了丰硕的果实。在 2006 赛季的季后赛中，小马队先在主场淘汰了实力强劲的堪萨斯城酋长队，然后在客场击败了大热门巴尔的摩乌鸦队，继 2003 赛季后再次和宿敌新英格兰爱国者队相逢于 AFC 冠军决赛。这场比赛一波三折，扣人心弦，小马队在 3 比 21 大比分落后的不利情况下，奋起反击，终于在最后一分钟达阵得分，以 38 比 34 反败为胜。

2007 年 2 月 4 日第 41 届超级碗，通常风和日丽的迈阿密市大雨瓢泼，但这也减缓不了小马队前进的步伐，他们以 29 比 17 击败了 NFC 冠军芝加哥熊队，36 年后再次高举伦巴第杯。邓吉也成为第一位获得超级碗冠军的黑人主教练。

（二）杰克逊维尔美洲虎队

杰克逊威尔美洲虎（Jacksonville Jaguars）是一支职业美式足球球队（其队标见图 2－10），位于佛罗里达州的杰克逊威尔。他们是美国美式足球联合会南区中的一支球队，在 1995 年与卡罗莱纳黑豹一起加入 NFL。

图 2－10 杰克逊维尔美洲虎队标志

1993 年 11 月 30 日，NFL 正式宣布将第 30 支球队的扩编权授予佛罗里达州的杰克逊维尔市。至此，进行了 4 年之久的争取 NFL 扩编权的活动终于圆满结束。1995 年，美洲虎队进行了有史以来的第一场比赛，同另一支扩编队伍卡罗莱纳黑豹队在俄亥俄州的坎通市举行了传统的名人堂季前赛。黑豹队以 20 比 14 获胜。美洲虎队的首个赛季是 4 胜 12 负，但第二个赛季就以 9 胜 7 负的佳绩夺得 AFC 中部组第二名，并闯入季后赛，然后以两个 30 比 27 的相同比分连胜布法罗比尔队和丹佛野马队而进入 AFC 冠军赛，最终以 6 比 20 惜败于新英格兰爱国者队。紧接着，美洲虎又连续 3 年打入季后赛，创造了 NFL 扩编新军的最佳纪录，即前 5 年 4 次打入季后赛。

1999 赛季是为美洲虎队值得大书特书的一个赛季，他们在常规赛中以 14 胜 2 负获全联盟最佳胜率。美洲虎队季后赛第一轮轮空，第二轮主场迎战由著名四分卫丹・马里诺领军的迈阿密海豚队。美洲虎第一拨进攻就刮起得分旋风，四分卫马克・布鲁内一记 41 码长传得分，紧接着跑卫弗莱德・泰勒狂奔 90 码再次达阵。第一节结束前，美洲虎队防守队员夺得海豚队的失球，冲刺 16 码再次达阵。比赛进行到第二节 5 分钟左右时，美洲虎队就已经令人目瞪口呆地以 38 比 0 领先，使胜负悬念过早结束。持有 NFL 四分卫 25 项纪录的海豚队的马里诺整场比赛 25 次传球仅成功 11 次，传球码数仅 95 码；迫使主教练吉米・约翰逊不得不在第三节临阵换将。当美洲虎队又一次达阵以 55 比 7 领先时，比赛场地内的自动喷水系统不知何故开启，水花四溅，给这场一边倒的比赛增加了一丝喜剧气氛，比赛最终以 62 比 7 结束。赛后，超级明星马里诺非常沮丧地说："我从来没有经历过这样的惨败，即使在我孩提时代也没输得这么惨。"马里诺戎马一生，创造了无数 NFL 的四分卫纪录，但始终没能赢得一枚超级碗戒指。这场滑铁卢之战使他心灰意冷，赛后不久就宣布退役。AFC 冠军赛，美洲虎队挟大胜海豚队余威，主场迎战田纳西泰坦队。美洲虎队在常规赛中仅有的两场失败均为泰坦队所赐。正所谓一物降一物，美洲虎队以 14 比 33 第三次惜败，失去进军超级碗的良机。

随后几年，美洲虎队一蹶不振，始终徘徊在分区底层，再也没能进入季后赛。2002 赛季结束，主教练汤姆・考弗林被解雇。2003 赛季结束，四分卫布鲁内尔被炒。至此，美洲虎的第一个时代正式宣布结束。新教练杰克・德尔里奥年轻有为，对防守颇有心得，逐渐将美洲虎队铸造成了一支防守强队，并杀入了

2005 年的季后赛。

在美洲虎队的战绩中，分别在 1998 年、1999 年获得 AFC 中区分区冠军。

(三) 休斯敦得州人队

休斯敦得州人队（Houston Texans）建立于 1999 年 10 月 6 日，是 NFL 的第 32 支球队（其队标见图 2－11）。

图 2－11　休斯敦得州人队标志

2000 年 3 月 2 日，球队宣布了 5 个可供选择的命名：阿波罗、红猫、种马、得州人和山猫人。一个月后，球队准备从阿波罗、种马以及得州人这些名字中三选一。最后经过一番深思熟虑，球队决定选用“得州人”这个名字，同时于 2000 年 9 月在休斯顿德州的一个商业区里进行对球队颜色和队标的一系列筛选。

球队被罗伯特·麦克奈尔（Robert McNair）拥有，价值多达 7.92 亿美元。

“NFL 回来了！”1999 年 10 月 6 日的下午，数百万休斯敦市民奔走相告这一好消息。就在这一天，NFL 的 29 支球队的老板们以全票通过了把第 32 支 NFL 球队授予休斯敦市的决议。

1997 年，在休斯敦扎根了 30 多年的油工队逐渐失宠，搬迁到了田纳西州。没过多久，广大休斯敦球迷便意识到没有了 NFL 的周日是如此难耐。这时，休斯敦的亿万富翁鲍勃·麦克奈尔看到了投资创建一支属于休斯敦的 NFL 球队所能带来的潜在商机，于是和他的商业伙伴们开始了迅速而周密的申请工作。翌年 5 月，洛杉矶也表示希望能将职业橄榄球带回洛杉矶。麦克奈尔向 NFL 开出了 7 亿美元天文数字的标价，比洛杉矶多出了整整 30%。金钱的诱惑加上休斯敦多年拥有 NFL 球队的经验，连同此前公羊队和突袭者队在洛杉矶遭受的冷遇，使得 NFL 的老板们没用多久就决定选择休斯敦。

2000 年 9 月 6 日，在向全国直播的仪式中，麦克奈尔揭示了休斯敦新球队的名称和标志——“得州人”。球队的标志采用了闻名世界的得州牛的形象，红色和蓝色的双色牛头中镶嵌了一颗白色的星，代表着得克萨斯这个孤星之州。NFL 对 32 支球队进行了重新分组，休斯敦得州人队同田纳西泰坦队、杰克逊维尔美洲虎队，以及印第安纳波利斯小马队一同划归美国联盟的南区。

球队雇用了当时杰克逊维尔美洲虎队的防守指导唐·卡珀斯为球队第一任主教练。在 4 月份进行的选秀中，得州人队选取了 12 名新秀，其中包括第一轮第一顺位选中的当年大学生球员中的佼佼者、加州弗雷斯诺州立大学的四分卫大卫·卡尔。

2002 年的 9 月 8 日对于休斯敦来说是个值得纪念的日子。这一天，是 2002 赛季的揭幕战，得州人队在刚刚落成不久的雷利昂体育场出战同州的老牌劲旅达拉斯牛仔队，在这场由 ESPN 向全美国转播的比赛里，得州人队打得有声有色，卡尔两次传出达阵球，带领球队以 19 比 10 击败了牛仔队，成为历史上首支在第一场比赛就获胜的新军。但在随后的 9 场比赛中他们输了 8 场，最后球队以 4 胜 12 负收尾。

在 2003 年的选秀中，得州人队挑选了来自迈阿密大学的优秀外接手安德烈·约翰逊和路易斯安那州立大学的跑卫多米尼克·戴维斯。得州人队在 2003 赛季首轮比赛中再次震惊 NFL，客场 20 比 19 把老牌强队迈阿密海豚队挑落马下。两名年轻新秀在 2003 赛季表现不俗，戴维斯以 1031 码的冲球和 8 次达阵名列新人榜第一，而约翰逊也有近 1000 码的接球和 4 个达阵。

由于队伍战绩一直差强人意，2005 赛季后主教练卡珀斯被解职，进攻大师加里·库比亚克走马上任。不久，他便将主力四分卫大卫·卡尔扫地出门，并从亚特兰大猎鹰队挖来了希望之星麦特·肖伯出任四分卫。防守上，他利用第一选秀权挑选了防守端锋马里奥·威廉姆斯、线卫德马科·莱昂斯和截锋阿莫比·奥科耶。队伍蒸蒸日上，已经成为 AFC 南区不可小觑的力量。

比较遗憾的是，得州人队于 2002 年正式参赛，但至今仍未杀入过超级碗半决赛。

(四) 田纳西泰坦队

田纳西泰坦队（Tennessee Titans）是一支职业美式足球球队（其队标见图 2-12），位于美国田纳西州的纳什维尔，是美国美式足球联会的南区球队之一。泰坦队的前身为休斯敦油工队，他们在得克萨斯州的休斯敦的时候，在 1960 年及 1961 年赢得了 AFL 冠军。球队在 1997 年搬迁到纳什维尔，名为田纳西油工队，到 1999 年球队正式改名为田纳西泰坦队。

在田纳西油工队参赛两年后，球队的老板巴德·亚当斯（Bud Adams）为了从“猜猜球队名”的评选中获得良好的传统反映而建立了一个咨询委员会。该委员会之所以选用“泰坦队”，是因为此名字可以用来反映“力量、领导能力和英雄气概”。

图 2-12　田纳西泰坦队标志

球队自1960年起一直被亚当家族拥有，价值多达6.2亿美元。

田纳西泰坦队的前身休斯敦油工队，创始于得克萨斯州。球队老板布得·亚当斯是土生土长的得州人。他在1959年建立了球队，并于翌年加入AFL参加了首个赛季，实力在AFL里鹤立鸡群。曾在1960、1961年两次击败洛杉矶闪电队夺取AFL的总冠军。1963年，油工队杀入AFL总决赛，同达拉斯得州人队上演了一场惊天动地的恶战。双方一直打到第二个加时赛，德州人队才险胜油工队。这场比赛迄今为止依然是美式职业橄榄球史上最长和最为精彩的比赛之一。1967年油工队再次杀入AFL冠军决赛，但这次被奥克兰突袭者队以40比7的比分打得落花流水，惨败而归。

奥克兰突袭者队当时阵中有一名油工队非常熟悉的球员，曾率领油工队获得最初两届AFL冠军的四分卫乔治·布兰达。这位油工队创队元老后为一直在突袭者队效力到1975年，也是其职业生涯的第26个年头才以48岁的高龄退役，成为NFL历史上职业生涯最长的球员。这名传奇人物在1981年成为第一位入选名人堂的油工队成员。

当1969年油工队再次在季后赛首轮以7比56惨败于奥克兰突袭者队之后，球队彻底陷入了低谷。从1970年起，油工队在AFL和NFL合并后的连续8年同季后赛无缘。尴尬的局面一直维持到1978年才有所改变，油工队在当年的选秀中以状元秀挑选了得克萨斯大学的跑卫厄尔·坎贝尔。坎贝尔在第一年就荣获NFL最有价值球员、最佳新秀和最佳进攻球员3项大奖，并在1979年再次蝉联最有价值球员。油工队也在这两年间一路过关斩将连续杀入AFC的决赛，但两次都输给了当时正值鼎盛时期的匹兹堡钢人队。

80年代后期至90年代初期的油工队一跃成为AFC中最为成功的球队之一。在1987—1993年间连续7年进入季后赛。可惜，休斯敦依然不能跳出无法赢得重大比赛的怪圈，最典型的例子莫过于1992年季后赛第一轮对阵布法罗比尔的那场外卡赛了：油工队在第三节的中段仍然以35比3领先，最后竟被比尔队神奇地以41比38反超，成为NFL历史上反败为胜的经典战例。

1994赛季，油工队2胜14负。次年的选秀，油工队以第三顺位挑选了来自阿尔克昂州立大学的明星四分卫史蒂夫·麦克奈尔，翌年又挑选了当年海斯曼奖的获得者跑卫艾迪·乔治。这两名年轻球员的加盟为球队以后的成功打下了基础。

油工队一直希望休斯敦市政府能够再新建一座体育场，市政府迟迟不愿答应。正好田纳西州州府纳什维尔市急切盼望一支NFL队伍，爽快地答应了在市中心修建一座新球场，并给予亚当斯极其丰厚的其他优惠。1996年，亚当斯将球队迁到田纳西州。

1999 年球队放弃了油工队的名称并采用希腊神话中身材巨硕、力大无比的泰坦神为球队新的名称。球队在菲舍的调教下，也形成了以出色的防守获取控球权，并以犀利的地面进攻来控制比赛进程的风格。乔治和麦克奈尔这一黄金搭档日渐成熟，以常规赛季 13 胜 3 负的战绩进入季后赛，并在无人看好的情况下一举以 AFC 外卡身份过关斩将，先是在“音乐城的奇迹”中最后一刻反败为胜，以 22 比 16 险胜布法罗比尔队，接着在客场凭借乔治的两个长途奔袭达阵击败印第安纳波利斯小马队，并在 AFC 决赛中痛击常规赛季排名 NFL 第一的杰克逊维尔美洲虎队打入超级碗。最后仅在超级碗中以一码之差惜败于当年更为神奇的洛杉矶公羊队。虽然未能夺冠，但亚当斯进入超级碗的梦想在迁离休斯敦两年后就实现了。

2000 年，实力更为强劲的泰坦队再次以 13 胜 3 负的优异战绩名列 NFL 各队之首，但却在季后赛首轮爆冷输给了巴尔的摩乌鸦队。从 2001 年开始，由于乔治的状态下降和整体防守的退步，球队实力大减，并在 2001 年无缘季后赛。2002 赛季，尽管球队以 1 胜 4 负开局，但在剩下的 11 场常规赛中竟然 10 胜 1 负，奇迹般地进入了季后赛，然而却在 AFC 的冠军赛中惨败给奥克兰突袭者队。2003 赛季，麦克奈尔写下了职业生涯的新高，传出 24 个达阵球却仅被截获 7 次，帮助泰坦队又一次取得 12 胜 4 负的佳绩，他本人也得到了联盟最有价值球员称号（与印第安纳波利斯小马队四分卫佩顿·曼宁分享），并首次入选全明星阵容。可惜，泰坦队在季后赛第二轮中就被后来夺得超级碗冠军的新英格兰爱国者队淘汰出局。

之后，由于队伍老化，泰坦队的战绩不尽如人意。美联南区的霸主地位也落到了宿敌小马队的手中。2006 年选秀中，泰坦队在第一轮挑选了率领得克萨斯大学勇夺全国冠军的四分卫文斯·杨。他能传善跑，很快在队中脱颖而出，成为主力四分卫，第一年就率队获得了 8 胜 8 负的战绩，同时也因为出色的表现获得了年度最佳进攻新秀的荣誉。

这支球队分别于 1960 年和 1961 年获得 AFL 冠军，并且还在 1999 年赢得了 AFC 冠军。

四、美国联合会西部分区

美国联合会西部分区各球队简明情况见表 2－4。

表 2-4　美国联合会西部分区各球队简明情况表

球队名	丹佛野马队	洛杉矶闪电队	堪萨斯城酋长队	奥克兰突袭者队
建队时间	1959 年	1959 年	1959 年	1960 年
主场名	因维斯科体育场	高通体育场	箭头体育场	网络协会竞技场
主场所在地	科罗拉多州，丹佛市	加利福尼亚州，圣迭戈市	堪萨斯州，堪萨斯城	加利福尼亚州，奥克兰市
知名球星	约翰·艾尔维	拉代尼安·托姆林森	巴克·布坎南	马可斯·艾伦

（一）丹佛野马队

丹佛野马队（Denver Broncos）是一支位于科罗拉多州丹佛的职业美式足球球队，现时为国家美式足球联盟的美国美式足球联会西区的一支球队（其队标见图 2-13）。野马在 1960 年成为美国美式足球联盟的成员，与 NFL 合并后，他们成了 NFL 的球队。

图 2-13　丹佛野马队标志

1969 年，当橄榄球刚抵达落基山时，丹佛野马队便成了美国橄榄球联盟的一员，开始了历史旅程，后来它加入了美联与国联在 1970 年合并后的 NFL。丹佛野马队的名字是球迷投票选出的。

丹佛野马队曾经在 1998 和 1999 年两夺超级碗，遏制了 NFC 球队连胜 13 座超级碗的强劲势头，开创了 AFC 和 NFC 平分秋色的新局面。

丹佛野马队在 1959 年 8 月 14 日加入 AFL，球场设在科罗拉多州丹佛市野熊体育场。野马队在其最初的几个赛季成为 AFL 的鱼腩，总战绩为 39 胜 97 败 4 平，从来没有进入过季后赛。即便如此，野马仍然有些值得回味的比赛。1967 年 8 月 5 日，以 13 比 7 战胜了 NFL 底特律雄狮队。这是 AFL 球队历史上第一次战胜 NFL 球队，打破了 NFL 球队不可一世的神话。

野马队的崛起开始于 1973 年。在教练约翰·瑞斯顿的率领下，野马队取得 7 胜 5 败 2 平的成绩，这是球队 14 年历史上胜率第一次过半，从此开始了崭新的一页，职业橄榄球也掀起了橙色风暴。在之后的 20 年中，野马仅有 3 次胜率不过半。1977 年，以 12 胜 2 败的战绩进入季后赛，之后轻取 AFC 劲旅匹兹堡钢人和奥克兰突袭者队，首次打进了超级碗，最后输给了达拉斯牛仔队。

进入 80 年代，野马队有幸挑选了最好的四分卫之一约翰·艾尔维。在艾尔维的率领下，野马队于 1986 年、1987 年、1989 年、1997 年和 1998 年 5 次赢得 AFC 冠军而打入超级碗。并且在 1997 年和 1998 年的超级碗决赛中，依靠特雷尔·戴维斯的强劲冲球，两次赢得超级碗。之后艾尔维宣布退役，野马队开始走下坡路。

截至 2006 赛季，野马队在常规赛和季后赛的总战绩为 388 胜 342 负 10 平，曾 10 次勇夺 AFC 西区冠军。

野马队在早年取得了良好的成绩，6 次成功晋身超级碗的比赛。野马队前 4 次杀进超级碗都以失败告终。1998 年，在著名的四分卫约翰·艾尔维（John Elway）和主教练麦克·沙纳汉（Mike Shanahan）的带领下，球队在第 32 届超级碗中以 31 比 24 击败绿湾包装工队，首次捧得超级碗。次年，球队卫冕成功。

（二）洛杉矶闪电队

洛杉矶闪电队（Los Angeles Chargers）是一支位于加利福尼亚州洛杉矶的职业美式橄榄球队（其队标见图 2－14），现隶属于美联西区。在 1960 年，他们的名称为洛杉矶闪电，在 1961 年球队搬迁到圣迭戈，2017 赛季搬回洛杉矶。

图 2－14　洛杉矶闪电队标志

1959 年，32 岁的年轻商人巴伦·希尔顿在洛杉矶市创建了闪电队，属于当时 AFL 的一员。虽然第一个赛季（1960 年）就夺得了西区冠军，但因为 AFL 草创艰难，球队在洛杉矶的球迷支持度远远不够，所以巴伦·希尔顿在 1962 年将球队转移到了洛杉矶市南 180 公里的圣迭戈市。搬家后，闪电队受到了当地政府官员和民众的热烈欢迎，从此闪电队在圣迭戈市生根发芽，茁壮成长，再也没离开过。

球队征战初期，在著名教练西德·吉尔曼的指导下，以赏心悦目的打法和快节奏的进攻，六年五夺 AFL 西区冠军，从而成为 NFL 历史上最闪光的球队之一，并于 1964 年以 51 比 10 狂胜波士顿爱国者队而获得了球队历史上第一个总冠军，其功臣兰斯·艾尔沃斯后来成为原 AFL 队中进入“名人堂”的第一人。

1967 年，闪电队搬进了能容纳 4.5 万名观众的新场馆，但球队的战绩却从此跌入了一个漫长的低谷。究其原因是进入 70 年代后，区域防守开始流行，闪电队的长传进攻不再那么有效了。这一低潮期持续了 13 年，直到 1979 年，才又重新夺回 AFC 西区冠军。在新教练唐·克耶尔的率领下，闪电队重塑 60 年代锐气十足的进攻体系，连续两年闯入 AFC 冠军赛。克耶尔教练当时提倡的一种前传进攻打法日后被称为“Air Coryell”。三剑客四分卫丹·弗茨、外接手查理·乔伊纳尔和近端锋凯伦·温斯洛，日后也都进入了名人堂。

可惜好景不长，1982 年季后赛失利后，闪电队又进入了球队历史上的第二个低潮期，沉寂 10 年之久，直到 1992 年新教练鲍比·洛斯上任后，球队才焕发了青春和活力，并迅速崛起。在随之而来的新赛季中，闪电队压倒了奥克兰突袭者和丹佛野马两支劲旅，力夺 AFC 西区冠军，重返季后赛。两个赛季之后，闪电队在 AFC 冠军赛中经过生死拼搏，以 17 比 13 击败夺冠大热门匹兹堡钢人队，终于第一次进入了超级碗决赛（第 29 届）。在和旧金山 49 人队进行的决赛中，闪电队未能抵挡住当时 NFL 最佳四分卫史蒂夫·杨和最佳外接手杰瑞·莱斯的强大攻势，以 26 比 40 饮恨落败。此后再也无缘超级碗。

经过近年来的发展，球队的最好成绩是 1961 年的 AFL 冠军。

1970 年 AFL 并入 NFL 之后，闪电队在 1979 年、1982 年表现十分出色，球队连续 4 年杀入季后赛，但是最好的成绩也只是 1980 年、1981 年两年的联会冠军赛亚军。

此后闪电队在联盟中一直默默无闻，直到 1994 年，球队以美国联会西区第一的成绩一路高奏凯歌杀入了超级碗决赛，但是在决赛中以 29 比 46 惨败于旧金山 49 人队，痛失冠军。闪电队就此以后再也没有能重现 1994 年的辉煌。

截至 2006 赛季，闪电队在常规赛和季后赛的总战绩为 350 胜 367 负 11 平，曾勇夺 12 次 AFC 西区冠军。

著名教练马蒂·肖腾海默于 2002 年接过教鞭后，闪电队逐渐摆脱了鱼腩部队的名声，并逐渐成为 AFC 的一支劲旅。2004 赛季，马蒂率队以 12 比 4 的战绩勇夺 1994 年以来的第一个 AFC 西区冠军，他也获得了“NFL 年度最佳教练员”的荣誉。2006 赛季，闪电队更是取得了常规赛季的 AFC 最佳胜率，可惜在季后赛第二轮中折戟。正因为闪电队没能百尺竿头，更进一步，主教练肖腾海默被解职，由诺夫·特纳接任。

（三）堪萨斯城酋长队

堪萨斯城酋长队（Kansas City Chiefs）是位于密苏里州堪萨斯城的职业美式足球队（其队标见图 2-15）；目前在国家美式足球联盟隶属于美国美式足球联会（AFC）西区；其夏季训练营在威斯康星大学河瀑校区举行。

图 2-15　堪萨斯城酋长队标志

堪萨斯城酋长队前身是达拉斯得州人队，成立于 1959 年 8 月 14 日。当时年仅 26 岁的拉玛尔·亨特想组队加入 NFL 被拒，发誓要成立一个 AFL，与 NFL 分庭抗礼。同年亨特组建了自己的达拉斯得州人队，和其他 7 支球队一起于 1960 年开始了 AFL 联赛。在教练汉克·斯特拉姆的带领下，得州人队迅速成为一支 AFL 强队。1962 年，得州人队经过两个加时的苦战，以 20 比 17 力挫休斯敦油工队，获得了第一个冠军。

尽管得州人队战绩斐然，但是达拉斯的球迷大多支持同城的牛仔队。因此，亨特将球队迁往中部的堪萨斯城，并改队名为酋长。1966 年，斯特拉姆再次率队夺得 AFL 冠军，并代表 AFL 参加了第一届，也就是后来被称为超级碗的 AFL—NFL 总决赛，对手是当时如日中天的绿湾包装工队。酋长队拼尽全力，怎奈技不如人，以 10 比 35 铩羽而归。

经历这次惨败后，酋长队励精图治，希望有朝一日能扬眉吐气，一雪前耻。三年以后，机会来了。1969 年，酋长队再次勇夺 AFL 冠军，与 NFL 冠军明尼苏达维京人队相会于第四届超级碗。赛前几乎所有的人都认为维京人队会轻松取胜，这反倒激发了酋长队队员的斗志。比赛中，酋长队众志成城，进攻如水银泻地，防守则固若金汤，最终以 23 比 7 完胜维京人队，首次问鼎超级碗，而酋长队的四分卫兰·道森也凭借自己的精彩表现，获得了“最有价值球员”称号。

那时的酋长队人才济济，防守截锋巴克·布坎南，线卫鲍比·贝尔、威利·兰尼尔，四分卫兰·道森，射手简·斯特纳鲁德都是 NFL 的名将，后来都先后入选了 NFL 名人堂。

夺得超级碗以后，酋长队渐渐开始走向衰落，仅在 1971 年进入季后赛。此战以后的 14 年，一直与季后赛无缘。直到 1986 年，凭借出色的防守，再次闯入了季后赛，但只是昙花一现，很快又归于平淡了。

1989 年，名教练马蒂·绍腾海姆入主酋长队。第二年，酋长队就再次杀入了季后赛，并在此后连续 5 年进入季后赛。

2001 年，酋长队三顾茅庐，请出了当时已经归隐的名帅迪克·沃尔梅尔。老骥伏枥的沃尔梅尔招来了他在洛杉矶公羊队的得意门生——四分卫特伦特·格林，加上队中的全明星近端锋托尼·冈萨雷斯和强力跑卫普莱斯特·赫尔摩斯，拥有了一支令人生畏的攻击线。2003 年，勇夺 AFC 西部分区冠军，又一次进入了季后赛，可惜败于另一支劲旅印第安纳波利斯小马队。2005 赛季之前，老教练沃尔梅尔退休，他在新闻发布会上眼含热泪的感人场面让无数酋长球迷唏嘘不已。现任教练员为原纽约喷气机队黑人主教练赫尔曼·爱德华兹。

酋长队的成就在于在第四届超级杯击败明尼苏达维京人队后成为继纽约喷射机队后第二支在 AFL—NFL 总冠军赛中击败 NFL 球队的 AFL 队伍。

截至 2006 赛季，在酋长队成立至今 40 多年的时间内，球队在常规赛季的总战绩为 376 胜、321 负、12 平，8 次夺得 AFC 西区冠军。不过，季后赛的战绩不太理想，为 8 胜 13 负。

(四) 奥克兰突袭者队

奥克兰突袭者队（Oakland Raiders）又译奥克兰侵略者队或奥克兰突击者队，是一支位于加利福尼亚州奥克兰的职业美式足球球队（其队标见图 2－16）。他们是美国美式足球联盟西区的一支球队。外他亦是 A. D. Football 合伙人之一。此球队自 1966 年起便由艾尔·戴维斯（Al Davis）拥有，价值多达 5.76 亿美元。

图 2－16　奥克兰突袭者队标志

奥克兰市坐落于加利福尼亚州北部，西面与旧金山市隔海湾相望，北面是著名的加州大学伯克莱分校，南面就是闻名遐迩的高科技园区——硅谷。置身其间的奥克兰市，却没有半点书卷气，反而是一座以蓝领工人为主的港口城市，其球队奥克兰突袭者队以力量和勇武闻名。

奥克兰成埠于 19 世纪末期，凭借着西临旧金山海湾的天然深水港、东临横贯全美的大铁路，成为美国西部主要的货运中心。到了 20 世纪下半叶，美国经济重心逐渐从东部向西海岸转移，亚洲经济崛起，美国同亚太地区的货运往来越来越频繁。1960 年，奥克兰地方热心公益事业的 8 大富翁聚在一起凑钱建队，抢在 AFL 报名截止前成立了一支球队，队名就叫突袭者队。

突袭者队创建伊始，经历了几年的蹉跎之后，在 60 年代中后期成了 AFL 实力最强的球队之一。1967 年在 AFL 决赛中以大比分击败休斯敦队，首次进军超级碗，与当时 NFL 的绿湾队争夺总冠军，不幸败北。1970 年 AFL 和 NFL 正式合并，突袭者队也迎来了黄金时代，几乎年年打入 AFC 总决赛。1976 赛季在第 11 届超级碗上击败了明尼苏达维京人队，首次夺魁。1980 年，再次进军超级碗，以 27 比 10 击败了费城老鹰队，成为第一支以外卡身份夺得超级碗的球队。

进入 80 年代，突袭者队搬到了洛杉矶，改称洛杉矶突袭者队。球队虽然总体上没能重现 70 年代的辉煌，但仍然颇有建树。1983 赛季又一次进军超级碗，以 38 比 9 的悬殊比分轻松击败华盛顿红皮队，夺得第三个超级碗。

第三次捧杯之后，突袭者队经历了一个相对的低潮期。1995 年，再次迁回了奥克兰。1998 年，才华横溢的年轻教练乔恩·格鲁登上任，突袭者队焕发青春，于世纪之交再度成为炙手可热的球队。可惜在季后赛中连续两年未能杀出重围，无缘超级碗。格鲁登离任后，其原来的助手比尔·卡拉翰继承和发扬了格鲁登的战术打法，于 2002 赛季杀入超级碗决赛，可惜败给了坦帕湾海盗队，而海盗队的主教练正是突袭者队的前任主教练格鲁登。

突袭者队成立至2007年40多年的时间内，总成绩为421胜、319负、11平，高达五成七的胜率在联盟所有球队中名列前茅。更难能可贵的是，在与几乎所有NFL球队的历史交锋中，突袭者队都保持着胜多负少的纪录，还夺得15次AFC西区冠军，可谓笑傲西部。

概括起来，突袭者队是1960年加入美国美式足球联赛（AFL）的第八个成员，他们在AFL的比赛中取得一次冠军和三次分区冠军。球队加入NFL是在1970年，也就是AFL和NFL正式合并之后。加入NFL之后，突袭者队取得了3次超级碗冠军（第11、15和18届）和12次分区冠军，还有两次在超级碗比赛中失利。有13名名人堂成员。

第二节　国家联合会各区的球队简介

一、国家联合会东部分区

国家联合会东部分区各球队简明情况见表2-5。

表2-5　国家联合会东部分区各球队简明情况表

球队名	达拉斯牛仔队	费城老鹰队	纽约巨人队	华盛顿红皮队
建队时间	1960年	1933年	1925年	1932年
主场名	得克萨斯体育场	林肯金融体育场	巨人体育场	联邦快递体育场
主场所在地	得克萨斯州，达拉斯市	宾夕法尼亚州，费城市	新泽西州，东卢斯福市	马里兰州，兰多佛镇
知名球星	特洛伊·埃克曼	多诺万·迈克纳博	劳伦斯·泰勒	克林顿·波迪斯

(一) 达拉斯牛仔队

达拉斯牛仔队（Dallas Cowboys）是美国国家橄榄球联盟在得克萨斯州阿灵顿的一支球队（其队标见图2-17）。牛仔在1960年以扩建队伍的身份加入大联盟。由于牛仔队在达拉斯地区之外有大批球迷，有时人们称呼牛仔队为“美国之队”。

图2-17　达拉斯牛仔队标志

达拉斯牛仔球队刚成立的头一个月名叫“犀牛”(Rhinoceros)。一个星期后，球队改名“游骑兵”（Rangers)，当时达拉斯有一支同名的棒球队，他们原本打算在1960年前解散。不过当达拉斯的橄榄球队也取名“游骑兵”时，那支棒球队决定再多撑一年。于是，橄榄球队的老板小克林特·穆奇森（Clint Murchison Jr.）和贝德福·韦恩（Bedford Wynne）决定将球队改名为牛仔队，以免混淆。

目前牛仔队被杰瑞·琼斯（Jerry Jones）拥有，价值多达 8.51 亿美元。

得克萨斯牛仔在中国可谓家喻户晓，而身处重要城市的达拉斯牛仔队也同样是中国为数不多的橄榄球迷最熟悉的一支 NFL 球队。达拉斯牛仔队于 1960 年加盟 NFL，同年签下纽约巨人队的助理教练汤姆。兰德里为主教练。如同大多数的扩建新军一样，牛仔队第一年（1960 赛季）战绩糟糕。根据当时赛程，牛仔队与联盟里的每队交锋一次，结果 1 平 11 负垫底。

1961 年 9 月 17 日，牛仔队在第二赛季的首场比赛中以 27 比 24 的比分险胜匹兹堡队，迎来了他们在 NFL 中的首场胜利。随后的几年，依旧胜少负多。虽然如此，俱乐部对兰德里还是充分信任，1964 年与他续约 10 年。这一举动很快得到回报。1965 年牛仔队 7 胜 7 负，首次持平，1966 年更是以 10 胜 3 负 1 平的战绩登顶东部赛区冠军，开创了一个连续 8 年打入季后赛、两次进入超级碗的鼎盛时期。

1970 年，牛仔队首次获得 NFC 冠军闯进超级碗，对手是由 NFL 历史上最杰出的四分卫之一的尤尼塔斯领军的巴尔的摩小马队。最终小马队凭借经验和更好的防守以 16 比 13 一个自由球的差距险胜，牛仔队与冠军失之交臂。牛仔队第二年卷土重来，再次杀入超级碗，并以 24 比 3 轻取迈阿密海豚队，取得了俱乐部的第一个超级碗。

首获总冠军之后牛仔队陷入一个短暂的低潮，后来终于在 1975—1976 赛季再展辉煌，一鼓作气闯入超级碗，从此开创了一个四年内三进超级碗的光辉业绩。1978 年 1 月 15 日第 12 届超级碗，牛仔队靠无比坚实的防守以 27 比 10 力克丹佛野马队，时隔 6 年后再次捧杯。

在 1979 年第 13 届超级碗失利之后，牛仔队成绩逐年下滑。1986 年以 7 胜 9 负的战绩给连续 20 个得胜赛季的历史画上了句号。苦心经营了 25 年之后，莫尔奇森家族于 1984 年将俱乐部转让。功勋教练兰德里在 1988 赛季结束后宣布辞职，完成了他在牛仔队 29 年的执教生涯，时年 74 岁。这期间，牛仔队获取了两次超级碗总冠军，5 次国家联盟冠军，13 次赛区第一，兰德里自己也两次赢得“最佳教练员”称号。

1988 年，新老板杰瑞·琼斯任命迈阿密大学的教练吉米·约翰逊出任球队主教练，利用第一选秀权选到了加州洛杉矶大学毕业的四分卫特洛伊·埃克曼，在熬过了一个 1 胜 15 负的赛季之后，琼斯、约翰逊和埃克曼一起为达拉斯迎来了第二个金光灿灿的鼎盛时期。

1988和1989年分别入队的新秀艾米特·史密斯和迈克尔·埃尔文显示了超人的天赋，在1991赛季里成为全联盟最佳的跑卫和外接手。他们两人同埃克曼一起组成的三驾马车，以无坚不摧的超强攻击力率队杀入当年季后赛。1992赛季更是势如破竹，在超级碗中以摧枯拉朽之势的52比17的比分狂胜布法罗队，第三次登上NFL的最高峰，获得冠军的全队成员还前往白宫受到总统克林顿的嘉奖。1993赛季，牛仔队依然独步天下，再次击败布法罗队，勇夺第28届超级碗。主教练约翰逊急流勇退，辞去了主教练职务，拜里斯维接过教鞭，招进了NFL历史上罕见的防守天才迪昂·桑德斯，在1995—1996赛季中又一次闯进超级碗，击败匹兹堡钢人队，第5次获取超级碗，平了49人队的纪录。

随着三驾马车的水平下滑和退役，牛仔队成绩逐渐下滑，在20世纪末成为一支非常平庸的球队。俱乐部老板琼斯几经周折，在2003赛季前请来了已经退休的著名教练比尔·帕瑟尔斯。他的执教能力不同凡响，当年即带领一群新人担纲的牛仔队回归季后赛。以后两年他苦心经营3—4防守阵形，连续两次错失季后赛。在2006赛季，逐渐成熟的防守和新秀四分卫托尼·罗莫的涌现，以及从费城转会来的巨星外接手欧文斯终于让牛仔队再次杀入季后赛。但在第一场季后赛中因为罗莫的经验不足，客场以1分之差负于海鹰队，未能更进一步。赛季结束后老教练帕瑟尔斯再度归隐，俱乐部迅速从闪电队挖来了有着30年NFL执教经验的另一名功勋教练韦德·菲利普斯，加上欧文斯、罗莫等诸多新老球星的留队，众多达拉斯球迷们似乎又看到了牛仔队重现辉煌的希望，相信牛仔队会在不久的将来再展雄风。

俱乐部至2007年有9人入选NFL名人殿堂，其中最著名的有执教29年的主教练汤姆·兰德里和经营俱乐部29年的主席、总经理特克斯·施拉姆，以及七八十年代极为活跃的跑卫托尼·多赛特。90年代统治NFL并令新一代球迷最为熟悉的著名球员有屡次被《人物》杂志评为最有魅力男士的四分卫特洛伊·埃克曼和NFL跑动进攻总码数最高纪录的持有者艾米特·史密斯，特洛伊·埃克曼也于2006年入选NFL名人殿堂。

达拉斯牛仔队是NFL历史上最成功的球队之一，它是杀进季后赛次数最多的球队（27次），曾8次闯入超级碗，也是进入决赛次数最多的球队。牛仔队还是NFL历史上第一支在四年里赢得三次超级碗的球队（新英格兰爱国者队是第二支），并曾5次夺得超级碗，分别是1971赛季的第六届、1977赛季的第12届、1992赛季的第27届、1993赛季的第28届以及1995赛季的第30届（旧金山49人队与匹兹堡钢人队也曾获得过5次超级碗）。

(二)费城老鹰队

费城老鹰队(Philadelphia Eagles)是美国橄榄球联盟在宾夕法尼亚州费城的一支球队(其队标见图2-18)。1933年在国家橄榄球联盟扩建时费城老鹰、匹兹堡钢人和辛辛那提红人一起加入。

图2-18 费城老鹰队标志

美国总统富兰克林·罗斯福(Franklin D. Roosevelt)在国内经济恢复经营阶段介绍了他的“新分配”政策,希望能借此带领全国共度经济危机。由于贝尔希望自己的球队能被此政策带动,于是他把球队命名为“老鹰队”。自从那后,他们一直沿用这一队名。尽管在第二次世界大战期间,由于球员人数不足,他们与钢人队合并过一段时期,队名曾被改为“钢鹰队”。

球队自1994年以来一直被杰弗瑞·鲁瑞(Jeffrey Lurie)拥有,价值多达6.17亿美元。

费城老鹰队是NFL中成立最早的球队之一,创建于1924年,原名法兰克福黄蜂队。1933年,费城两名商人以2500美元的价格购买了经营权并将球队迁到费城,更名为“费城老鹰队”。老鹰的名字一是来自罗斯福总统的新法案,二是因为费城曾是美国的第一任首都所在地,而白头鹰是美国的国鸟。该队在AFL和NFL合并之前曾经夺得3次NFL总冠军;在合并后的超级碗时代,14次进入季后赛,5次夺得NFC的东区冠军,赢得1次NFC冠军。

第二次世界大战后,老鹰队迎来了球队历史上的第一个黄金时期。在名人堂教练厄尔·内尔的带领下,老鹰队在1947—1949年连续3个赛季打入NFL总决赛,并且在1948、1949年的两场冠军总决赛中分别以7比0和14比0的比分横扫芝加哥红雀队和洛杉矶公羊队。

短暂的辉煌过后,老鹰队一连10个赛季没有进入季后赛。为了尝试一下运气,老鹰队把球队的主场搬到了宾夕法尼亚大学的富兰克林体育场。经过全队的努力,老鹰队终于在1960年重新夺得NFL东区冠军从而得以跻身季后赛。在富兰克林体育场,老鹰队以17比13后来居上击败了绿湾包装工队,夺得球队历史上第3个NFL总冠军。

对于费城的球迷来说,幸福总是短暂的。夺得冠军之后,老鹰队的主教练和四分卫同时退役,旋即球队开始重建、易主,再重建、再易主。尽管期间老鹰队将主场从富兰克林体育场迁到了新建的能容纳6.5万余人的老兵体育场,霉气和失败却总是挥而不散。这一切直到1976年才有了改变。是年,39岁的加州大学洛杉矶分校橄榄球教练迪克·沃尔梅尔被聘为主教练。翌年，老鹰队用全明星端锋查理·杨换来球队历史上最成功的四分卫罗纳德·杰瓦斯基。经过一年的磨合，终于在1978年重新进入季后赛，迎来了球队历史上第二个辉煌期。在1978—1981年，老鹰队连续4年杀入季后赛，并且在1980年夺得球队历史上第四个NFC冠军。迪克·沃尔梅尔还在1979年夺得“年度最佳教练员”称号。

当然，对于老鹰队来说，四五年的崛起往往伴随着之后六七年、甚至更长时间的颓废。在20世纪末，老鹰队曾连续18年无缘NFC冠军赛，这一情况直到20世纪的最后两年才得以改变。

1999年，老鹰队聘请了毫无主教练经验的原绿湾包装工队四分卫教练安迪·雷德为主教练，并且在当年的选秀中，顶着费城球迷和传媒的重重阻力在第二顺位选择了锡拉丘兹大学的明星四分卫多诺万·迈克纳博。舆论一时哗然，认为老鹰队的赌博无异于自掘坟墓。然而，事实证明老鹰队做出的决定是正确的。在雷德和迈克纳博的带领下，老鹰队自2000年起一连4年进入季后赛。从2001年起连续3次杀入NFC的冠军赛。然而遗憾的是，在3年的冠军赛中接连铩羽而归，此等不幸，在NFL历史上恐怕仅次于1991—1994年的布法罗比尔队。2004年老鹰队不惜代价，以巨薪招来了有争议的明星外接手特瑞尔·欧文斯，他们在常规赛季势如破竹，昂首进入季后赛。虽然欧文斯季后赛因重伤休战，但士气旺盛的球队在迈克纳博的出色发挥下，不但第4次打入NFC冠军赛，而且最终击败了对手亚特兰大，闯进超级碗。超级碗中虽然欧文斯复出，但如日中天的爱国者队还是让老鹰队饮恨而归。2005年球队动荡，战绩不佳，2006年则再次反弹，多名球员超水平发挥，甚至在迈克纳博受伤告别赛季的情况下，还是一路高歌猛进，以分区冠军成绩闯入季后赛。

老鹰队的战绩体现在曾在1948年、1949年、1960年获得NFL冠军，并曾于1980年与2004年赢得国联冠军，但都在超级碗决赛中失利。2018年2月4日，费城老鹰以41比33击败了新英格兰爱国者，赢得了其首座超级碗冠军。

（三）纽约巨人队

纽约巨人队（New York Giants）是美国国家美式足球联盟在新泽西州东拉特福特的一支球队（其队标见图2-19）。巨人是在1925年作为五个成员之一加入国家美式足球联盟。

图2-19　纽约巨人队标志

历史上巨人队的大部分时间都被玛拉家族拥有，但到了1991年，普莱斯顿·罗伯特·蒂斯奇

(Preston Robert Tisch) 购买了 50%的股份。蒂姆·玛拉的儿子威灵顿·玛拉 (Wellington Mara) 是球队的董事长和总裁之一，于 2006 年逝世。他在巨人队 81 年的运作中起了相当重要的作用。在 1941—1969 年期间，橄榄球锦标赛使用的球都印有威灵顿的小名“杜克”，这是因为其父与制造橄榄球的体育用品公司有生意来往。为了纪念威灵顿·玛拉，2017 年的橄榄球锦标赛再次在橄榄球上印有他的小名“杜克”。

纽约巨人队一直是大纽约地区体育迷的宠儿，主场位于新泽西东卢斯福的巨人体育场，球衣主色是蓝色，因而被本队球迷称为“巨蓝军团”。球队始建于 1925 年，当时的富裕书商蒂姆·马拉以 500 美元买下这支球队，但今天巨人队已经价值 5.73 亿美元。作为纽约市的第一支职业体育俱乐部，它的成立标志着纽约职业体育的诞生，也是美国职业体育历史上的一个重要里程碑。成立之时，职业橄榄球尚笼罩在棒球、拳击和大学橄榄球的阴影下。

巨人队在加入 NFL 的第三年就夺得了 NFL 总冠军。随后，美国经济大萧条，蒂姆·马拉将球队所有权交给了他的两个儿子：21 岁的杰克和刚刚 14 岁的威灵顿，后者成为橄榄球史上最年轻的老板，从此球队走向成长期。在 1934 年经典的“篮球鞋之战”中，巨人队在严寒的气候中以 30 比 13 的绝对优势打败劲旅芝加哥熊队。在那场比赛的中场休息时间，巨人队还以 3 比 10 落后，主教练史蒂夫·欧文让所有球员换上篮球鞋来防止打滑，队员们果真表现出色，在后半场连得 4 个达阵而后来居上，成为 NFL 经典之战。

第二次世界大战期间是职业橄榄球运动的低潮期。幸运的是，纽约巨人队依靠广大球迷的支持和有效的经营生存了下来，并且在 40 年代三夺 NFL 总冠军。50 年代是巨人队的一个繁荣期，涌现出了很多至今在美国家喻户晓的球员。60 年代，在连续 3 年进入 NFL 总决赛后，球队水平下降。在随后的 70 年代，战绩平平。

经历了将近 20 年的平凡之后，巨人队迎来了 80 年代的黄金时代。通过选秀和球员交换，慢慢地重新建成了一只胜利球队。1986 年，球队在金牌教练比尔·帕瑟尔丝的带领下终于在阔别冠军 30 年后重新称王，夺得超级碗。4 年以后，巨人队戏剧性地击败了当时不可一世的布法罗比尔队再次捧得超级碗。在这段巅峰时期，巨人队的亮点之一是令当时所有球队闻风丧胆的“线后卫铁三角”，其中包括名人堂入选者、职业橄榄球历史上迄今为止公认的“最佳防守队员”劳伦斯·泰勒，以及连续 5 年被提名名人堂的哈里·卡森。之后的巨人队经历了几年由于教练员和四分卫的变化带来的成绩下滑。上一任教练吉姆·法塞尔在 1997 年接手球队后开始了又一次的重建，并且在 2000 年又把球队带入超级碗决赛。

回顾 2007 年之前的历史，巨人队打入季后赛 25 次，排在达拉斯牛仔队之后列 NFL 第二，赢得 17 次分区冠军和 6 次 NFC 冠军，两次捧得超级碗。

继超级碗失利后，巨人队经过一年的调整，在 2002 赛季重新打入季后赛，但功亏一篑。巨人队随后经历了一个痛苦的赛季，球队老板不得不提前解除已对球队失去控制的法塞尔的合约。

2003 赛季伊始，球队决定聘用具有“铁腕教头”之称的汤姆·考弗林来重塑这支拥有很多优秀球员却又存在很多问题的球队。考弗林的执教风格颇有些类似比尔·帕瑟尔丝，讲究严格的纪律性，在场上依靠强悍的进攻和防守队员来充分控制开球线两侧，并且是控制比赛节奏的高手，在领先时往往通过地面进攻来消耗比赛时间打击对方的士气。这种风格正是巨人队的传统风格，也是广大巨人队球迷所喜欢的。考弗林同巨人队面临的种种难题不断搏斗，在饱受争议中带领球队于 2005—2006 年连续两个赛季进入季后赛，但均未走得太远。

纽约巨人队的战绩体现在分别在 1927 年、1934 年、1938 年、1956 年、2008 年及 2012 年获得 NFL 冠军，两次捧得超级碗。

（四）华盛顿红皮队

华盛顿红皮队（Washington Redskins）是国家美式足球联盟在马里兰州兰德奥佛的一支球队（其队标见图 2－20）。红皮队是在 1932 年加入国家美式足球联盟。

华盛顿红皮队是 NFL 最老牌和最富有的队伍之一，拥有很多传奇人物。在 NFL 和 AFL 合并以前，就曾夺得两次 NFL 总冠军。合并以后，13 次打入季后赛，夺得 3 次超级碗。在 70 多年的历史中涌现了一群最具有创新精神的人物。它首创了 NFL 的第一支战歌、第一支军乐队和第一个比赛转播网络，它所在地华盛顿特区所拥有的巨大市场资源也为其他很多队所艳羡。

图 2－20　华盛顿红皮队标志

1932 年 7 月 9 日，乔治·普里斯顿·马歇尔购得了已经解散的一支波士顿球队的经营权，将球队起名为波士顿勇士队。1933 年改名为波士顿红皮队，以纪念该队的印第安人教练威廉·戴兹，因为当时印第安人的绰号是“红皮肤”，球队的吉祥物也是一个满插羽毛的印第安人头像。1936 年，马歇尔因不满波士顿球迷的支持度不高，一气之下在获得 NFL 东部冠军之后，将与包装工队争夺

NFL 总冠军的比赛移到纽约。结果，自丧主场之利的红皮队丢掉了总冠军。

翌年，马歇尔就迁队到了首都华盛顿特区的格里菲斯球场，改队名为华盛顿红皮队。这一年，红皮队成立了 NFL 的第一个军乐队和谱写了第一首球队战歌。选秀第一轮挑了从得克萨斯基督大学毕业的四分卫萨米·鲍格。当时的 NFL 主要以地面进攻为主，传球只在迫不得已的最后落后时刻才孤注一掷，而且在本方的 30 码线内根本不敢采用。鲍格的向前准确传球改变了整个职业橄榄球的进攻态势，人们意识到原来空中传球可以和地面冲球一样有效得分。鲍格在 16 年的职业生涯中率队获得五次 NFL 东部冠军和两次总冠军，他所穿的 33 号球衣也随他永久退役。雷·弗拉尔蒂 1936—1942 年任红皮队主教练，取得了 56 胜 26 负 3 平的球队最佳胜率。1944 年，红皮队成立了 NFL 第一个广播电台，向全美南部地区转播他们的球赛。1950 年又通过南部的电视网络成为 NFL 的第一支转播赛季所有比赛的球队。1961 年球队主场移至罗伯特·肯尼迪球场。1997 年移至新球场联邦快递体育场。红皮队从 1966 年开始的每场球票都销售一空的纪录一直持续到今天，成为 NFL 的纪录。

1969 年，传奇教练文斯·伦巴第曾率红皮队夺得 15 年来的第一个胜率高的赛季，但次年他就患癌症去世。1971 年乔治·艾伦执教鞭 7 年，5 次打入季后赛，夺得 1972 年 NFC 冠军。1981—1992 年，红皮队历史上最成功的教练乔·吉布斯开始带队，取得 140 胜 64 负的战绩，8 次打入季后赛，获 5 次 NFC 冠军，三夺超级碗（第 17、22 和 26 届）。他被命名为 1982 年和 1983 年的“最佳教练员”，1996 年入选名人堂。

吉布斯 1992 年卸任后，球队战绩至今不理想，只获得过一次分区冠军。新老板丹尼尔·施奈德出手阔绰，大笔花钱聘过多名主教练和买进过许多优秀球员，但始终无起色。2004 赛季，吉布斯受聘再次出山欲重整旗鼓，并率领球队重新进入季后赛。

作为联盟中的元老球队，华盛顿红皮队在 20 世纪 80—90 年代获得球队历史上十个冠军，在 1982 年的超级碗决赛中以 27 比 17 战胜了迈阿密海豚队，报了 1972 年总决赛负于对手的一箭之仇。而后球队又在 1987 年、1991 年分别战胜了丹佛野马队和水牛城比尔队，两次夺得总冠军。随后球队又进入了一个低潮期，每年都为进入季后赛而努力，这期间球队的最好战绩是 1999 赛季打进了分区季后赛。进入 21 世纪以来，红皮队更是没有杀入过季后赛。

二、国家联合会北部分区

国家联合会北部分区各球队简明情况见表 2－6。

表 2－6　国家联合会北部分区各球队简明情况表

球队名	芝加哥熊队	底特律雄狮队	绿湾包装工队	明尼苏达维京人队
建队时间	1920 年	1930 年	1921 年	1960 年
主场名	士兵体育场	福特体育场	兰保体育场	都市穹顶体育场
主场所在地	伊利诺伊州，芝加哥市	密歇根州，底特律市	威斯康星州，绿湾市	明尼苏达州，明尼阿波利斯市
知名球星	沃尔特·佩顿	巴里·桑德斯	布雷特·法尔	克里斯·卡特

(一) 芝加哥熊队

芝加哥熊队（Chicago Bears）是一支职业美式足球球队（其队标见图2－21），位于伊利诺伊州的芝加哥，现时为国家美式足球联盟的国家联盟北区的球队。

图 2－21　芝加哥熊队标志

1919 年，赞助商在伊利诺斯州的迪卡特（Decatur）成立了一支橄榄球队，命名为“迪卡特斯坦利斯”（Decatur Staleys）。1921 年，球队迁移到芝加哥后改为“芝加哥斯坦利斯”（Chicago Staleys）。

接着哈勒斯用 100 美元从赞助商手中买走这支球队，把队名改为“熊”。因为橄榄球运动员要比棒球运动员强壮，当时芝加哥市里有支棒球队叫“幼熊队”，那么从逻辑上而言，橄榄球队就应该命名为“熊队”。

芝加哥熊队的创始人是乔治·哈勒斯，他同时也是职业橄榄球的创始人。在他的帮助下，1920 年美国职业橄榄球协会成立，后来发展成为 NFL。现在，熊队由哈勒斯的女儿弗吉尼亚·麦克卡斯基（Virginia McCaskey）继承，但自 1999 年以来，一直由总裁和董事长泰德·菲利普（Ted Phillips）打理。球队价值 6.21 亿美元。

芝加哥熊队可以称得上是 NFL 中历史最悠久的球队之一。当年 NFL 创始的 12 支球队只有两支保存至今，这便是同源于芝加哥的熊队和亚利桑那红雀队。多年来，NFL 风云变幻，无数球队或生或灭或迁往他乡，红雀队也黯然远走大漠。只有熊队牢牢扎根在诞生地，凭借无数芝加哥球迷的支持一直保存着自己的本色。多少年来球队已融入芝加哥人的血液里，以曾经的辉煌和挫折为这座城市带来无数疯狂或心碎，在 NFL 历史上写下重要的篇章。

如果把超级碗出现以前的 NFL 历史（1920—1969 年）称之为 NFL 古代史

的话，芝加哥熊队可以称得上是这一段历史中最成功且最让人生畏的球队之一，事实上，NFL 的这段历史也和熊队紧密相连。1921 年，球队就夺得 NFL 历史上第 2 个冠军。10 年后熊队又力压宿敌绿湾包装工队，成为联赛制最后一个冠军。1933 年 NFL 引入季后赛，熊队再接再厉，成为第一支季后赛制冠军。从 1940 年起，熊队连续 4 年打进决赛，拿下 3 个 NFL 总冠军。

1946 年熊队在 40 年代最后一次夺冠。50 年代熊队虽然胜率达 60%，却未能夺得总冠军。1963 年熊队冲破长达 17 年之久的坚冰夺得他们的第 8 个 NFL 冠军，得圆旧梦。

熊队的历史与传奇人物哈拉斯密不可分。哈拉斯，人称“熊爸爸”，当年带领球队参与 NFL 的创立，后来又在不同时期分别做过熊队的球员、教练、领队、老板。没有他，就没有熊队早期的巨大成功。1967 年赛季结束后，哈拉斯退休，熊队也开始走入低谷。

时光流逝，沉寂已久的熊队终于在 80 年代中期爆发。1984—1990 年，熊队 6 夺分区冠军，并数次冲击超级碗冠军。1984 年，熊队第一次进入 NFC 决赛便挨了一记闷棍，以 0 比 23 负于旧金山 49 人队。拼搏不止，熊队在第二年成了 NFL 历史上最强大的球队之一。1985 年常规赛，熊队 15 胜 1 负，仅在第 13 场比赛中输给了迈阿密队。球队进入季后赛后一路高歌猛进，连续两场让对手交了白卷，在决赛中又以 46 比 10 击败爱国者队，创下了当时超级碗历史上的最大悬殊比分，并首次夺得超级碗。等待了太久太久的芝加哥举城狂欢，近 50 万人不顾零下 25 摄氏度的严寒涌入市中心欢迎自己的英雄凯旋。

1986—1988 年，熊队在季后赛中连续两次夺冠未果，一次在 NFC 决赛中不敌 49 人队，尤其是另一次，即 1987 赛季在 14 比 0 领先的情况下输给华盛顿红皮队，最为可惜。此后未能再进入超级碗决赛。

20 世纪 90 年代以后，芝加哥熊队多次获得季后赛资格，但每次都是铩羽而归。1997 年他们成为第一支取得 600 场胜利的 NFL 球队。2001 赛季，芝加哥熊队以 13 胜 3 负的成绩获得分区冠军，在季后赛迎战费城老鹰队时出师不利，一开始就伤了主力四分卫，最终输掉了比赛，与冠军无缘。2005 赛季，熊队再一次在季后赛第一场比赛中被淘汰出局，但 2006 年终于击败众多 NFC 竞争者进入超级碗，只是在决赛中惜败于实力强大的 AFC 冠军印第安纳波利斯小马队。

芝加哥熊队在 NFL 历史上多次创下多种纪录，经历过无数经典赛事，产生过众多让人缅怀的巨星，至今仍是入选名人堂球员最多的球队。他们曾经赢得九次美式足球比赛的冠军，分别为八次旧制国家美式足球联盟和一次超级碗冠军（1985 年）。

（二）底特律雄狮队

图 2－22　底特律雄狮队标志

底特律雄狮队另译底特律狮子队（Detroit Lions），是一支职业美式橄榄球球队（其队标见图 2－22），位于密歇根州的底特律。现时为 NFC 北区的球队，前身为朴次茅斯斯巴达人，1929 年成立，当时是一支不属于任何联盟的职业球队，1934 年改迁底特律，同时球队改名为“雄狮队”。“雄狮是丛林之王，”球队发言人说，“而我们希望我们的球队能所向无敌。”那时该球队还没有进入超级碗的比赛。

自 1964 年以来，球队一直被威廉·福特（William Ford）拥有，价值多达 6.35 亿美元。

底特律雄狮队是 NFL 的一支老牌球队，其前身斯巴达人队成立于俄亥俄州的一个小城。1930 年斯巴达人队正式加入当时成立仅 10 年的 NFL，并在两年后与老牌劲旅芝加哥熊队打了一场具有重要意义的比赛。那场比赛引起三项重要的规则改变，而 NFL 自那场比赛以后也分成两个赛区，并有了总冠军决赛。

1934 年底特律电台经理和一些合伙人以近 8000 美元的价格把斯巴达人队买下，迁到底特律并改名为雄狮队。狮子乃是林中之王，起名为雄狮也是希望球队能够成为 NFL 的王者。也许是“外来的和尚会念经”，这支云集了一批当时最优秀球员的球队在第二年便为底特律这座汽车城带来了他们的第一个 NFL 总冠军。1.2 万人在底特律大学体育场见证了这一历史性的赛事。早期的成功为球队带来了巨大的支持，雄狮队从此在底特律站稳了脚跟。当时球队的领袖人物达奇·克拉克成了第一批入选名人堂的球员。

这以后球队老板换了好几拨。球队现在的老板威廉·福特在 1964 年买下雄狮队，花了 450 万美元。尽管主场换了好几次，球队却始终留在底特律周围，球队的士气也没有受到影响，并在 50 年代进入黄金时期。这段时间，底特律雄狮队 4 夺分区冠军，并在 1952 年、1953 年、1957 年问鼎 NFL 总冠军。在 1952 和 1953 年两度在 NFL 决赛中击败克利夫兰布朗队的比赛成为 NFL 的经典之战。

1957 年后，底特律雄狮队进入低谷，一直苦苦挣扎，直到 1983 年才有机会夺得分区冠军。在这 26 年的时间里，球队虽然诞生了很多优秀的球员，却只有两次进入季后赛，且分别以 0 比 5 负于达拉斯牛仔队和 7 比 31 负于华盛顿红皮队。1983 年雄狮队出线后在季后赛第一轮以 1 分之差败在 49 人队手下，使得球队在超级碗诞生后的第一场季后赛胜利要推迟到 8 年以后。

1991 年和 1993 年，超级巨星、NFL 历史上最伟大的跑卫之一巴里·桑德斯率领底特律雄狮队两夺分区冠军。1991 年赛区出线后，底特律雄狮队又遇到了老对手达拉斯牛仔队，这次雄狮队以 38 比 6 大获全胜、一雪前耻，进入了 NFC 决赛，可惜再次不敌当时风头正劲的华盛顿红皮队。1993 年雄狮队又出师不利，败在死敌绿湾包装工队手中。此后，雄狮队虽然未能再夺分区冠军，却在 20 世纪 90 年代多次获得外卡机会进入季后赛，只是每次都在第一轮就惨遭淘汰。

对于雄狮队的战绩，主要是曾在 1935 年、1952 年、1953 年以及 1957 年赢得联盟合并前的 NFL 冠军。

（三）绿湾包装工队

绿湾包装工队（Green Bay Packers）是一支职业美式足球球队（其队标见图 2-23），位于威斯康星州绿湾。他们现时为国家橄榄球联合会的北区进行比赛。

图 2-23　绿湾包装工队标志

包装工队在众多美国体育队伍当中是为数不多的小城市球队，也是最小媒体市场的主要职业运动球队。不过有不少球迷居住于密尔沃基以及整个威斯康星州。

球队创立于 1919 年，于 1921 年正式加入美式足球联盟，事实上，球队于 1896 年已经参加比赛。1919 年由 Curly Lambeau 带领球队正式成立。

在美国众多职业运动队伍当中，包装工是唯一以非营利运作的球队，由 111967 位股东运作，并没有派过股息。球队价值多达 6.02 亿美元。

地处美国中西部威斯康星州的绿湾市，这个坐落在密歇根湖畔的人口仅 10 万的地方是美国唯一一个拥有顶级职业球队的小型城市。多年来，绿湾包装工队在铁杆球迷们的无私支持下，度过了一次又一次的经济危机，成为 NFL 最受球迷爱戴、最富有传奇色彩的球队。球队创建以来赢得包括 4 次超级碗在内的 13 次冠军，高踞全联盟之首，先后有 20 名成员入选名人堂，仅次于芝加哥熊队位居第二。

1919 年 8 月，因伤不得不中止在圣母大学球员生涯的科利·兰保在街上偶遇绿湾公报的体育编辑乔治·卡洪，一阵寒暄之后，两人一拍即合，产生了共同组建一支橄榄球队的想法。他们找到了兰保的雇主——印第安包装公司寻求财政上的支持。公司掏出了 500 美元为球队购置了队服和装备，并允许球队使用公司的场地进行训练比赛，3 天以后，20 多名年轻工人在绿湾公报的一间编辑室正式成立了绿湾包装工队。

1929 年，在兰保担任全职主教练的第一年，包装工队就获得了历史上第一个 NFL 冠军，随后他们又连续两次问鼎，成为 NFL 历史上唯一一支连续获得 3 届 NFL 冠军的球队。1935 年，阿拉巴马大学毕业的外接手唐·哈特森加盟，成为众多球队恐怖的代名词。在当时以地面进攻为主的 NFL 里，空中传球这一高效、迅速的进攻手段令其他球队防不胜防。此后的 10 年间，包装工队在 1936 年、1939 年和 1944 年又 3 次获得 NFL 冠军。

哈特森退役以后，球队陷入了低潮，战绩一年不如一年，同时财政也陷入困境。球队不得不在 1949 年的感恩节组织一场由退役球员进行的义赛来筹款度过危机。在经历了 1949 赛季 2 胜 10 负的战绩后，兰保在内外交困的情况下不得不辞职离开了他一手创建并执教了 31 年的球队。此后的 9 年，无疑是球队历史上最为悲惨的一段：赛季里，没有取得过一次胜率过半的战绩，其间 4 易主帅，1958 年更是写下了耻辱的 1 胜 10 负的败绩。昔日战无不胜的冠军沦落成了人见人欺的鱼腩。

黎明前的黑暗似乎预示着随即而来的辉煌。1959 年 2 月，当戴着黑边眼镜、满头卷发的文斯·伦巴第来到绿湾时，他还是一个默默无闻的纽约巨人队的助理教练，而当他 9 年之后离开绿湾时，他为这个城市留下了包括最初两届超级碗在内的 5 个 NFL 冠军，以及常规赛 98 胜 30 负和季后赛 9 胜 1 负的辉煌战绩。这位出生在纽约布鲁克林，强调自信、刻苦工作和永远争第一的意大利移民的儿子，把 60 年代的绿湾包装工队打造成为 NFL 历史上最为辉煌的王朝之一，也为后来者留下了一座很难跨越的高峰。伦巴第在绿湾主场兰保体育场执教的最后一场比赛是 1967 年 12 月 31 日 NFC 冠军决赛，对阵达拉斯牛仔队。比赛当天气温降到－25℃，而风寒之下更是达到了－40℃。四分卫巴特·斯塔尔在比赛剩下最后 13 秒钟时在牛仔队 1 码处四分卫偷袭达阵成功，帮助包装工队后来居上获胜。后来被称为冰碗的这场比赛也成为 NFL 历史上最为经典的战役之一。在那一年的超级碗中，包装工队又轻松击败代表 AFC 的奥克兰突袭者队，获得了伦巴第时代的最后一个冠军。两年后，57 岁的伦巴第积劳成疾，患癌症去世。NFL 为了纪念这位传奇教练，第二年就将他选入名人堂，并把超级碗的冠军奖杯命名成“文斯·伦巴第杯”。

随后的 20 多年，包装工队一直在平庸中度过，其间 60 年代伦巴第王朝中的主力四分卫斯塔尔和截锋弗雷斯特·格雷格先后出任球队主教练，但战绩均不尽如人意。从 1968 年到 1991 年间，包装工队仅两次进入季后赛。

1992 年，曾任旧金山 49 人队助理教练的迈克·赫莫格林出任包装工队的第 11 任主教练，开始了 90 年代包装工队的又一次辉煌。1992 年，包装工队用当年第一轮的选秀权从亚特兰大猎鹰队换来了南密西西比大学毕业的年轻四分卫布雷特·法尔。法尔在大学时并非最受瞩目的四分卫，但他拥有火箭炮一般的臂力和精准的长传。绿湾队于1993年、1994年、1995年连续进入季后赛，但每次都输给了当时如日中天的达拉斯牛仔队。1996年包装工队终于一举击败新英格兰爱国者队，为绿湾带来了第12个冠军和第3座超级碗的奖杯，银光闪闪的“文斯·伦巴第杯”荣归故里。一年后，包装工队再次杀入超级碗，但这次却意外地输给了赛前不被看好的丹佛野马队，未能蝉联超级碗。

北京时间2011年2月7日7时，第45届NFL超级碗总决赛在得克萨斯州达拉斯的牛仔体育场开始角逐。凭借着14比0的梦幻开局，绿湾包装工队最终以31比25战胜匹兹堡钢人队，15年来首夺超级碗总冠军，这也是包装工队历史上第4次获得超级碗总冠军。

(四) 明尼苏达维京人队

明尼苏达维京人队（Minnesota Vikings）是一支职业美式足球球队（其队标见图2-24），位于明尼苏达州的明尼阿波利斯。他们现时在国家橄榄球联合会北区参与国家美式足球联盟比赛。该球队本为美国美式足球联盟（AFL）的球队，但是他们最后决定加入国家美式足球联盟（NFL）。在2002年重组之前，他们属于中区球队，也叫作“黑蓝赛区”。

图2-24　明尼苏达维京人队标志

球队的第一任经理伯特·罗斯（Bert Rose）给球队命名为“维京人”，是由于维京人在英语中是海盗的意思，明尼苏达以及附近地区很多居民的祖先都来自以海盗而文明的北欧斯堪的纳维亚半岛。

目前球队由比利·乔·麦克科布斯（Billy Joe McCombs）拥有，价值多达5.42亿美元。

维京人队是近二三十年来联盟中崛起的一支顶尖球队，多次在与绿湾包装工队、芝加哥熊队同处的NFC分区中取得头名，并且4次打进超级碗（第4、8、9和11届）。维京人队的创建可追溯到1960年在佛罗里达迈阿密的联盟会议，同一次会议上决定建立的球队还有达拉斯牛仔队等。球队成立伊始归美国联合会旗下，第二年国家联合会说服拥有球队的5位商人改旗易帜，就这样球队开始了职业橄榄球的征程。

维京人队在1961赛季的处女秀让全联盟震惊，当时替补上场的新秀四分卫弗兰克·塔肯顿中途参战，连续完成4次达阵传球，并且自己跑动获得第5次达阵，率领维京人以 37 比 13 击败当时牛气冲天的芝加哥熊队。塔肯顿的天才表现为他以后的职业生涯并最终入选名人堂奠定了基调。他在维京人队的前几年开始成为联盟中最成功的四分卫，1967 年转会巨人队后又创下了后来被海豚队马里诺打破的最多传球码数、最多传球成功次数和最多达阵传球的纪录。

球队第三年聘请布得·格兰特为主教练，从此维京人队在格兰特的带领下走向辉煌。一向面无表情、相貌冷酷的格兰特在执教的第二年就率球队获得分区冠军，开始了 13 年中获 11 次分区冠军的奇迹。在这 13 年中，维京人队赢得 1969 年 NFL 总冠军，以及后来联盟合并后的 1973 年、1974 年和 1976 年的 NFC 冠军，可惜在超级碗中均无功而返。格兰特塑造了一支橄榄球历史上最凶狠的防守球队，让对手们尝尽苦头。

1982 年，维京人队迁移主场。从那以后，球队始终与冠军无缘，但一直保持着超过 60%的胜率。

2003 赛季，维京人队获得了赛季开始连胜 7 场的纪录，可是在被纽约巨人队打破不败金身后，球队防守滑坡，导致连负弱旅而葬送大好形势。他们在常规赛最后一场面对全联盟最差球队红雀队时，在只需打平就进入季后赛的情况下，被对方在最后一秒钟时将比分反超，戏剧性地输掉了比赛，与季后赛无缘。

维京人队是众多成功球队中的一支。目前他们的胜率是 NFL 中第五位。他们也是 NFL 中仅有的单赛季常规赛赢过 15 场比赛的 5 支球队之一。他们曾经夺得 NFL 冠军（1970 年 AFL 和 NFL 合并之前），但是随后在第四届超级碗决赛中 7 比 23 输给了堪萨斯酋长队。维京人队是第一支打过四场超级碗决赛的球队，虽然他们一场未胜。他们赢得过 18 次分赛区冠军，是目前 NFL 所有球队第三多的，也是他们分赛区第一多的。1970 年之后，他们闯入季后赛的次数是全联盟第二多的。没有球队和他们一样，获得了如此多的 NFC 或者 AFC 冠军赛次数（9 次）却没有夺得过超级碗。在 NFC 球队中，只有 3 支球队比维京打过更多超级碗决赛。维京人取得了 16 次分区冠军，并且 4 次成功打进超级碗，但是 4 次都输给对手，成为第一支 4 次超级碗比赛全败的球队。球队目前有 10 名名人堂成员。

三、国家联合会南部分区

国家联合会南部分区各球队简明情况见表 2－7。

表 2-7 国家联合会南部分区各球队简明情况表

球队名	坦帕湾海盗队	亚特兰大猎鹰队	卡罗莱纳黑豹队	新奥尔良圣徒队
建队时间	1974 年	1965 年	1993 年	1966 年
主场名	雷蒙德·吉姆斯体育场	乔治亚穹顶体育场	美国银行体育场	路易斯安那超级穹顶体育场
主场所在地	佛罗里达州，坦帕市	乔治亚州，亚特兰大市	北卡罗莱纳州，夏洛特市	路易斯安那州，新奥尔良市
知名球星	德里克·布鲁克斯	迈克尔·维克	史蒂芬·史密斯	朱·布里斯

(一) 坦帕湾海盗队

坦帕湾海盗队（Tampa Bay Buccaneers）是一支位于佛罗里达州坦帕湾的职业美式足球球队（其队标见图 2-25）。他们是国家美式足球联盟南区中的一支球队。海盗队于 1976 年以美联西部分区的一员加入 NFL，次年迁移到国联中，并且在 2002 年成为国联南部分区的一员。

图 2-25 坦帕湾海盗队标志

球队的名字是由球迷投票选出的，当时选用此队名是为了庆祝佛罗里达州坦帕的“加斯帕里拉海盗节”（Gasparilla Pirate Festival）。

目前此球队被麦尔科姆·格雷泽（Malcolm Glazer）拥有，价值多达 6.71 亿美元。

坦帕湾处于阳光之州佛罗里达的中西部，由以坦帕市为主的一串中小城市组成，是美国著名的观光旅游地区。1974 年坦帕市获得 NFL 批准成立海盗队，两年后开始第一个赛季。这支年轻的球队在不到 30 年的时间里，有过挫折羞辱，也有过光荣和骄傲。富饶的坦帕始终给予球队支持，这支 NFL 第 27 支成立的球队终于在 2002 年夺得超级碗，实现了很多老牌球队都可望而不可即的梦想。

建队之初的海盗队，以创 NFL 纪录的 26 连败开始了他们的 NFL 之旅。1976 年第一个赛季他们 14 战皆负，第二年他们又以 12 连败开局，直到第 13 场比赛才在新奥尔良客场获胜。球队回到坦帕后发现竟有 8000 多球迷迎接他们得胜回营，庆祝来之不易的第一个常规赛胜利。

知耻而后勇，坦帕湾海盗队在 1979 年的第 4 个赛季便卷起狂潮，以 5 战 5 捷开盘，最终在一场暴风雨中以 3 比 0 力克堪萨斯城酋长队，问鼎国家联盟中区冠军，震惊了整个 NFL。在接下来的季后赛中，海盗队又以 24 比 17 击败费城老鹰队，取得了第一场季后赛胜利，但在 NFC 决赛中负于洛杉矶公羊队，无缘超级碗。1981常规赛季赛最后一周，球队在一场激动人心的比赛中3分险胜底特律雄狮队，再夺赛区冠军，随后在第一轮季后赛输给了达拉斯牛仔队。1982年球队以外卡身份在第一轮再次不敌牛仔队，结束了这一轮海盗飓风。这个时期，球队防守方面的明星是李·罗伊·塞尔蒙，他也是海盗队迄今唯一入选名人堂的球员。

海盗队此后沉寂了10多年，多次更换主教练，胜率只有可怜的25%。1996年防守大师托尼·邓吉入主坦帕湾海盗队，打造了一支铜墙铁壁的队伍，再一次开始了冲击超级碗的旅程。1997赛季该队以5连胜开局，宣告坦帕飓风的回归。当年他们获外卡身份进入季后赛，先胜底特律雄狮队，后负于绿湾包装工队。1999年坦帕湾海盗队在芝加哥打败老牌劲旅熊队，18年后再夺分区冠军。紧接着击败华盛顿红皮队进入NFC决赛，但再一次负于洛杉矶公羊队。2000年和2001年，球队两获外卡进入季后赛均折戟费城。

虽然邓吉在坦帕湾取得了极大成功，但始终难以夺取超级碗。面对连年进入季后赛却次次铩羽而归的结局，球队老板再也无法坐视。2002年初，球队匆匆与邓吉解约后，寻找主教练的努力却一波三折。最终，海盗队孤注一掷，接受了奥克兰突袭者队的苛刻条件，以800万美元现金、两个第一轮和两个第二轮选秀权的惊人代价换来了奥克兰当时的主教练乔恩·格鲁登。

格鲁登是当时NFL的新起之秀，年纪轻轻便带领传统劲旅奥克兰突袭者队走出了多年低谷。他是西海岸进攻体系的专家，给以往重守轻攻的坦帕湾海盗队带来了全新的攻击体系，为球队冲击超级碗补全了最后的“第五元素”。当年，到底是格鲁登自己放弃了与奥克兰最后一年的合同，还是奥克兰出让了格鲁登，到现在还是众说纷纭，只有一点可以肯定，那就是两支球队在这笔划时代的交易后都取得了重大突破，并在翌年相逢于超级碗决战。

第一次进入超级碗的海盗队的对手正是格鲁登的老东家奥克兰突袭者队。突袭者队在格鲁登走后战绩不俗，并拥有当年NFL最有价值球员的四分卫里奇·伽能。格鲁登对自己一手建立的突袭者队进攻体系知根知底，甚至连突袭者队的进攻暗语和四分卫的习惯性假动作都一清二楚。在这场被称为最锋利的矛对最坚固的盾的比赛中，知己知彼的海盗队从防守上完全瓦解了对手的进攻，并5次断走伽能的传球。而格鲁登为海盗队重新锻造的进攻体系也显出威力，3次早早达阵成功，使比赛一开始就变成了一边倒的局面。最终海盗队大胜，尤其3个防守达阵创了超级碗的新纪录。

回首赛季初的那笔巨额交易，海盗队老板的一场豪赌如此快地就收到了回报。当时所有的怀疑者现在都无法再挑剔——纵然是800万美元加上4个高质量的新秀，又如何比得上许多球队奋斗数十年都无法染指的超级碗奖杯？而这个交易的核心人物格鲁登在重压之下不辱使命，率领坦帕湾海盗队成为 NFL 一朝霸主，同时也完成了自己的梦想，成为 NFL 历史上最年轻的获超级碗的主教练。

自 1976 年开始，海盗队与西雅图海鹰成为 NFL 的球队。现时球队的总裁为马尔科姆·格雷泽，主教练为德克·柯特。球队在最初的两个球季连败 26 场，在七十年代末到八十年代有 14 次负多于胜的纪录，但是他们在 2002 年夺得第 37 届超级碗冠军。

（二）亚特兰大猎鹰队

亚特兰大猎鹰队（Atlanta Falcons）是一支职业美式足球球队（其队标见图 2-26），位于佐治亚州的亚特兰大。他们现时是国家美式足球联会南区中的一支球队。球队在 1966 年加入国家美式足球联盟。

图 2-26　亚特兰大猎鹰队标志

1965 年，亚特兰大一位保险公司主管兰金·M·史密斯（Rankin M. Smith）被 NFL 总裁皮特·罗泽尔（Pete Rozelle）授予了特权，猎鹰队于是成立。

1965 年以前，乔治亚州一直没有一支职业橄榄球队。当地不少组织分别向当时的 NFL 和 AFL 两个联盟申请名额，其中有一个组织甚至向两个联盟都递交了申请，另一个组织声称已在 AFL 交了定金。当一个组织和 AFL 达成协议获准一支 AFL 球队落户亚特兰大时，NFL 的总裁再也坐不住了，亲自飞到亚特兰大，要求市府在两个联盟中做出抉择。最终结果自然是选择了当时强势的 NFL。6 月 30 日，NFL 将其第 15 支队伍的扩编权利交给亚特兰大市，结束了乔治亚州长期没有一支职业队的窘况。

球队老板是一家人寿保险公司的经理兰金·史密斯，当时出价 850 万美元。他号称：“哪一个美国男人不想拥有自己的橄榄球队？”确实，不是每一个美国男人都能做成这么大的交易，但看到一个男人能实现全市男人的梦想毕竟是一件令人愉快的事。整个亚特兰大市几乎立刻陷入癫狂状态，史密斯回到他的保险公司的 24 小时内就接到 1000 多个电话要购票。史密斯的第一项行动就是在全市征集队名。一位小学教师命名的猎鹰被采纳。她说猎鹰象征了自豪和尊严，尽全力去搏击。

猎鹰队利用它的第一挑选权首选了得克萨斯大学的著名线卫托米·诺比斯。他同时也被 AFL 的休斯敦队挑中，最终他决定到 NFL 的猎鹰队。亚特兰大市民欣喜若狂，尽全力抢购球票来支持球队。在 54 天的销售时间里就卖出了 4.5 万张季票，打破此前 NFL 在明尼苏达州 2.6 万张的销售纪录。

猎鹰队的成绩一直不甚理想，直到 1971 年才迎来第一个胜多负少的赛季。1977 年，猎鹰队防守创造了迄今仍保持着的一项 NFL 纪录：在总共 14 场比赛的赛季里仅失分 129 分。1980 年猎鹰队赢得建队以来的第一个分区冠军。1998 年，猎鹰队以 14 胜 2 负的战绩赢得该队 33 年来的第二次分区冠军。季后赛中，猎鹰队以 20 比 18 战胜旧金山 49 人队，然后在 NFC 冠军赛的加时赛中以 30 比 27 击败明尼苏达维京人队，一路打入第 33 届超级碗决赛，最后以 19 比 31 不敌当时如日中天的丹佛野马队。

猎鹰队成立 40 多年来，值得骄傲的成绩屈指可数，但这一切可能随着 2001 年一位天才球员的到来而改变。他就是弗吉尼亚理工大学毕业的四分卫迈克尔·维克。在 2001 年的选秀中，左撇子维克被公认为状元秀。当时的圣迭哥闪电队拥有第一选秀权，但在选秀开始前未能与维克谈妥合同，所以选秀开始时决定出让第一选秀权。猎鹰队迅速以当年第一轮和第三轮选秀权、翌年的第二轮选秀权，以及外接手蒂姆·德怀特和圣迭哥交换了选秀位置，毫不犹豫地抢到维克。

维克第二年（2002 年）开始出任主力四分卫，他不负众望，带队打入季后赛，被评为全联盟 MVP 的候选人，并选入全明星阵容。自从 1970 年 NFL 开始评选全明星阵容以来，仅有 6 名四分卫在出任主力的第一年被选入全明星阵容，而此时维克年仅 22 岁。在第一场季后赛中，他率队以 27 比 7 战胜绿湾包装工队，在第二场比赛中以 6 比 20 败于费城老鹰队。维克堪称 NFL 有史以来最有运动天赋的四分卫：步伐敏捷，身体柔韧性好，速度快，左臂强壮。球员和媒体都异口同声地称赞他是 NFL 最让人耳目一新和最令人激动的球员。2002 赛季，他还创造了两项 NFL 纪录：一场比赛中带球冲刺 173 码，此前四分卫的纪录是 51 码；前两个赛季带球冲刺最多的四分卫（1066 码）。

2007 年，猎鹰队聘请了路易维尔大学有“进攻天才”之称的主教练包比·派特里诺为主教练，意欲重整旗鼓。

总的来说，亚特兰大猎鹰队在 1965 年正式加入全国橄榄球联合会（NFL），属于南区球队，1980 年第一次打入季后赛，还是以 NFC 西区第一名的成绩辉煌地进入季后赛。此后球队也曾在 1978 年、1980 年、1982 年、1991 年、1995 年、1998 年多次进入季后赛，并于 1998 年获得国联的冠军。2002 年，猎鹰队进入季后赛虽以 27 比 7 战胜了绿湾包装工队，但以 6 比 20 不敌劲敌费城老鹰队，无缘超级碗决赛。

2017 年，猎鹰队再次进入季后赛，并获得国联冠军，但在最终的超级碗比赛中输给了新英格兰爱国者队。

2018 年猎鹰队进入季后赛，最终以不敌费城老鹰队，无缘第 52 届超级碗。

(三) 卡罗莱纳黑豹队

卡罗莱纳黑豹（Carolina Panthers）是一支位于北卡罗莱纳州夏洛特的职业美式足球球队（其队标见图 2 - 27）。他们是国家美式足球联合会南区中的一支球队。他们与杰克逊威尔美洲虎在 1995 年加入 NFL，成为扩充球队。

图 2 - 27　卡罗莱纳黑豹队标志

第 38 届超级碗转播的球迷们一定还对这场堪称经典比赛的两只球队记忆犹新。胜者爱国者队固然得以名留青史，负者卡罗莱纳黑豹队一样以其出人意料的表现得到大家的尊重，令球迷对他们的未来充满无限希望。黑豹队建队不到 10 年即从强手如林的 NFC 闯入超级碗决赛，写下了 NFL 历史上新的篇章。

1993 年 10 月 26 日，NFL 在时隔 16 年后再次扩编，正式宣布增选卡罗莱纳为联盟的第 29 支队伍。消息传出，礼花在北卡最大的城市夏洛特城空中绽放，球迷们欣喜若狂，他们等待了 5 年的梦想终于得到了实现。俱乐部大股东理查德森很快宣布，他们将在夏洛特建设一座可容纳 7 万多人的豪华体育场作为黑豹队的主场。仅仅一个月后，包括豪华包房和俱乐部特席在内的 4 万多个各种座位被抢购一空，充分体现了卡罗莱纳橄榄球迷对这项运动的疯狂和对黑豹队的支持。

黑豹队亦不负众望，1995 年 8 月在俄亥俄举行的名人堂比赛中，以 20 比 14 击败了同为扩建新军的美洲虎队，展现出扩建球队少见的强劲实力。首个赛季黑豹队就取得了 7 胜 9 负的好成绩，创 NFL 新建俱乐部首个赛季最好战绩。

第二年，黑豹队再接再厉更上一层楼，取得了 12 胜 4 负的惊人战绩，名列 NFC 西区第一。季后赛中，他们更是大爆冷门，主场掀翻实力强大的卫冕者达拉斯牛仔队而取得首场季后赛的胜利，堪称 NFL 新军历史的奇迹。

令球迷们既吃惊又失望的是，这个良好的势头没有得到延续。1997 年以后黑豹队实力下降，连年败退，即便俱乐部在 1999 年痛下决心聘请著名金牌教练塞费尔特，也没能扭转势头。球队领军人物四分卫科林斯状态下滑，改投纽约巨人队。

这以后黑豹队青黄不接。正当卡罗莱纳球迷失望的时候，纽约巨人队的防守教练约翰·福克斯出任主教练，确立了以防守为主的方针，建立了一套完整的防守战术。进攻上注重发掘自身潜力，选拔开发本队不为人瞩目的新人的潜力。整体战术以坚实的防守为基础，进攻上减少失误，以战术和精神的完美结合取胜比赛。

这个指导思想在短短的一年时间里立竿见影，似乎在不经意间黑豹队就成了一支极具竞争力的 NFL 强队。2003 赛季开始他们步步为营，胜不骄败不馁，多次在加时赛和比分接近的比赛中胜出，常规赛季连奏凯歌，再夺分区第一。季后赛主场完胜达拉斯牛仔队，客场爆冷击败实力强大的费城老鹰队，打入第 38 届超级碗。在超级碗中，他们不畏强手，连连出击，屡次得分，不但为球迷上演了一场精彩的超级碗大战，也令对手新英格兰爱国者队出了一身冷汗。虽然黑豹队最终功亏一篑，以 3 分之差痛失冠军，但他们的出色表现也赢得了大家的尊重。福克斯为队伍打下的坚实基础，加上俱乐部队内年轻球员的茁壮成长，让卡罗莱纳的橄榄球迷们有理由相信这支球队会在未来的许多年内续写辉煌。

纵览黑豹队的战绩，曾两次取得分区冠军：分别是 1998 年获得国联西区冠军；2003 年获得国联南区冠军。

（四）新奥尔良圣徒队

新奥尔良圣徒队另译新奥尔良圣人队（New Orleans Saints），是一支位于路易斯安那州新奥尔良的职业美式足球球队，他们为国家美式足球联会南区中的一支球队（其队标见图 2－28）。

1966 年 11 月 1 日圣徒日，NFL 将第 16 支新军授予了美国南方名城新奥尔良。1967 年 1 月，队伍正式命名为“圣徒队”。汤姆·费尔斯出任首任主教练。

图 2－28　新奥尔良圣徒队标志

新奥尔良球迷对圣徒队表现出了极大的热情。1967 赛季尚未开赛，俱乐部已经售出 33 万多张球票。这支队伍也展现了寻常扩建球队不常见的实力：拥有 3 名日后入选名人殿堂球员的圣徒队在热身赛中连爆冷门，取得了 6 战 5 胜的好成绩；首个赛季首场比赛更是创下了永垂 NFL 史册的惊人一笔，在容纳 8 万多观众且座无虚席的图兰体育场面对洛杉矶公羊队时，约翰·吉利安姆开场球回冲就狂奔 94 码达阵得分。

圣徒队在建队前两个赛季的战绩为 7 胜 20 负，在之后漫长的 30 年里战绩不佳，仅在 1979 年和 1983 年是胜负各半。不断的失败随着新老板的出现才走到了尽头。1985 年新奥尔良本地大商人汤姆·本森接手球队，雇用了日后入选名人堂的吉姆·芬克斯为总经理，吉姆·莫亚为主教练。这一招立竿见影，球迷漫长的等待在 1987 年终于熬到了尽头。圣徒队在建队第 21 个赛季里取得了15战12胜的成绩，常规赛季名列NFC西区第二，首次杀入季后赛，同时也取得了球队六年四入季后赛的辉煌成绩，并且于1991年赢得了首个NFC西区冠军。

好景不长，1992年之后圣徒队又步入了低谷。1999年圣徒俱乐部做出了罕见举动，以两年8轮选秀的权利换来了当年选秀第5位的资格，挑选了打破多项大学生橄榄球纪录的来自得克萨斯大学的跑卫里基·威廉姆斯，第一招居然收到奇效。第二年的圣徒队在新教练哈斯赖特的指导下披荆斩棘打入季后赛，并且首次在超级穹顶体育场主场取得季后赛的胜利，多项俱乐部纪录作古。主教练哈斯赖特也荣获该年度NFC最佳教练员称号。

2002年圣徒队再出意外之举，将跑卫威廉姆斯转会到迈阿密海豚队。这时的圣徒队的队伍已经成型，新跑卫杜斯·迈考利斯特茁壮成长，他和接球手霍恩一起为全队奠定了坚实的基础。2006年，圣徒队再次使出大手笔，炒掉了近两年战绩不佳的哈斯赖特，雇用年轻的肖恩·佩顿为主教练，并从洛杉矶闪电队高价买来出色的四分卫朱·布里斯。此举大获成功，圣徒队从上一年3胜13负分区垫底一跃以10胜6负取得分区第一，打入季后赛，最后在NFC冠军赛中负于芝加哥熊队，未能进入超级碗。

总的来说，球队成立于1967年，但早期成绩并没有特别显著，在1987年第一次打进季后赛，直到2000年才在季后赛取得第一场胜利。2006年，球队首次晋身国联冠军赛。球队在2009年的超级杯比赛上以31比17的比数，打败印第安纳波利斯小马队，成功取得队史上首次国家美式足球联盟（NFL）总冠军。

四、国家联合会西部分区

国家联合会西部分区各球队简明情况见表2-8。

表2-8　国家联合会西部分区各球队简明情况表

球队名	旧金山49人队	亚利桑那红雀队	洛杉矶公羊队	西雅图海鹰队
建队时间	1944年	1898年	1937年	1974年
主场名	旧金山体育场	太阳魔鬼体育场	爱德华·琼斯穹顶体育场	奎斯特体育场
主场所在地	加利福尼亚州，旧金山市	亚利桑那州，坦皮市	密苏里州，圣路易斯市	华盛顿州，西雅图市
知名球星	乔·蒙坦纳	安坎·博尔丁	马歇尔·福克	马特·哈塞尔贝克

(一) 旧金山 49 人队

旧金山 49 人队（San Francisco 49ers，又译旧金山淘金者队，其队标见图 2-29)是美国国家美式足球联盟球队，成立于 1946 年，最初作为全美橄榄球联合会的一员参加比赛，后于 1950 年加入由美国橄榄球联合会合并而成的 NFL。49 人队位于加州中部的旧金山，隶属国家美式足球联盟西区，训练基地位于加州圣克拉拉。

2013 年球队拥有人为丹尼斯·迪巴托罗·约克（Denise DeBartolo York），价值多达 5.68 亿美元。

49 人队的队名是为了纪念 1849 年大批淘金者涌入旧金山所掀起的淘金热。球队成立于 1944 年，1950 年加入 NFL。在 NFL 中，49 人队一直庸庸碌碌了 31 年，直到 1981 年由金牌教练比尔·沃尔什带领超级四分卫乔·蒙坦纳夺得首座超级碗，从此一发不可收拾。之后 20 多年，共夺得 5 次超级碗，成为 NFL 中最伟大的球队之一。

图 2-29　旧金山 49 人队标志

作为西海岸进攻的鼻祖，比尔·沃尔什以快速多点短球打遍天下，两年之内就把常年积弱的 49 人队带入超级碗并一举夺冠。在他执教 49 人队的 10 年中，胜率高达 62%，总战绩为 102 胜、63 负、1 平，成为历史上首位超越 100 场胜利大关的教练员，并于 1993 年荣入名人堂。

说到比尔·沃尔什就不能不提到乔·蒙坦纳。沃尔什是伯乐识马，一上任就选中圣母大学的四分卫乔·蒙坦纳，悉心传教，终成正果。这对黄金搭档在 80 年代 7 次打入季后赛，6 次夺得 NFC 西区冠军，3 次夺得超级碗，其中最为经典的一战是 1981 年 NFC 冠军赛对达拉斯牛仔队，蒙坦纳在跑动中传出一记高飘的球直入端区，外接手克拉克高高跃起接住达阵，49 人队以 28 比 27 击败达拉斯牛仔队进入超级碗。

1989 年沃尔什退休，由助理教练乔治·赛弗特接任主教练，蒙坦纳也被卖到堪萨斯城酋长队。在大家都以为一个朝代就此终结的时候，49 人队出现了新的领军人物，即四分卫史蒂夫·杨。49 人队的任何一个四分卫都难以摆脱蒙坦纳的阴影。苛刻的球迷会拿蒙坦纳做标尺。当杨传出 300 码、3 个达阵球时，球迷们会若无其事地说："不错，可是蒙坦纳可以扔 400 码"。1993 年 NFC 决赛，由杨领衔的 49 人队负于强大的达拉斯牛仔队，整个湾区骂声四起。除非杨捧回超级碗，否则球迷永远没有办法接受他。

杨终于做到了。两年后第29届超级碗，他带领49人队以49比26的悬殊比分击败闪电队夺冠。杨在这场比赛中发挥了自己的最好水平，传出6个达阵球，并带球进攻49码，赛后他全票当选最有价值球员。

1999年杨在一场比赛中被撞成脑震荡，被迫退役。由杰夫·加西亚继续谱写49人队四分卫传奇。虽然他没有能够夺得超级碗，但也连续3年入选全明星阵容，并于2000赛季以4278码打破49人队的传球纪录。2003赛季，加西亚由于伤病原因，成绩不佳。49人队因限薪规定被迫大幅调整队员，加西亚也不幸被裁，与克利夫兰布朗队签约。之后49人队着手培养犹他大学毕业的四分卫阿里克斯·史密斯。

在49人队的参赛历史上，曾获得超级碗冠军五次，分别是1981年（第16届）、1984年（第19届）、1988年（第23届）、1989年（第24届）、1994年（第29届）；获得国联分区冠军五次，分别在1981年、1984年、1988年、1989年、1994年。

（二）亚利桑那红雀队

亚利桑那红雀队（Arizona Cardinals）是一支位于亚利桑那州凤凰城近郊格兰岱尔的职业美式足球球队。在2006球季起，所有主场的比赛改于格兰岱尔凤凰城大学球场进行。1987年，亚利桑那红雀从密苏里州圣路易斯搬迁到亚利桑那州。1988年至2005年，球队曾以坦佩作为主场。球队现时为国家美式足球联会的西区球队之一。亚利桑那红雀队队标见图2-30。

图 2-30　亚利桑那红雀队标志

亚利桑那红雀队是NFL历史最悠久的球队，于1898年成立于芝加哥，1922年加入NFL。先后落户芝加哥、圣路易斯之后，于1988年搬到亚利桑那州的坦皮市，主场是太阳魔鬼体育场。

作为NFL历史最古老的球队，红雀队在20和40年代曾经有傲人战绩并两度获得NFL总冠军，但红雀队从来没有进入过超级碗决赛，目前更是沦落为人见人欺的弱旅，常常被戏称为“后娘养的红头发孩子”。整个90年代，红雀唯一的球星是角卫埃涅阿斯·威廉姆斯。他可以说是与迪昂·桑德斯并列的著名防守球星，而且他更全面，在防守冲球和冲击四分卫上表现不俗。最著名的一次是在角卫闪击中将49人队的史蒂夫·杨擒杀并撞成脑震荡，结束了一代名将的职业生涯。

2003赛季，他们终于有些起色，新秀外接手安坎·博尔丁技惊四座，以101

个接球、1377 码、8 个达阵的成绩一举夺得年度最佳新秀奖。2004 赛季，球队聘请了老牌教练丹尼斯·格林指挥队伍，在 2004 年的 NFL 选秀里，红雀队以第三顺位选中了匹兹堡大学的明星外接手拉里·费兹杰罗德。他球技超群，性格平易近人，在最后一年的大学联赛中以 92 个接球、1672 码的成绩成为第一个获得沃尔特·坎普最佳外接手奖的二年级学生。在匹兹堡大学的两个赛季里，他共拿下了 161 个接球、2677 码、达阵 34 次，是当之无愧的超级球员。他的到来，可以让对手不得不在夹击他和博尔丁中做出选择，不论夹击哪一个，另外一个都可以获得一对一并胜出的机会接球得分。2006 年红雀队更挑选了毕业于南加州大学，曾获得大学球员最高奖——海斯曼奖，并率队获得全美大学橄榄球冠军的四分卫马特·莱纳特。红雀队因战绩不佳而选秀占先，因此囤积了不少优秀球员，应该说有打入季后赛的实力。赛季前红雀队的经理们显然对此信心十足，他们还搬进了新建的体育馆，希望能从此摘掉“后娘生的红头发孩子”的称号，扬眉吐气，重新做人。但是红雀队在老牌教练格林的带领下却没有能够重振雄风，格林也因此丢掉了饭碗。2007 年，球队招入擅长进攻的主教练肯·维森亨特，希望能从此一举扭转颓势。

尽管之后的形势不容乐观，但值得一提的是，红雀队在 1921 年曾获得 NFL 冠军。

（三）洛杉矶公羊队

洛杉矶公羊队（Los Angeles Rams）是一支位于美国加利福尼亚洛杉矶的职业美式足球球队。球队在国家美式足球联盟中是国家美式足球联会西区中的一支球队。球队拥有两个 NFL 冠军以及一个超级碗冠军。洛杉矶公羊队的队标见图2－31。

球队最初的名字为克里夫兰公羊，在 1946 年搬迁到洛杉矶，并改名为洛杉矶公羊。在 1980 年虽然球队搬迁到加州的安那翰，但仍然保留洛杉矶公羊的名字，直到 1994 年球队搬迁到圣路易斯。2016 年，公羊再度搬迁回到洛杉矶，并将队名改回了“洛杉矶公羊”。

图 2－31　洛杉矶公羊队

洛杉矶公羊队从 1999 年崛起至今，以其华丽的球风、无坚不摧的进攻，风靡整个 NFL，为其夺得超级碗的明星四分卫科特·华纳以其精湛的球技、坎坷的经历和传奇般的崛起，书写了 NFL 版灰姑娘的故事。

1935 年，密苏里州圣路易斯市以一美元为基金，成立了职业橄榄球队——

枪手队。翌年移至俄亥俄州的克利夫兰市，更名为公羊队，加入 AFL。1937 年加入 NFL。1945 年，公羊队击败华盛顿红皮队获得第一个冠军。第二年搬到洛杉矶市，一待就是近半个世纪。5 年后，洛杉矶公羊队战胜克利夫兰布朗队取得第二个 NFL 冠军。直到 2000 年，公羊队再也没能夺冠。其实，这 50 年间公羊队不乏明星和优秀的战绩，但最后总是功亏一篑。1955 年公羊队在后来成为 NFL 传奇教练的西德・吉尔曼率领下打入总决赛，却以 14 比 38 负于布朗队。翌年公羊队陷入低谷，连续 12 年未打入季后赛。整个 70 年代，公羊队复苏，连续 7 次夺得分区冠军，但在 1979 年的超级碗决赛中负于强大的匹兹堡钢人队，再次饮恨。进入 80 年代，同分区的旧金山 49 人队一跃成为最瞩目的球队，公羊队始终难以望其项背，无缘超级碗。90 年代是公羊队和它的球迷们最痛苦的 10 年，每年负多胜少，最令人尴尬的是连续输给死对头 49 人队 17 场，创下 NFL 一项丢脸的纪录。

1995 年，公羊队迁回到诞生地圣路易斯市。1997 年，富有经验的迪克・沃尔梅尔走马上任，担任主教练。他曾经在 1980 年将成绩一直不佳的费城老鹰队带入超级碗。1997 年底，公羊队签下默默无闻的四分卫科特・华纳作为替补。让一支战绩不佳的球队翻身显然不是易事，1997 赛季公羊队的战绩甚至不如以前，仅仅 5 胜 11 负，而 1998 赛季更差，只取得了 4 胜 12 负的成绩。迪克・沃尔梅尔在球队出现了信任危机，极其失望的队员们甚至拒绝出席他主持的球队会议，然而球队管理层继续给予他信任和支持。沃尔梅尔采取了一系列的措施，首先将迈克・马兹招至麾下担任进攻教练，然后在马兹建议下签下了四分卫特伦特・格林担任主力，又以两个选秀权从印第安纳波利斯交换来了全明星跑卫马歇尔・福克，并在选秀时挑选了速度极快的外接手托里・霍尔特。

正当兵强马壮的公羊队跃跃欲试的时候，大祸降临，格林在季前赛受伤。易动感情的沃尔梅尔伤心得甚至在新闻发布会上老泪纵横，无奈只好让科特・华纳替补上阵。而第一场比赛华纳就传出 3 个达阵球，令人大为惊奇，纷纷惊呼此人是谁。华纳快速的判断、精准的传球，加上其他球员超群的速度，使公羊队的进攻如水银泻地，无孔不入，如同在球场上刮起一场炫目的风暴，将橄榄球演绎成一项优美的艺术。公羊队主场完胜 49 人，终结了 17 连败。常规赛季结束，公羊队 13 胜 3 负。曾经在超市打杂的无名小卒华纳被评为 NFL 最有价值球员，成为球迷的偶像。跑卫福克也创造了单赛季达阵次数纪录。半决赛中，面对强力防守的坦帕湾海盗队，华纳在关键时刻以一个 50 码的准确长传达阵，将球队带入超级碗决赛。决赛中遭遇曾在常规赛中战胜过自己的田纳西泰坦队。华纳再次展现其无与伦比的球技，以超过 400 码的总传球码数创造了超级碗纪录。尤其他最后一个 73 码的长传达阵得分，一剑封喉，奠定胜局。这次比赛也被球迷选为历史上最精彩的超级碗决赛。

在公羊队的参赛史上，值得一提的是球队分别于 1945 年和 1951 年赢得联盟合并前的 NFL 冠军，并于 1999 赛季捧得第一座超级碗冠军奖杯。

（四）西雅图海鹰队

西雅图海鹰队（Seattle Seahawks）是一支位于华盛顿州西雅图的职业美式足球球队。他们是国家美式足球联盟的国家美式足球联会西区中的一支球队。球队在 1976 年与坦帕湾海盗加入 NFL 成为扩充球队。西雅图海鹰是唯一一支曾经在美国美式足球联会及国家美式足球联会的分区决赛中夺冠的球队，其队标见图 2－32。

图 2－32　西雅图海鹰队标志

1974 年 6 月 4 日，NFL 批准西雅图市成立一支新的球队。经过评比和筛选，“海鹰”从 1741 个候选名中脱颖而出，成为第 28 支 NFL 球队。

1976 年，海鹰队在第一个赛季以 2 胜 12 败收场。第二年，从 NFC 转至 AFC，成绩有所提高，5 胜 9 败。接下来的两年，海鹰队取得长足的进步，9 胜 7 负，胜率过半，不再是一支鱼腩球队。教练杰克·帕特拉获得 1979 年职业橄榄球联盟“年度最佳教练员”的称号。

1982 年，帕特拉因成绩不佳，被炒鱿鱼。1983 年，恰克·诺克斯接任教职。在他上任的第一年，海鹰队就凭外卡首次打进了季后赛，并在季后赛中淘汰了老牌劲旅丹佛野马队和迈阿密海豚队，打进了 AFC 冠军赛，最终输给了洛杉矶突袭者队。第二年，海鹰队取得 12 胜 4 负的优秀战绩。海鹰队的成功，很大程度上得益于它的冲锋进攻。1983 年选秀挑中的新秀跑卫科特·华纳第一年就跑出了 1449 码，高居 AFC 榜首。

1987 年，诺克斯率队重新打入季后赛。1988 年首次赢得了 AFC 西区冠军，但季后赛第一轮就输给了辛辛那提猛虎队，未能更进一步。从 1983—1991 年的 9 年中，诺克斯带领海鹰队在强手如云的 AFC 西区取得 83 胜 67 败的傲人战绩，让人刮目相看。

1992 年诺克斯离开了海鹰队，汤姆·佛劳瑞斯接任教练，成绩平平，3 年后被迈阿密大学教练丹尼斯·埃里克森代替。埃里克森也未能在 AFC 西区有所作为。1999 年，著名教练迈克·赫莫格林接掌教鞭，随后海鹰队转至 NFC 西区，赫莫格林带队在 2006 年打入了季后赛。

在西雅图海鹰队的参赛史上，共赢得八个分区冠军：在 1988 年及 1999 年的美联西区以及在 2004 年、2005 年、2006 年、2007 年、2010 年及 2013 年的国联西区。他们在 2005 年及 2013 年赢得国联冠军。北京时间 2014 年 2 月 3 日上午，第 48 届美国职业橄榄球总决赛（“超级碗”）在纽约大都会体育场打响，西雅图海鹰队出人意料地以 43 比 8 战胜丹佛野马队，队史上第一次夺得“超级碗”。2015 赛季，不敌新英格兰爱国者队，未能实现卫冕；随后整顿球队，赛季结束后林奇退役。截至 2019 赛季结束前，西雅图海鹰队共获得一次大赛冠军，一个个人 MVP。

第三章　美式橄榄球的术语与常识

第一节　美式橄榄球的专业术语

一、进攻（OFFENSE）

持球队员（Ball Carrier）——任何持球的运动员。持球队员在场上一般是全卫、外接手或者是四分卫的角色，但也包括最后持球的运动员。

阻截（Block）——迷惑对手并努力让其进入特定区域，或者朝向特定的队员。

中锋（Center）——进攻内锋中每次进攻争球时抓球并传给四分卫的人。在传球之后，中锋还必须要准备阻截对方的防守前锋。

成功前传（Completion）——当接球手接到往前的传递球。同时也可以理解为：接球，完成传递。实现成功前传的条件是，接球手必须拥有并且保护好球。

退后（Drop Back）——四分卫的一个动作。在进攻开始时，他接到球会退后几步，并在一个由其他队员组成的口袋状的防守区域内准备发起一次传球。四分卫一般有几种退后的战术，退后三步、五步、七步。在传球前，他需要在后退中做出判断。

合格的接球手（Eligible Receiver）——能够按规则接到前传球的进攻队员。

前传（Forward Pass）——把球传到比起始位置更远的前场。

全卫（Fullback）——位于后场的进攻队员，通常负责持球向前跑攻。他承担接住四分卫的传球和阻截对方防守球员的职责。

丢球（Fumble）——任意进攻队员在进攻时失去对球的控制。进攻和防守都可以重获一次球权。

护锋（Guard）——进攻线上的一员，每次进攻都有一个护锋，他们按照战术排列在中锋两侧的任意一侧。

手递手（Handoff）——是将球传递给另一名队员的一种配合。手递手通常在四分卫和全卫之间进行，但实际上队中任意两名队员都可以进行这种传递配合。

布置战术（Huddle）——场上8名队员在每次进攻开始前的间隙聚拢一圈，由四分卫布置进攻战术。通常防守方也会布置战术。

失误传球（Incomplete Pass）——当向前传的球在接球手接到之前碰到地面，或者接球手接到球的同时身体出界，记为失误传球。在失误传球后，球会被放回之前争球的位置。

战术人（Man in Motion）——一名进攻队员按照四分卫发出的暗号，以战术的要求按照特定的形式向争球点冲刺，外接手从而得到信号。战术人一般用于让队员开始进攻或者移动到某一特定位置。

进攻方（Offense）——持球一方，并试图向防守方的得分线推进。

进攻线（Offensive Line）——由三名进攻队员组成并排列在争球线，为四分卫和持球者做保护。进攻线上包括中锋、护锋和近端锋。

传球（Pass）——把球传递给其他队员的行为。

传球路线（Pass Route）——接球手按照预先设计好的传球路线跑动试图接球。传球路线一般在布置战术时决定。

战术手册（Playbook）——一本记录球队战术的汇总手册。战术手册会发给每个队员，内容包括专业术语、战术和对付特定球队的战术。战术手册适用于进攻球队和防守球队。

球权（Possession）——当一队持球时，他们被认定为拥有球权。（a）当一名队员手持球，脚或身体其他部位接触场地时。（b）球队拥有球权始于每次进攻，直到当他们失误丢球或者得分结束为止。（c）传球时，队员必须在球出界前接到球来完成一次成功传递。

四分卫（Quarterback）——每次进攻时，从中锋手中接过球后组织进攻的核心队员。四分卫可以将球交给跑锋，传给接球手，或者自己持球跑攻。

偷袭（Quarterback Sneak）——进攻时，四分卫接到争球后立刻向前冲跑或者跳跃。偷袭一般用在短距离进攻之中。

接球手（Receiver）——以接获传球为任务的进攻队员。球队的接球手包括外接手、近端锋和全卫。

战术路线（Route）——接球手根据战术安排，从争球线跑向预设的地点去接球的路线。每次进攻前，接球手都有特定的战术路线。

暗号（Signals）——用于球队中的战术代码。暗号包括暗语、数字和脚的动作变化，通常由四分卫在布置战术和进攻开始时发出。

三点式站立（Three-Point Stance）——在争球前，锋线队员在争球线的站立姿势。三点式站立指选手有三点接触地面，通常用一只手在前支撑前倾的身体，两只脚在后面做好比赛准备。

近端锋（Tight End）——承担接球和阻挡双重任务的进攻队员。

达阵（Touchdown）——当进攻队员成功地在对方端区内拥有控球权时。达阵得 6 分，并还有再次进攻或踢附加分的选择。

失误（Turnover）——进攻方因丢球或者被抢断而失去球权。

防撞墙（Walls）——边线防撞墙高 1.2 米，有 10 厘米厚的减震填充物，围绕整个球场。

外接手（Wide Receiver）——排列在争球线附近的进攻队员，通常会在球场边线的位置上。外接手的首要任务是在冲跑间准确地接获四分卫的传球。

二、防守（DEFENSE）

角卫（Cornerback）——角卫通常是阵形位于后边线的防守队员，是进攻方外接手的对手，也可以理解为：边线和后场防守。

防守方（Defense）——是防止对手到达自己方达阵区的一方，同时防守方也是没有球权的一方。

防守端锋（Defensive End）——在防守线两端的防守球员，他们的任务就是阻截对方跑锋的跑动进攻，并冲击对方的四分卫。

防守线（Defensive Line）——防守队员排列在争球线，与进攻锋线队员相对。

断球（Interception）——防守队员截获对方前传球的行为。

线卫（Linebacker）——排列在防守前锋之后、后场防守区域之前的防守队员。

尖卫（Nose Guard）——与进攻中锋相对应的防守尖兵。

拦截手（Pass Defender）——与对方接球手针锋相对的防守球员。

抢防（Pass Rush）——防守队员试图在四分卫完成一次成功传球前将其拦截。

擒杀（Sack）——在争球线后对四分卫实施的拦截行为，目的是截堵四分卫并干扰其传球进攻。

拦截（Tackle）——截杀进攻持球队员。防守队员的任务就是拦截任何一位持球队员。

破攻（Takeaway）——用防守迫使对方失误丢球并使用重获球权的机会，

或者是记为一次抢断。

三、踢球手（KICKER）

横柱（Crossbar）——横柱距地面 4.57 米，位于两边球门线上方。所有附加分和三分球都要踢进横柱上的球门区，才算有效进球。

附加分（Extra Point）——达阵附加分的另一个专业词汇，指在达阵后获得一分的踢球机会。

三分球（Field Goal）——通常情况下，球队会在第四次进攻时尝试三分球战术，一般会在停球点与对方球门的距离合理时运用。

球门柱（Goalpost）——竖立在球门线上的两根门柱，与横柱形成球门区，用于踢三分球和附加分。

置球员（Holder）——帮助踢球手放置球的队员，有助于球踢向预定的目标。在踢三分球时，置球员必须拿住球，并放到一个合理的踢球点。理想的置球位是让球的花边一侧背冲踢球手。

踢球（Kick）——指踢球手踢三分球、附加分以及开球。

踢球回攻手（Kick Returner）——防守球队中的特殊球员，担任比赛开球后的回攻。这名球员一般是球队中速度最快的选手，通常由外接手担当。

开球（Kickoff）——一般来说，开球在以下三种情况下进行：第一节和第三节开始时；达阵得分并踢完附加分之后；踢完三分球后。

球 T（Kickoff Tee）——用于开球和踢球时固定球的一种比赛用具，有助于球踢向预定目标。

长传手（Long Snapper）——是负责把球传给置球员尝试三分球战术的特殊中锋。

短踢（Onside Kick）——一种进攻方为了重新得球而向前踢一小段距离的尝试。在进攻方碰到球之前，到位开球必须将球开出至少 10 码。然而，在进攻方尝试重新得球前，防守队员不必去碰球。

达阵附加分（PAT）——指成功达阵后所附加的得分机会。附加分为 1 分，在踢进球门后获得。

定位球手（Placekicker）——在开球、附加分和三分球中踢球的队员，也被称为踢球手。

战术界外球（Pooch Kick）——球没有首先落在场内，而是飞出界外的情况。这种情况通常发生在为了试图重新得球的短距三分球、短踢球情况中。

特勤组（Special Teams）——一组在踢球和三分球时出场的队员。特勤组负责执行三分球、附加分以及开球。

坏球（Touchback）——指进攻方开球或者三分球中踢得不够好，使球无法让对方接住回攻。球在防守方拿到后将被放置到进攻的 5 码线处。

四、裁判（OFFICIATING）

定位员（Chain Gang）——主要协助主裁确定争球线以及第一次进攻要推进的距离。定位员用仪器测量每次进攻的距离然后告知主裁，主要依据是第一次进攻结束的标记点和争球点。

掷硬币（Coin Toss）——比赛开始前，由裁判掷硬币，客队队长有权先选择硬币的一面。猜中一方决定先攻或者后攻，没猜中一方依对方选择后而定。

防守犯规（Defensive Holding）——在争球线 5 码距离内将进攻方接球手拉住或者推倒以破坏传球的行为。犯规方被罚 5 码以及一次自动的进攻首次触地。

比赛延迟（Delay of Game）——开球时超过规定时间，场上球员过多，或者在规定暂停外另叫暂停都被认定为拖延比赛犯规。

一次进攻（Down）——从争球线上开始进攻到结束视为一次进攻，也称一挡。实际上，一挡就是一次交锋。

挡盒（Down Box）——用盒子装的金属棒，在顶端有四张卡片，号码从 1 到 4，用于记录进攻挡的次数。助理裁判通常拿着盒子底端站在首次进攻的标记处。

侵犯（Encroachment）——在争球前双方队员不能有任何接触，如果出现此情况，则犯规方被罚 5 码距离。

比赛场地（Field of Play）——沿两侧的边线，从己方底线到对方底线的区域。

定位（Field Position）——停球点在场内的位置，也是进攻的起始位置。定位在比赛中十分重要，定位距离对方的端区越远，球队进攻的困难越大，因为他们必须推进更长的距离才能完成得分。

首攻（First Down）——每轮进攻有四次机会，称为四档。如果第一挡进攻完成了 10 码以上的推进，称为首攻。进攻方在 4 档进攻中累计达到 10 码以上的推进方能获得下一轮进攻序列。

拉扯（Holding）——指一名队员拉扯另一名队员阻止其前进的违规行为，犯规方被罚 10 码。

干扰（Interference）——违规妨碍球员接球机会的动作。

犯规阵形（Illegal Formation）——进攻阵形中争球线上队员不足。根据规定，一个队在每次进攻争球线上要有 4 个人排成列，如果不符合要求称为犯规阵形，犯规方被罚 5 码。

移动犯规（Illegal Motion）——当两名进攻队员在争球时同时移动，称为移动犯规，犯规方被罚 5 码。

抢跑犯规（Illegal Procedure）——当进攻队员在开球前移动时，被称为抢跑犯规，犯规方被罚 5 码。

故意犯规（Intentional Grounding）——当四分卫仍在护锋和近端锋的保护区域内时，但是他为了避免被对方擒杀而故意将球扔出界或者触地的行为。

争球线（Line of Scrimmage）——一条以停球点向两侧边线延伸的虚拟线，以此确定始攻的界线，并把攻守两队隔开。

进攻犯规（Offensive Holding）——进攻球员拉扯防守球员手臂以阻止其前进的行为。进攻内锋允许用手臂抱住对方的身体主干，但如果拉扯其他部位（如手臂），则被判犯规。犯规方被罚 10 码。

进攻传球干扰（Offensive Pass Interference）——进攻队员违规阻碍防守队员拦截传球，或者用推倒防守队员来确立己方优势的行为。

裁判（Officials）——穿着特制衬衫吹罚比赛的人。裁判组包括主裁判、副裁判、司线、副司线、后场裁判、场地裁判以及边裁。

传球干扰（Pass Interference）——犯规阻碍另一名球员接住前传的机会。防守方受到干扰使其在犯规点获得球权，并且自动获得首攻。当进攻方传球被干扰吹罚时，防守方让进攻方获得 10 码距离。

处罚（Penalty）——对于违反规定行为的惩罚处理。

比赛限时器（Play Clock）——位于达阵区两端的计时器，记录每次进攻发球的限制时间。当进攻方在限制的时间内没能成功发球，将被判拖延比赛，被罚 5 码。

对踢球手恶意犯规（Roughing the Kicker）——在踢球手完成踢球后仍对其进行恶意犯规的行为，犯规方被罚 15 码。

对传球手恶意犯规（Roughing the Passer）——在四分卫完成传球后仍对其进行恶意犯规的行为，或撞击四分卫头部的动作，都属恶意犯规。犯规方被罚 10 码，对方自动获得首攻。

定位点（Spot）——进攻队结束进攻时的准确点位，由裁判标记。当标记处罚码数的时候，裁判也同时负责确定球的定点位置。

暂停（Time Out）——双方球队或裁判请求停止比赛的行为。

违反体育道德的行为（Unsportsmanlike Conduct）——在死球时，球员对于裁判判罚不满，并有不礼貌的言语或行为。

第二节　美式橄榄球的相关常识

一、比赛目的与基本规则

（一）比赛目的

进攻球队通过有效的进攻尽可能多得分，在比赛中努力突破对方球队的防守阵容向前推进。防守球队则要试图阻止进攻队得分。每场比赛双方都会有多次机会，在整个比赛过程中扮演着进攻和防守角色的转换。

比赛中，最主要的得分手段是控球方（进攻方）持球冲进或传接球进入对方球队（防守方）的端区，此称为达阵（一次获得 6 分）。

（二）比赛规则

比赛规则简单明了。当进攻时，进攻方试图突破防守队员的阻挡向其目标推进；当防守时，防守方可试图通过抱住持球进攻者并把他撞倒在地来阻止进攻方。在比赛结束时，得分最多的球队赢得比赛。

1. 得分

当一个球员控球并通过跑动进攻越过了对方的得分线，或是他在对方的端区截获对方的传球都能得分。如果将球踢进对方的球门也可以得分。以下为几种主要的得分方式：

（1）达阵——当进攻球员成功地在对方端区内拥有控球权时。一个达阵可获得 6 分。

（2）三分球——当球队在进攻中把球踢进对方的球门区时。一个三分球可获得 3 分。

（3）附加分——当球队在达阵后选择踢附加分，并把球踢进对方的球门区时。一个附加分可获得 1 分。

（4）两点转换——当进攻方球队选择传球或跑动进攻，让球射入对方端区两码线后触地得分。一个两点转换可获得 2 分。

（5）安防——当防守方在进攻方端区内擒杀进攻球员并截获球时，防守方可获得 2 分。

2. 比赛开始和挡

比赛在抛硬币决定由哪个队先控球后开始。防守方球队从其得分线用踢球的方式开球，控球方接到球后开始组织进攻。一旦进攻球员持球被停止（无论是被擒杀或球出界），球将放置在其停止点的场地上。从停球点延伸至边线的假想线称为“争球线”。

双方队员列队于争球线的两侧，控球队（进攻方）有 4 次进攻机会，他们应在这四次机会中将球累积推进 10 码。如果成功了，他们就再次获得新一轮 4 次进攻的机会，以此类推。在边线两端都有一个 10 码链的旗杆，用于测定进攻方推进的距离。

每轮进攻有四次机会，每次机会都被称为“一挡”。因此，“第一挡到 10”意味着接下来是第 1 次尝试，并且所有的 10 码线都需要推进。简单地说，“第三挡到二”意思是一轮 4 次进攻中的第 3 次，还要推进 2 码才到 10 码。在这种情况下，如果进攻方在下一次进攻时推进超过 2 码，那他们就能获得新一轮的 4 次进攻机会去推进另一个 10 码。注意：球队不需要使用全部的 4 次尝试来推进 10 码。例如，如果球队在第一挡传球达到 20 码，那么他们就可以再次以第一挡进入新的区域。

3. 计时

常规的室内橄榄球比赛由 4 节组成，每节 15 分钟，每两节有 12 分钟的中场休息，称为“半场”。球出界，第 2 节和第 4 节最后一分钟内的失误传球都不计时。每队在上下半场各有 3 次暂停机会。在每次进攻前，进攻方有 25 秒的发球时间，如果超过 25 秒，则球队会因拖延比赛被处罚倒退 5 码。

4. 队员靠拢

每次进攻前，进攻方球员围绕着四分卫聚成一个圆圈，听从四分卫布置战术后发球。在聚拢的队员中，四分卫是唯一说话的人。

5. 战术意图

这个词是用来描述每队下一挡的战术行动。橄榄球是分段比赛或按“挡”进行的。球队的每一挡攻防使用的是呼叫战术。注意：战术往往是一个预先确定的行动，包括队形、球员的移动、分配阻断、传球或跑动进攻的路线，以及为比赛胜利而实施的其他细节。

6. 进攻开球

这是比赛开始时进攻方的一个行动。“进攻开球”由一个球员来完成，通常是中锋。他下蹲后将球从双腿间向后传递给四分卫。四分卫按照战术意图将球准确地传给进攻球员，以便获得比赛的成功。

7. 暗号/节奏

“暗号”和“节奏”都由四分卫喊出来，一般出现在进攻开始时，或在开球时用于指示进攻球员。

8. 孔号

孔号在进攻中锋的右侧队员是偶数（0—2—4—6），左侧是奇数(1—3—5—7)。孔号以便于持球的队员能够在跑动中瞄准目标点。

二、比赛进攻组

（一）四分卫（Quarterback，QB）

护具：头盔、面罩和护齿。

球员理想型：高大、聪明、坚韧、思维敏捷、手臂粗壮、智慧、自信，有强烈的职业道德感和领导力。

基本作用：

四分卫是全队的灵魂，进攻的组织者，其基本作用是带领球队向前推进并直接得分。在每次进攻开始前和争球时，他让队员围聚身边布置战术。作为球队的核心，每次进攻从他对中锋发起争球的命令开始，用一些动作来传达特定的战术。进攻可以是一次“传球”，他把球传给合适的外接手发起攻势；可以自己直接“带球进攻”；也可以传递球给合适的跑锋，通过队友向前推进。

四分卫必须是一名能够安全处理球并将其准确、快捷传递给最合适球员的组织者（见图 3-1）。他需要有开阔的视野、良好的智能和强劲的臂力。在赛场上，

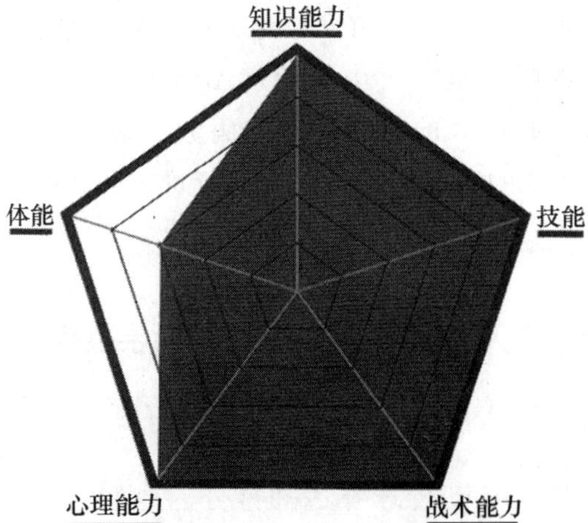

图 3-1　四分卫能力要求

他知道每位队员所分配的任务，并能够看懂对方的防守策略。四分卫应该是一个天生的领导者，能够激励队友并具有良好的自控能力。他必须对全队负责，并获得队友们的信任和尊重。

新英格兰爱国者队的汤姆·布雷迪（Tom Brady）是联盟著名的四分卫之一。在2017年第51届超级碗中，他率领球队上演了NFL历史上绝无仅有的大逆转，在球队第四节3比28落后的情况下完成翻盘逆转拿下超级碗冠军。布雷迪——一个40岁的传奇四分卫，五获超级碗冠军、四获MVP，成为NFL史上第一人。

（二）跑卫（Running Back，RB）

跑卫是持球跑动进攻的球员，凭力量、脚步和速度变化穿透对方防线推进是他们的工作，在某些情况下也会参与接球和保护四分卫。跑卫又分为跑锋（Halfback，HB）和全卫（Fullback，FB）。

室内橄榄球的全卫需要具备如下素质：

球员的理想类型：坚韧、机智、强壮，及良好的手眼协调能力。

基本作用：全卫的基本作用是通过持球跑动进攻并达阵得分。同时他也能接受传球，帮助球的推进。全卫是进攻方球员，其列阵位置一般是在攻击线后或在四分卫旁边。他应该是一个体能非常强壮的球员，能够持球跑攻、冲跑接球，以及阻拦截球。常见带球类型：①中路进攻；②端线外侧迂回进攻（沿码线迂回进攻）。

在美式橄榄球冲锋进攻时，通常是由体型壮硕的队友在前面开路，而由跑锋跟在其后持球冲锋。他们接到四分卫的交递球后先护住球，然后决定最有利的冲刺路线以获得最大的进攻距离。而在抛传进攻时，他们可以变成接球手或是协助进攻内锋来保护四分卫。速度与灵敏度是跑卫的主要条件。联盟里的代表人物便是明尼苏达维京人队的阿德里安·皮特森（Adrian Peterson）。他在重伤后回归赛场，并在同年打破尘封已久的单赛季冲跑码数记录，获得常规赛MVP。皮特森为将来想要竞争MVP的跑卫们树立了新的标准（见图3-2）。

（三）外接手（Wide Receiver，WR）

球员的理想类型：高大、快速、灵活、良好的手眼协调能力与跳跃能力，以及跑动中的获球能力。

基本作用：

外接手的基本作用是接到传球并达阵得分。他们通常会在跑动进攻中被阻挡。外接手是一个进攻球员，位置在争球线上或附近，但朝向“外侧”。外接手

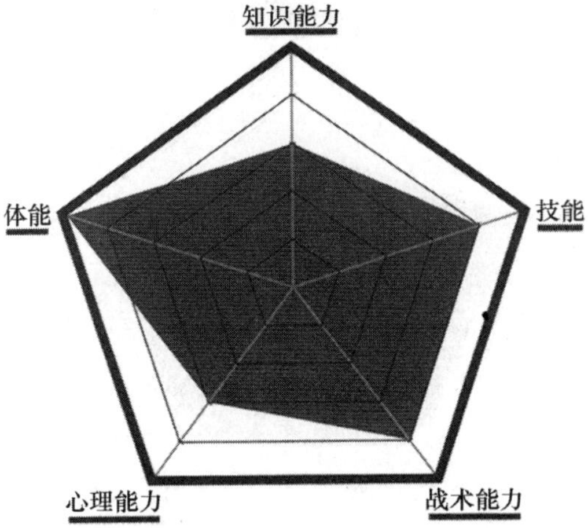

图 3-2 跑卫能力要求

需要以快速地冲跑、敏捷的身手和爆发性的弹跳力，快速晃过防守队员而准确接到传球，并在持球的同时躲开防守队员的擒杀冲撞。

外接手要通过变向摆脱防守，接球进攻，所以对速度和敏捷度要求很高。一个好的外接手能按照四分卫在发球前所指示的路径前冲，闪躲并甩开对方的防守，以创造出有利的接球条件。外接手在接球后仍然可以持球前冲，直到被拦截或者跑出界为止。史上最伟大的外接手就是前旧金山 49 人队的杰里·莱斯（Jerry Rice）。他帮助球队三获超级碗冠军，并且是第一位拿下超级碗最有价值球员（MVP）的外接手，闪电般的奔跑速度、非凡的灵活性和柔和的手感是他能够创造多项 NFL 记录的关键因素。外接手需要拥有速度、灵活、力量和绝佳的接球手感才能在强手如林的 NFL 中占据一席之地。

外接手的能力要求见图 3-3。

(四) 进攻线

球员的理想类型：坚韧、大块头、强壮、聪明。

基本作用：

进攻前锋的基本作用：(1) 在比赛中阻拦对手并为全卫开路；(2) 保护四分卫传球。

在室内橄榄球中，有三个位置上的进攻前锋：中锋（C）、护锋（G）和近端锋（TE）。进攻前锋通常是球队中最大和最壮的球员。进攻前锋负责阻挡防守球员，让进攻方球员（四分卫、全卫和外接手）不被防守方擒杀而获得推进码数和达阵得分。在四分卫传球时，三个进攻前锋在他的周围形成一个口袋形的保护屏障，确保其完成

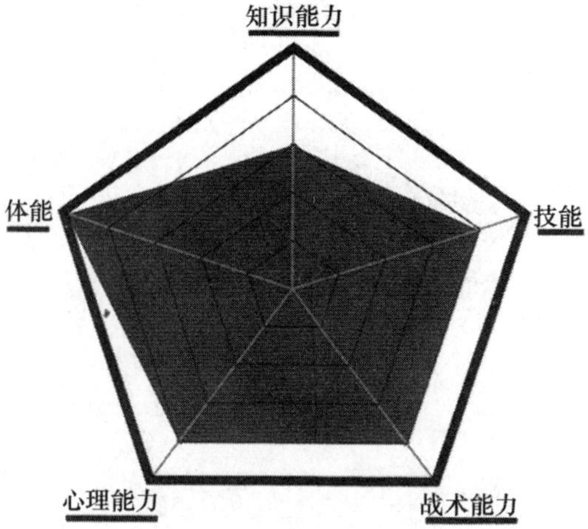

图 3-3 外接手能力要求

传球。

(1) 中锋 (C): 中锋位于攻击线的中间，直接站在四分卫的前面，负责每次进攻时的“开球”。他将球传给四分卫，要避免漏接并有效阻挡防守对方。他必须完全执行四分卫的“暗号”并领会其“节奏”。如果他反应迟缓，全队的进攻将因此受阻。

中锋的站位姿势与进攻线上队友略有不同。他应张开双腿，其臀部预高，以便让球从他的双腿之间传给四分卫。开始时，他用一只手快速抓住球，并准确传递给四分卫。他的头必须抬起，在抓球前后看清对手的举动。他的另一只手（非持球手）要准备好阻止对方抢球。

(2) 护锋 (G): 在进攻线的另一位置是护锋。护锋位于中锋的两侧，直接面对着对方的防守阵形。护锋有两项主要任务，即保护四分卫和为全卫开路。

(3) 近端锋 (TE): 近端锋位于混合型的进攻位置。他既承担阻挡防守方的任务，又有接球进攻的职责（后点不同于中锋或护锋）。一个近端锋应具备前锋和外接手的技能，既能为队友持球进攻时开路，又能在队友传球中进攻。联盟屈指可数的杰出近端锋中，相信最受喜爱的就是新英格兰爱国者队的罗布·格隆考斯基 (Rob Gronkowski) 了。他是爱国者队的重要武器，他高大的身材和超强的接球能力，会给任何一支遇到的防守队伍造成不小的麻烦，他在接球后向前的推进能力更是让人害怕。近端锋要求身材高大，作为进攻线球员能为四分卫提供保护，同时也要具备良好的接球能力，为进攻战术提供更多支持（见图 3-4)。

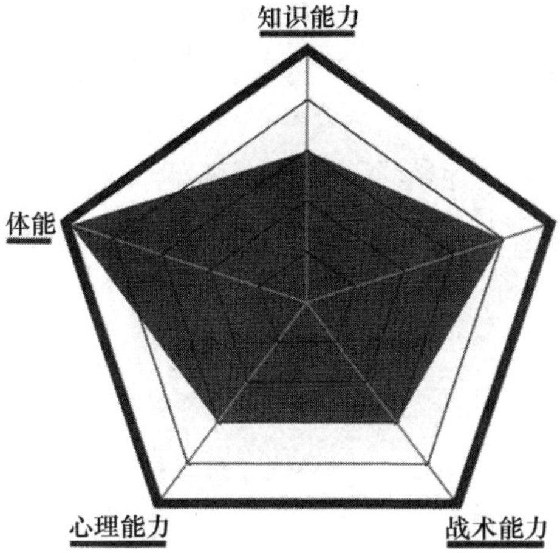

图 3-4　近端锋能力要求

三、比赛防守组

（一）线卫（Linebacker，LB）

球员的理想类型：高大、强壮、敏捷、聪明。

基本作用：

线卫的主要任务是阻拦任意一位持球的进攻队员，并且干扰全卫进行传接球。线卫分为两类："MAC"线卫和"JACK"线卫。

（1）"MAC"线卫："MAC"线卫是防守组组长。他在场上布置战术，扮演着发号施令的角色。他必须判断进攻方球的移动方向并组织防守拦截。

（2）"JACK"线卫："JACK"线卫也必须清楚球的移动方向并且进行拦截。"JACK"线卫不直接承担向对方四分卫传球施压的任务，但他可以在争球线 5 码内的两端边线中间跑动。当对方四分卫利用假传或持球跑攻时，他必须进行拦截。

美式橄榄球防守组中布置战术的人通常是线卫中的一名队员。线卫必须要有极佳的拦截能力，不让持球的跑锋逾越雷池一步；而在抛传进攻时，则必须协助其他的队友盯紧外接手及其他可能的接球手，破坏或截下任何抛传接球（见图 3-5）。雷·刘易斯（Ray Lewis）被视为 NFL 历史上最为伟大的中线卫之一，随乌鸦队先后夺下了第 35 届和第 47 届超级碗，尤其在第 47 届超级碗中，凭借他出色的防守和老道的经验限制住了状态火热的匹兹堡钢人队，一举拿下超级碗。

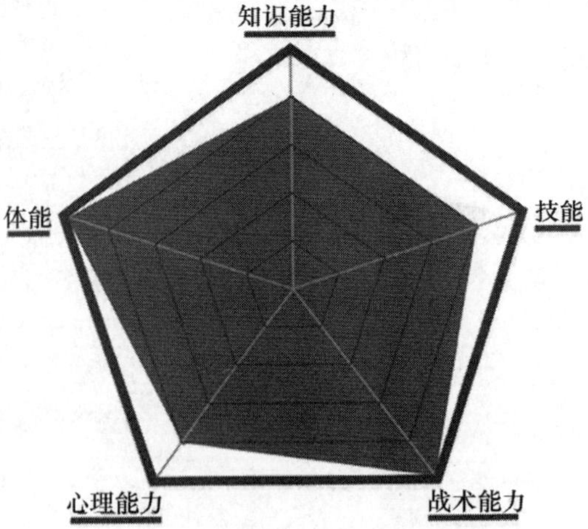

图 3－5　线卫能力要求

（二）防守线

球员的理想类型：坚韧、大块头、强壮。

基本作用：

防守前锋的主要任务是在对方进攻时突破对方阻挡队员，从而去阻截持球队员或传球队员。换句话说，防守前锋在负责阻截任意一位持球进攻对手的同时，还需要承担对四分卫进攻传球的施压任务。防守前锋在每一次进攻面前都扮演着重要的角色。他们用防守控制着比赛的节奏。

在室内橄榄球中，防守线由防守前锋组成，其中为：一名防守尖锋和两名防守端锋。

（1）防守尖锋：防守尖峰位于防守线的中心。防守尖锋必须坚守防线，阻止对方后卫的跑动进攻。在对方实施传球战术时，防守尖锋应全力突破对方阵形，对尚未传球的四分卫进行施压，并伺机将其擒杀。

（2）防守端锋：防守端锋位于球队防守线的外侧，主要任务是阻止对方完成跑动进攻，同时也要干扰对方四分卫的传球动作。防守端锋站在防守尖锋的左右两侧。整个防守组的阵形面对的是对方护锋和近端锋的进攻队形。

（三）后卫（Defensive Back，DB）

球员的理想类型：身材高大、速度快、敏捷，手眼协调性好、进攻性强、果敢的决断力。

基本作用：

防守后卫的主要任务是阻拦任何一位持球的进攻队员，以及干扰外接手传接球。他需要协助整个防守组对持球进攻队员进行拦截并逼迫其出现失误（“丢球”和“拦截”）。

防守的最后一道屏障，根据职责不同又分角卫（Cornerback，CB）和安全卫（Safety）。

角卫是对方外接手的死对头，速度和敏捷是他们的特长。一般来说他们的职责就是寸步不离紧跟对方的外接手或某些情况下的近端锋，也有在特定阵形中突击对方四分卫（比较冒险的举动）。约什·诺曼（Josh Norman）应该是现今最优秀的角卫之一。2015 年，他作为卡罗莱纳黑豹队的防守核心，带领黑豹打出了常规赛 15 胜的傲人战绩和季后赛失分最低纪录，随后与华盛顿红皮签下了巨约，成为联盟当时最贵的角卫。他有着令人羡慕的天赋，集速度、力量、敏捷于一身，凭借着一身本领和联盟顶级外接手博弈。

角卫能力要求见图 3－6。

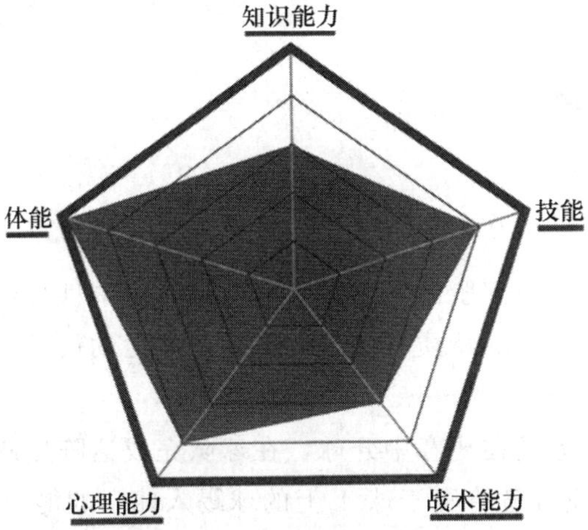

图 3－6　角卫能力要求

安全卫细分为自由安全卫（Free Safety，FS）和强侧安全卫（Strong Safety，SS）。他们站在防守的最后方，当进攻方穿透防线或者某一接球者摆脱防守时挺身而出破坏对方进攻。强侧安全卫在球场上是针对进攻一方的近端锋来设置的，因为攻击线有近端锋列队的一侧叫作强侧（Strong Side）。当攻方采用跑动进攻时，强侧安全卫要像线卫一样地拦截跑锋，而在传球进攻时，则要负责紧盯近端锋，防止他接球。可以说安全卫是防守组的最后一道关卡，也是最难通过的一道防线。这里不得不提到西雅图海鹰队的厄尔·托马斯三世（Earl Thomas Ⅲ），他带领海鹰队一次次地向世人展示出了强硬的防守能力，这才是球队取胜的关键，每一支球队的进攻组都会胆怵托马斯的存在。

安全卫能力要求见图 3－7。

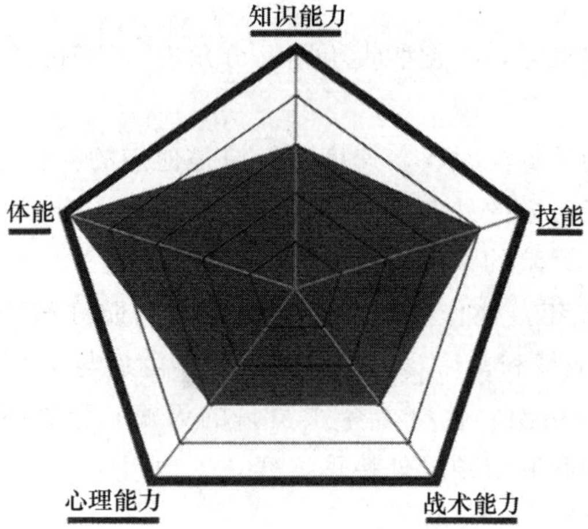

图 3－7　安全卫能力要求

四、比赛特勤组

(一) 踢球手 (Kicker，K)

理想运动员类型：腿部肌肉发达、眼睛与腿的协调性好、意志坚强，整体来说需要具备一个足球选手的特质（最好之前是足球运动员）。

基本作用：

踢球手的主要任务是在比赛中开球，在球队完成达阵后踢附加分球，以及踢三分球（点球）。他应具备将置于球 T 上的球踢入球门的能力。

1. 开球（当球队完成达阵或三分球后）

踢球手可利用整个端区的位置来开球。

他应该保持全力来踢球。

通常来说在场地正中间踢球能更好地击中目标。

对于室内橄榄球来说，通常情况下每次开球都必须触及球网。

提示：还有一种非常特殊的开球，那就是“短踢”。

2. 三分球和附加分

尽量使自己的步法简单（后退三步，助跑两步）。

确保自己的踢球过程流畅。

确保所踢出的球有一个清晰的轨迹并击中目标。

在美式橄榄球比赛中经常出现任意球（Field Goal，FG）的选择，这时就需要踢球手。踢球手职责看似轻松，一场比赛仅需要踢几脚球，也没有冲撞，但对踢球手的要求是极高的。他的稳定性可以决定比赛的走势，更可以决定输赢结果。巴尔的摩乌鸦队的贾斯丁·塔克（Justin Tuck）获得了2016赛季的“最佳踢球手”称号。他凭借稳健的脚法和强大的心态，赛季中的射门成功率达到80%以上，更是能在关键时刻踢中45码（41米）以上的任意球来帮助球队取得胜利。

踢球手能力要求见图3-8。

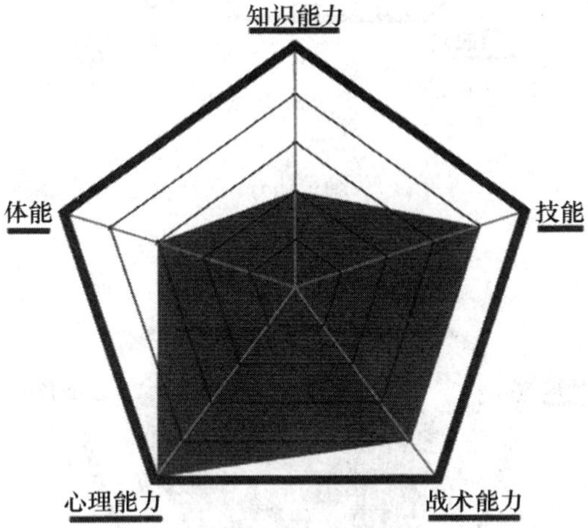

图3-8 踢球手能力要求

（二）扶球手（Holder，H）

射门时，有一个球员在开球后把球扶稳让踢球手准确踢球，这个人称为扶球手，球队的替补四分卫通常会客串这个位置（见图3-9）。

（三）弃踢手（Punter，P）

球队弃踢时的踢球人，不但要求踢得远，也要踢得准。往往一次成功的弃踢能为防守组带来绝佳的防守位置，终结对方的进攻。高水平的弃踢手是非常受NFL队伍青睐的。但是，在室内橄榄球中没有弃踢。

弃踢手能力要求见图3-10。

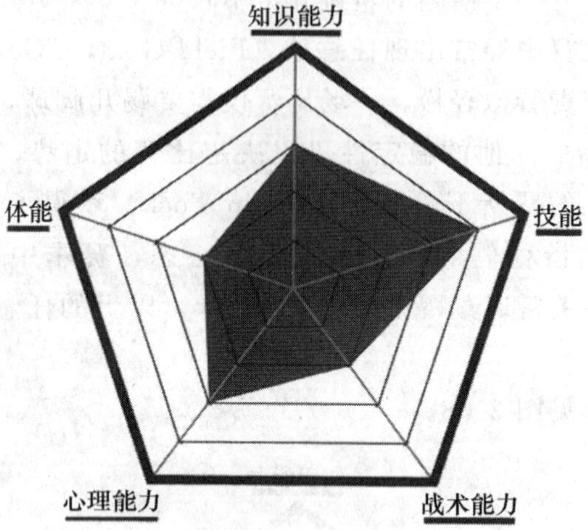

图 3-9　扶球手能力要求

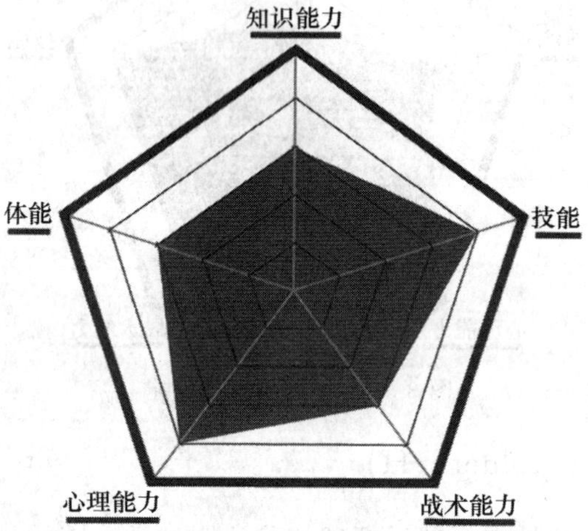

图 3-10　弃踢手能力要求

（四）回攻手（Returner，R）

开球和弃踢时都可以回攻，回攻手一般是球队中速度最快的球员。出色的回攻手泰瑞克·希尔（Terrik Hill），在有防守压力和穿戴装备的情况下 40 码（36 米）仍能跑进 4.3 秒，他将堪萨斯酋长队的接球回攻提升到了新的高度。

回攻手能力要求见图 3-11。

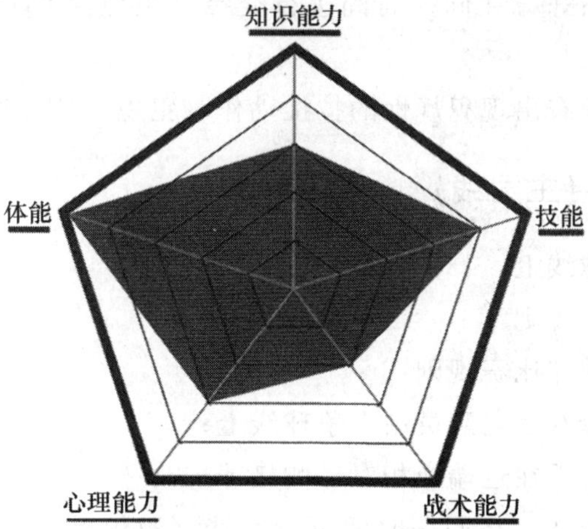

图 3-11　回攻手能力要求

五、裁判

室内橄榄球比赛中，场地内有 5 名裁判，分别为：主裁判（裁决和管控整场比赛）和 4 个副裁判（分别为副裁判、主司线、副司线、后场裁判）。

（一）主裁判

位于进攻方四分卫传球区的一侧。

尤其要熟知以下规则：

确定每次交锋前，进攻队员球衣号码正确；

确定每次发球前，进攻方进攻阵形无误；

确定接球手身着的球衣号码正确；

确定球员之间没有出现犯规性的拉扯动作（犯规："阻挡"）；

确定进攻方和防守方在同一时间进行交锋（犯规："攻方越位"，或者"侵犯"）；

确定进攻方四分卫不会因为避免遭防守方擒杀而将球扔至界外（犯规："故意出界"）。

（二）副裁判

位于 5 码线或者位于防守方争球线的线卫后方。

尤其要熟知以下规则：

确定防守前锋、线卫和进攻方的近端锋各司其职；

确定进攻方和防守方在同一时间进行交锋（犯规：“攻方越位”，或者“侵犯”）；

确定球员之间没有出现犯规性的拉扯动作（犯规：“阻挡”）。

（三）副裁判（主司线）

位于进攻方争球线上。

尤其要熟知以下规则：

确定防守前锋遵守比赛规则；

确定进攻方至少有 4 名队员站在争球线上；

确定进攻方外接手在近端锋相对一侧接球；

确定进攻方和防守方在同一时间进行交锋（犯规：“攻方越位”，或者“侵犯”）；

确定球员之间没有出现犯规性的拉扯动作（犯规：“阻挡”）；

确定接球手和防守后卫在整个传球过程中不因身体接触而阻碍对方接球（犯规：“干扰接球”）。

（四）副裁判（副司线）

位于争球线上。

尤其要熟知以下规则：

确定防守前锋和线卫各司其职；

确定进攻方至少有 4 名队员站在争球线上；

确定进攻方外接手在近端锋相对一侧接球；

确定进攻方和防守方在同一时间进行交锋（犯规：“攻方越位”，或者“侵犯”）；

确定球员之间没有出现犯规性的拉扯动作（犯规：“阻挡”）；

确定接球手和防守后卫在整个传球过程中不因身体接触而阻碍对方接球（犯规：“干扰接球”）。

（五）副裁判（后场裁判）

位于争球线后方 20 码线至 25 码线之间。

尤其要熟知以下规则：

确定每次交锋前，防守队员球衣号码正确；

确定防守前锋和防守后卫各司其职；

确定每次进攻方在规定时间内开球；

确定接球手和防守后卫在整个传球过程中不因身体接触而阻碍对方接球（犯规："干扰接球"）。

常见的犯规：

（1）侵犯：当防守方队员在开球前越过争球线并身体接触进攻方球员，称为侵犯。犯规队将被判罚 5 码。

（2）攻方越位：当进攻方靠内的进攻前锋在开球前越过争球线，或者进攻方任意球员在开球前虚晃身体，称为攻方越位，犯规队将被判罚 5 码。

（3）阻挡（防守方）：当防守队员阻拦进攻方无球队员，则将被判罚 5 码并使进攻方自动获得首攻。

（4）阻挡（进攻方）：当进攻方队员用手、胳膊或者身体其他部位阻碍防守队员上前阻拦持球者，则被判罚 10 码。

（5）越位：当任意一方的球员在开球前越过争球线，称为越位。将被判罚 5 码。

（6）干扰接球：当任意一名防守球员在外接手接到球之前接触其身体形成干扰，称为干扰接球。在室内橄榄球中，干扰接球将被判罚 10 码并且进攻方自动获得首攻。

（7）恶意犯规：对任意球员形成的恶意犯规，将被判罚 10 码。

（8）恶意犯规（针对踢球手）：当防守队员在没有接触到球之前就与踢球手进行身体接触，将被判罚 15 码，并且进攻方自动获得首攻。

（9）恶意犯规（针对四分卫）：当防守队员在四分卫将球传递出去后与其发生正面身体接触，将被判罚 10 码，并且进攻方自动获得首攻。

六、团队合作

（一）如何进行战术安排

从多种角度来说，室内橄榄球的战术类似网球。网球比赛中必须保住发球局，才能使自己在整场比赛中处于有利位置。对于室内橄榄球比赛来说，必须在球队控球的时候得分。

1. 长传进攻

在球场里取得一次成功进攻的关键，是将球长传至前场，以此打开对方的防守阵形。一次有效的进攻就能逼迫对面的防守球队后退，因此，每一次持球进攻都相当重要，教练和四分卫必须积极对待每次交锋。

室内橄榄球要通过长传取得胜利，必须要求四分卫冷静理智，并且传球精准。四分卫拥有强劲的臂力是关键，但这并不是最重要的。最重要的是他能将球准确无误地传至预定的位置内。年轻的四分卫在传球时往往用力过度。应该说，技高一筹对于室内橄榄球来说才是最关键的因素。

2. 不应在对手面前连续跑阵

在室内场馆这样狭窄的场地上，防守方站队紧密以至于无法让进攻方的跑阵顺利进行。尽管跑阵也会有成功的机会，但即使是美国室内橄榄球联盟中最优秀的球队，他们也认为在一场比赛中连续跑阵是相当困难的。

3. 迫使防守方失误

在室内橄榄球中没有弃踢。至少，对于进攻方来说，他们不能在将要尝试三分球和第四次交锋前，采用弃踢将球权转移给对手。在室内比赛中暂停机会非常少，因此教练在这时候会让队员强迫对方犯规。

4. 确保队员了解这是一项对抗激烈的运动

在一个与室内冰球场馆一样大小的场地上比赛，激烈碰撞和恶意冲撞是在所难免的事情，每一次交锋都不可避免。认真对待每一次交锋，否则会有受伤的风险。

5. 了解室内橄榄球的时间结构

整场比赛分为四个 15 分钟的小节。然而在通常情况下，失误传球或者出界时并不暂停计时，只有在得分后或者每半场结束前的最后一分钟交换球权时才暂停计时。在最后一分钟里，失误传球或者出界都将暂停计时。同样的，假如进攻队员在争球线前完成了一个完整的传球或者跑阵时，也将暂停计时。

（二）团队合作

橄榄球这项运动考验选手的智慧和体力。作为球队中的一员，每位选手的求胜欲是每场比赛成功的关键因素。

然而，橄榄球比赛无疑是一项团队合作的运动。在每一场比赛中，每位队员都会参与到与对手的单独交锋中。每次交锋的输赢积累都决定着整场比赛的成功或失败。全力获取每次交锋的胜利是选手的荣誉与挑战。即使如此，要取得比赛的胜利，没有任何一个队员能比整个团队的合作更为重要。毫无疑问，没有哪个单独的队员能在没有队友帮助的情况下获得比赛的成功。

第四章　美式橄榄球的安全防护

第一节　美式橄榄球的全面运动护具

在橄榄球场上每名上场球员必须按照规则穿戴基本的装备。

一、头部防护

最主要的就是头盔、面罩和牙套。这些东西不仅保护面部，同时很大限度地防止了对脑部的创伤。头盔由外壳、面罩及下巴带等部分组成，以降低面部特别是鼻梁及口部受伤的可能性。

（一）头盔

球员戴上头盔（如图 4－1 所示），合适的尺寸是保证安全和舒服的关键。如果头盔的尺寸不合适，不仅不能起到保护作用，并且可能会对球员造成伤害。因此，要指导球员正确使用头盔并将其作为一件保护安全的护具。

选择合适头盔时需要注意以下方面。

头部尺寸：用软尺来测量头围，从眉毛上 2.5 厘米测头围。

图 4－1　头盔

头型：在试戴头盔前注意球员的头型，因为任何不规则的头型都需要对头盔做调试。两个尺寸相同的头可能会有两种完全不同的头型。

下颚护具：下颚护具可以让头盔更加稳定。一些球员的脸比较瘦，确保下颚护具贴合球员脸部。

头盖骨：确保头盔和头盖骨贴合的同时头盔后部下沿不会挤压到球员的脖子。

面罩：面罩应该距离球员鼻尖 3～4 厘米的距离。如果离得太近，球员在擒抱和撞击时就会有受伤的风险，如果离得太远，空隙太大，可能会导致其他球员的手进入面罩造成球员的面部受伤。

下巴带：头盔系带一定要系紧。球员头盔系带没有系好的话千万不要让他上场，因为头盔可能会在身体接触中被撞掉。

耳洞：戴上头盔后保持耳朵在耳洞的正中间位置。

视线：球员带上头盔后应该平行能看到 180 度，向上和向下能看到 75 度左右。

转动头盔：尝试转动头盔从一侧到另一侧，前额的皮肤和头发应该随头盔的转动而动，但头盔不应该有滑动的现象。

前后移动头盔：当头盔完全戴好，用手抓住面罩前后移动头盔，然后看前额是否过高或者过低挡住眼睛。如果有，就是头盔太大。

按压头盔的顶部：轻轻按压头盔看是否有移动的现象。如果头盔左右移动得厉害，说明头盔太大了；如果感觉有往上弹的力，可能头盔有点偏小。

（二）面罩

通常情况下，某品牌头盔只能使用自己品牌的面罩，并且各型号之间不通用。但是也有一些面罩是可以多种头盔通用的，建议最好不要跨品牌使用面罩，安装上之后头盔形态会比较奇怪。常见的面罩材料有：碳钢、不锈钢和钛合金。其重量和价格是成反比的。

图 4－2　眼部开口较大的面罩

不同的位置有不同的要求，就有了不同款式的面罩。

外接手、四分卫要求视野开阔，即面罩眼部开口较大，以保证眼前没有阻挡视线的东西，如图 4－2 所示。

跑卫、线卫等冲撞较多的位置，要求面罩眼部开口较小以避免误伤面部尤其是眼睛，如图 4－3 所示。

图 4－3　眼部开口较小的面罩

线上队员的面罩则要求纵向稍长，以避免有队员从下向上进行冲击时被顶到下巴，如图 4－4 所示。

图 4－4　纵向稍长的面罩

(三) 下巴带

下巴带和面罩一样，是头盔不可缺少的配件，用于将头盔固定在头上，不被撞掉，如图 4－5 所示。

图 4－5　下巴带

下巴带从材质上可分为两种：软皮的、带硬壳的；从安装方式上可以分为三种：单条固定带安装、低点位安装和高点位安装。

二、躯干防护

躯干防护的主要装备是护甲。

美式橄榄球装备的护甲多种多样，为了适合不同的位置而设计，不过防护范围都包含了前胸、后背、肩膀。锋线的防护更厚，外接手和四分卫更注重肩膀部位的伸展范围。

根据不同位置有不同类型的护甲。

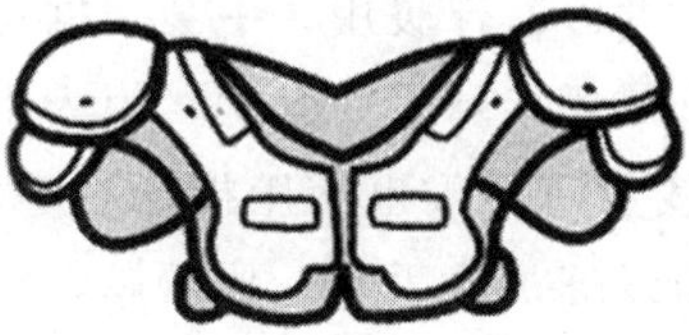

图 4－6　设计相对较短的肩甲

对于四分卫、外接手这些经常需要将手臂抬高的球员，肩部在受到保护的前提下，一定要保证最大程度的活动范围。除此之外，这些位置经常需要大角度的转身，所以肩甲设计相对较短，如图 4－6 所示。

图 4－7　设计相对较长的肩甲

对于跑锋、防守后卫这些需要经常有强烈冲撞的位置，肩部的保护非常重要，所以肩部的保护是首先要考虑的，其次前后的护板相对外接手和四分卫来讲会更长一些，如图 4－7 所示。

对于线上队员来讲，经常会受到自下而

上的冲击，所以前后保护片的长度是最长的。另外，由于需要经常做手部的前推动作，还有摆臂动作，需要兼顾手臂的灵活性，所以前保护片相对偏窄，而且侧面没有棉保护片，如图 4 - 8 所示。

图 4 - 8　前保护片相对偏窄侧面没有棉保护片的肩甲

三、腿部防护

腿部防护的主要装备是防撞裤。

防撞裤（如图 4 - 9 所示）内标准的防撞垫一共有 7 块，2 块保护膝盖、2 块保护大腿、2 块保护两侧股骨、1 块保护尾椎骨。曾经有些外接手为了跑得更快而放弃安装防撞垫，这是被联盟禁止的行为。

图 4 - 9　防撞裤

四、其他部位防护

（一）手套

有些球员习惯戴手套以利接球，或者是在天气寒冷时保暖用。手套根据每个位置有不同的设计，外接手、近端锋和防守后卫都是用接球手手套的，因为手套掌心和手指有防滑的设计比较适合接球。跑卫和线卫有时候也使用接球手手套，因为接球和截球的战术很多。也有的线卫使用攻防线球员的手套，比较厚，因为线上球员身体接触最多，擒抱机会多，手背和手指都有加厚的护垫，所以看起来都很厚实，可以防止手指向后撇。一般四分卫不需要手套，因为不戴手套可以更好地控制和掌握拿球的弧度和力度。

（二）球鞋

球员需要穿着不同的球鞋来适应场地变化。球鞋底部根据场地情况，可以装上不同类型的硬塑鞋钉。橄榄球鞋与足球鞋是不同的，最明显的区别就是橄榄球鞋的鞋底脚尖有胶钉，而足球鞋没有。这种设计的根本原因是为了运动员在低身位启动的时候，脚尖的胶钉能够借力。而足球运动员需要在控球的时候使用脚尖，比如踩球的动作，如果脚尖有钉子是影响这种动作的。不同的鞋底用于不同的位置，并且有不同的穿着感受。

D：用于真草场地的鞋底设计，鞋底 7 个胶钉的分布设计，脚掌 5 个，脚跟 2 个。这种鞋底胶钉最高，大概 1cm，有的还是金属钉，并且可以通过工具来更换鞋钉。对于速度型的位置，这种鞋子能够在松软的真草场地提供较好的抓地力。但是由于支撑点较少而且支撑点较高，所以如果地面比较硬，会感觉很累。

TD（MC）：用于人造草皮的鞋底设计，鞋底 11 个胶钉的分布设计，脚掌 7 个，脚跟 4 个（或 3 个）。这种鞋底的胶钉和 D 差不多长，能达到 8～9mm，多为硬质胶钉。由于支撑点较多，可以适应人造草皮的胶粒。通常来说，这种鞋底最实用，可以适应人造草皮、真草的场地，而且比较通用，不论是速度型位置还是线上队员都可以选择。

Shark（RM）：用于人造草皮的鞋底设计，相比 TD 来讲，Shark 提供了更多的胶钉，但是相对 TD 胶钉更软，是可以用手按弯的，高度相比 TD 来讲稍微低一些。由于人造草皮大多都比较硬，长时间穿 TD 的鞋训练还是会比较硌脚，比较累。但是由于胶 Shark 钉较软，不像 D 和 TD 那样能为低姿态启动提供良好的抓地力，通常不推荐需要三点低身位启动的防守锋线队员和对于速度、变向要求较高的队员使用。训练时可以穿这种钉鞋，减轻脚的压力。

Destroyer：是比 Shark 更短更均匀分布的胶状碎钉，而且胶钉更短，大概只有 Shark 的一半。在较硬的人造草场可以勉强用，在稍软的场地就容易打滑。低身位启动的人穿很容易摔倒。这种鞋底只适合大部分姿势是直立的队员用，比如进攻锋线的护锋和截锋，还有口袋型四分卫。大多数情况也作为训练鞋使用。

以上就是一个美式橄榄球运动员的标准穿戴，缺少任何一样都会被禁止上场。有些运动员可以根据自身需求而合理地增加防护。

第二节　美式橄榄球的安全运动形式

如果装备橄榄球是和平时代的战争游戏，头盔和护甲就相当于作战时保护身体的铠甲。同时也存在一种不穿盔甲的作战方式——美式腰旗橄榄球。

美式腰旗橄榄球是源于 NFL（美国职业橄榄球大联盟）的一项大众化运动，在世界 30 多个国家的青少年中广为流行。所谓腰旗（Flag），就是指在腰间佩戴的两根飘带。如果在持球跑动中，当美式装备橄榄球需要通过擒抱来阻止对方进攻时，腰旗橄榄球只需要通过扯下对方腰两侧所挂的腰旗就可以达到同样的目的，因此是一种保护青少年的安全运动，父母们也不用担心自己的孩子在这项看似“野蛮”的运动中受到伤害。

目前其他的球类运动中都限定身体的合法触球部位，而腰旗橄榄球运动和排球运动有些相似之处。规则规定运动员全身任何部位均可触球，球落地后该次进攻失败。因此，腰旗橄榄球运动能使参加该项目的人，在接球过程中充分体现自我才能和展现各种高超的身体技巧，对时机的把握和空间感的锻炼和提高是其他球类项目不可比拟的。

腰旗橄榄球非常讲究团队合作，对技巧的要求极高，比其他任何运动都更具挑战性。能够培养队员思考解决问题的能力，充分加强团队的作战能力。同时具有较强的对抗性，但是规则限定了身体的过分接触，主要是通过拉掉持球进攻队员身上的腰旗来阻止进攻，避免了队员间的碰撞而产生不必要的伤害。因此，在该运动中运动员的身体能够得到有效的保护，但又不失比赛的激烈对抗性。

第三节　美式橄榄球的专业运动指导

美式橄榄球对教练员的专业素养有着极高的要求，因为教练员的专业程度直接关系到学员的安全健康和竞技水平。

一、分工明确的教练团队

分工明确的教练团队在训练和比赛中为球员保驾护航，通过提升球员的身体机能状态和提升球员的专业技能水平，可以有效防止球员受到不必要的伤害。

进攻组教练团队：包括进攻组协调员、进攻锋线教练、四分卫教练、跑卫教练、外接手教练等，每个位置都有对应的教练。

防守组教练团队：包括防守协调员、防守锋线教练、线卫教练、防守后卫教练等。

特勤组教练团队：负责弃踢组、弃踢回攻组、射门组、开球组、开球回攻组的训练。

二、科学的训练步骤，降低受伤概率

训练前的热身活动能提高心律和肌肉身体延展性，对于年轻的孩子，他们的热身运动不需要太过复杂，只需要一些简单的跳跃运动和轻度的跑动热身。对于成年人可以做一些轻度的跑动运动，附加一系列伸展运动，这样放松他们的全身肌肉，避免肌肉拉伤。

在比赛和训练中督促队员摄入足够的水，特别是在炎热和潮湿的环境下，避免出现脱水、肌肉痉挛和中暑的情况。

训练后的拉伸运动有助于机体的快速恢复，为下次训练做准备。

三、及时损伤评估，减少受伤损害

在训练和比赛时完全避免伤痛是不可能的，但可以采取有效措施来评估受伤程度、减少受伤的损害，通常采取“COACH”的步骤来评估运动损伤。

Conscious：确定伤员是否还有意识。

Oxygen：确定伤员是否能自主呼吸。

Ask：询问球员感到疼痛的部位。

Control：控制疼痛部位。

How：决定需要进行怎样的治疗。

第五章　美式橄榄球的基本技术

第一节　美式橄榄球的进攻组技术训练

一、四分卫的技术训练

（一）四分卫脚步

图 5-1　交叉步

1. 交叉步（Crossover Step）

目的：相对简单易学，在比赛中可以快速传球。

要点：以右手传球为例，向后移动，向后侧迈右脚，然后左脚交叉到右脚外侧，右脚再向后移动，传球时不要交叉步站立，右脚站稳传球（如图 5-1 所示）。

2. 后撤步（Backpedal）

目的：传球中视野更加开阔，有利于选择传球目标。

要点：小碎步迅速后撤。

（二）传球前的持球（Gripping the Ball）

目的：防止掉球和传球时脱手。

要点：

（1）手指张开，通常的持球姿势，包括小拇指、无名指、中指覆盖球线。对于青少年，无名指和小拇指能够覆盖就可以（如图 5-2 所示）。

（2）用指尖发力抓住球，保持手心中空状态。

（3）开球后，双手持球在胸前，非传球手握住球的另外一侧，保护好球，防止防守队员冲撞造成掉球（如图 5-3 所示）。

图 5－2　持球姿势

图 5－3　开球后持球姿势

（三）传球（Throwing the Ball）

目的：传出旋转的球，保证球传出后飞行平稳和准确，也利于本方球员接球。

要点：

（1）准备传球时，双手持球于胸前，双脚打开与肩同宽。

（2）判断好传球的位置，把重心转移到支撑脚上（右手传球，重心转移到右脚）。

（3）传球时，手臂向后抬起，球靠近耳朵，手肘与肩同高。

（4）前脚向传球方向迈出，重心落到前脚。非传球手在身前自然落下，同时转动髋部。重心的转移给传球提供力量。前脚步幅大小决定传球高度和距离。脚尖、前肩、髋部同时指向传球方向（如图 5－4 所示）。

（5）传球时手肘带动肩部向前转动，手腕收紧，手臂前伸，从头上方将球传出。

（6）球出手后，手掌向下旋转至大拇指向下，小拇指向上为止，其余手指指向传球方向（如图 5－5 所示）。

图 5－4　传球时姿势

图 5－5　球出手后姿势

(7) 传球发力，身体重心要随着传球动作转移，尝试全身发力。避免传球运动轨迹过低，出球时间提前。

(8) 快速传球：传球前双手持球位置尽量高（脸颊附近），抬高肘关节。

(9) 准确传球：出手前脚尖正对传球目标，掌握好出手时机，不可过早或者过晚。

(四) 接中卫的开球 (Taking the Center Snap)

目的：快速接到开球完成传球，避免掉球等失误。

要点：

(1) 把四分卫布置在中卫身后，紧贴中卫，双脚分开与肩同宽，屈膝、后背挺直、目视前方（如图 5-6 所示）。

(2) 四分卫传球的手紧贴中卫的臀部，手掌向下，手背向上用力，让中卫准确感觉到手位置。另外一只手掌心向前，手指垂直地面，两只手成 90°开合状（如图 5-7 所示）。

图 5-6　四分卫在中卫身后

图 5-7　四分卫接球时手的姿势

(3) 四分卫拿到中卫开球后保护好球。

(五) 交递球 (Handing the Ball Off)

交递球的过程如图 5-8 所示。

图 5-8　交递球过程

目的：确保手交递球的稳定，跑锋拿到球后做好对球的保护。

要点：

(1) 向跑锋方向移动。

(2) 单手持球，手臂前伸，避免和跑锋相撞。

(3) 四分卫单手持球，把球牢牢放在跑锋的小腹位置，确保拿稳。

（4）交递时避免扔球：可以尝试双手持球做交递动作。

（5）避免与跑锋相撞：要和跑锋保持一定距离，与跑锋侧面接触，不要正面面向跑锋。

（六）短抛（Pitching the Ball/Toss）

目的：另一种跑锋进攻的形式，一般用于想让跑锋迅速向边线移动的战术安排。

要点：

（1）四分卫以靠近跑锋的脚为轴，转身，向着跑锋的位置移动，并低位地将球传给跑锋（如图 5－9 所示）。

（2）抛球在跑锋的胸部高度，保证他可以舒服地接球（如图 5－10 所示）。

图 5－9　四分卫低位传球给跑锋

图 5－10　抛球

二、跑锋的技术训练

（一）站姿（Stance）

跑锋的站姿分两点站立或者三点站立。

1. 两点站立（Two-point Stance）

两点站立的姿势如图 5－11 所示。

图 5－11　两点站立

目的：视野更加开阔，有助于观察。

要点：

（1）双脚分开与肩同宽。

（2）重心放在两腿之间，脚放平。

（3）膝盖放松，抬头眼睛直视前方。

（4）手掌自然放在大腿上。

2. 三点站立（Three-point Stance）

三点站立的姿势如图 5－12 所示。

图 5－12 三点站立

目的：快速启动。

要点：

（1）两脚比肩略宽。

（2）两脚平行站立，重心落在两脚之间，保证从任何方向出击都能保持平衡。

（3）弯腰，保持背与腰在一个平面，膝盖放松。

（4）一手手指张开，手指肚支撑地面。大部分体重放在腿上，小部分放在手上。

（5）抬头目视前方。

（二）持球（Carrying the Ball）

图 5－13 持球

持球的动作如图 5－13 所示。

目的：在持紧球的同时不影响跑动。

要点：

（1）跑锋应单手鹰爪式持球。

（2）小臂包住球身，贴紧身体。

（3）球尾部抵住手肘内侧。

（三）接交递球（Receiving Handoffs）

图 5－14 接交通球动作

接交递球的动作如图 5－14 所示。

目的：以防接球时手肘撞到四分卫，同时接球后能够迅速保护好球。

要点：

（1）跑锋靠近四分卫一侧的手臂抬起，手肘弯曲，与肩同高，小臂内收，另一侧手臂手心向上。

（2）跑锋的外侧手略高于腰，手心向上，手肘自然弯曲，双手持球并抱稳。

(四) 避免被擒抱 (Avoiding Tackles)

避免被擒抱的动作如图 5 - 15 所示。

图 5 - 15　避免被擒抱动作

目的：摆脱防守，争取更大的码数或者达阵得分。

要点：

(1) 快速变向：快速变向的同时还要不断变换重心来迷惑防守队员。如向左进攻，应把重心落在右腿，再迅速向左移动重心，以此迷惑防守队员。

(2) 变速：跑锋某些情况下利用速度的变化也可以迷惑防守队员。

(3) 直臂推开防守队员：直臂推是面对防守队员时非常有力的武器，而且很有可能是距离防守队员很近的时候躲避擒抱的唯一选择。当防守队员准备擒抱跑锋时，跑锋手指张开，向上抵住对方胸部或肩部，用力伸直手臂推挡就可以摆脱对方的擒抱。

三、外接手的技术训练

(一) 站姿 (Stance)

站姿如图 5 - 16 所示。

目的：开球后能够快速启动。

要点：

(1) 外接手是两点站姿，膝盖自然弯曲，重心前倾，靠近四分卫的脚在前。

(2) 头偏向一侧能看到中卫开球。开球之后，迅速按制定进攻路线跑动。

图 5 - 16　外接手站姿

(二) 迷惑防守队员 (Faking out Defenders)

目的：晃开对手，拉开空当，为接球创造机会。

要点：

（1）迅速执行进攻路线，不要过多地与对方身体接触，利用摆头来迷惑防守队员。

（2）单次假动作（身体重心一次变化）的过人方式；多次假动作（身体重心多次变化）的过人方式。

（三）阻挡（Blocking）

图 5－17　阻挡

阻挡的动作如图 5－17 所示。

目的：不接球时为队友进攻开路。

要点：

（1）外接手要把防守队员向进攻方向的同侧阻挡。

（2）双手用力推防守队员胸部尽量使防守队员远离持球队员。

（四）接球（Catching Passes）

接球的动作如图 5－18 所示。

目的：接住传球完成推进或得分。

图 5－18　接球

要点：

（1）竭尽全力接到四分卫传球，即使传球不准，也要阻止对方接到。

（2）手臂自然弯曲，手心向外，手指向上自然伸直，虎口相对。

（3）低位接球时，掌心向上，小臂内收。如果身后有防守队员，要向前移动接球，不要在原地等球。高位接球时，双手举过头顶，大拇指托住来球。

（4）避免球从护甲弹起：一是因为双手距离身体太近，导致球撞向护甲，应该手臂自然伸直，用手接住来球，顺势向身体屈臂缓冲。二是因为双手距离过远，使球从两手之间穿过，应尽量使大拇指与大拇指相对，食指与食指相对。

（5）避掉球：一是因为持球姿势不对，应该采用鹰爪式持球；二是因为急于进攻，对球还未控制住，导致失误；三是因为和防守队员争抢位置，导致失误。

四、近端锋的技术训练

（一）站姿（Stance）

三点站姿（Three-point Stance）如图 5-19 所示。

目的：近端锋有时也作为防守线来保护四分卫。

要点：

（1）距离球远一侧的手向前伸，手指支撑地面，双脚与肩同宽，脚尖和膝盖向前。

（2）另外一只手抬起。背稍稍拱起，头向前看。

图 5-19　近端锋站姿

（二）向外跑动接传球（Running Pass Patterns to the Outside）

向外跑动接传球的动作如图 5-20 所示。

图 5-20　向外跑动接传球动作

目的：甩开防守创造接球机会。

要点：

（1）开球后迅速向外跨一步。

（2）如果遇到防守队员纠缠，用力迅速将其向里挡，借力迅速向外移动。

（3）借助阻挡防守队员的反作用力，手臂紧贴身体，沿进攻路线跑动，随时准备接住来球。

（4）避免在起球线处被对方控制，开球前将双手置于胸前，防止防守队员接近。

五、进攻线的技术训练

（一）站姿（Stance）

进攻线的球员站姿是三点站姿（Three-point Stance）。

目的：有利于快速反应，保护四分卫。

要点：双脚分开略宽于肩，距离球远一侧的脚在前，后脚的脚趾与前脚脚跟平行，双脚脚跟略微抬起。屈膝，重心前倾。距离球远一侧的手触地，手指分开，触地的手距离后脚50厘米左右，小个队员可以近一些，如果没有距离的概念，手放在鼻子下面就可以。另一只手自然放在大腿上，背微微拱起，收紧臀部，头向前看。

（二）中卫站姿和开球（Center Stance and Snapping the Ball）

中卫站姿和开球动作如图5－21所示。

图5－21　中卫站姿和开球动作

目的：快速开球后保护四分位。

要点：

（1）双脚略宽于肩，屈膝，俯身与腰同高，背部微微拱起，始终抬头。左手放在左腿上，准备冲撞。

（2）右手握球，无名指握住球右侧，大拇指握住球线。把球置于右眼斜下方，球远离身体，球线冲上，将球倾斜45度，球尖着地；开球后，把球线横过来。

（3）开球，把球线横着从胯下交给四分卫然后防守，四分卫接球后迅速松开。

（三）移动中阻挡（Run Blocking/Drive Block or Base Block）

移动中阻挡技术动作如图5－22所示。

图5－22　移动中阻挡动作

目的：为持球队友开路，获取更大进攻码数或达阵。

要点：

（1）当防守队员是四点启动动作时，推其下巴带的位置；如果防守队员站起来，推胸甲带扣位置。

（2）用小碎步向前移动阻挡防守队员，手肘向下，肩部收紧，双手抓住对方带扣位置，大拇指向上，用力推。

（3）双腿发力，手脚协调并用，迫使对方后退。腿发力，而不是用脚尖；要持续不断地迈小碎步移动，并降低重心，头盔在对方面罩下方，便于发力。

（四）保护四分卫（Pass Blocking）

保护四分卫的动作如图 5－23 所示。

目的：为四分位传球进攻争取更多的时间。

要点：

（1）起始站位，双脚与肩同宽，屈膝，抬头，直背。

（2）开球以后，双手放胸前，拇指向上。

（3）中卫和左右护锋形成口袋形状，将四分卫保护在口袋阵中，阻挡防守线袭击四分卫。始终保持脚部移动，推对方胸前号码位置，大拇指向上。始终抬头盯住对方胸前号码位置。

图 5－23　保护四分卫动作

第二节　美式橄榄球的防守组技术训练

一、防守线的技术训练

（一）准备姿势（Proper Stance）

三点式准备（Three-point Stance）姿势如图 5－24 所示。

目的：应对对手做出快速反应。

要点：

（1）双脚与肩同宽，外侧脚（离球远的脚）后撤一脚距离。

（2）外侧手撑地，重心前移，手支撑上身体重，另一只手放于发力腿准备冲击。

（3）后背挺直，肩部微微高于臀部，体重压于支撑手和启动腿（前腿），头抬高，眼睛注视阻挡者。

图 5-24　防守线的准备姿势

（二）摆脱阻挡者技术（Fighting off Blocks）

1. 用手冲击（Hand Shiver）

用手冲击动作如图 5-25 所示。

图 5-25　用手冲击动作

目的：可以迅速摆脱阻挡者，对有球队员进行防守。

要点：

（1）手着力于阻挡者胸部或肩甲位置。

（2）手臂微屈，肘关节内收，与阻挡者保持一臂左右的距离。

2. 前臂冲击（Forearm Shiver）

前臂冲击动作如图 5-26 所示。

图 5-26　前臂冲击动作

目的：摆脱阻挡者对防守队员的手部控制。

要点：

（1）小臂同大臂成 90 度，平行于地面，顶住阻挡者球衣胸前号码位置。

（2）看准时机用另一只手将阻挡者推开。

3. 猛冲及控制对手（Blast and Control）

猛冲及控制对手动作如图 5-27 所示。

图 5-27 猛冲及控制对手动作

目的：控制对手的冲击和阻挡，实现对持球队员的擒抱。

要点：迅速冲向阻挡者，近侧手插入腋下顶住对手胸部位置，另一只手抓住肩甲。

（三）冲击四分卫传球（Rushing the Passer）

1. 正面猛推（Bull Rush）

正面猛推动作如图 5-28 所示。

目的：接近传球者，施加压力或擒杀。

要点：肘关节夹紧，小臂微屈，手推阻挡者胸部或者肩部以下位置，双腿使劲蹬地，迫使阻挡者后退。

2. 自由泳式过人（Swim Move）

自由泳式过人动作如图 5-29 所示。

目的：面对比自己矮的对手实现快速突破。

要点：选择一边突破时，外侧手（离阻挡者远侧手）推后背部，另一只手做自由泳动作穿越阻挡者，同时近侧腿迅速前提穿越。

3. 撕裂式过人（Rip Move）

目的：快速开辟穿越对手的通道。

图 5-28　正面猛推动作

图 5-29　自由泳式过人动作

要点：肩膀迅速靠近阻挡者。同时利用靠近防守者手臂抵住其腋窝，然后向上顶，让其行动变慢。

二、防守线卫的技术训练

（一）准备姿势（Proper Stance）

准备姿势如图 5-30 所示。

图 5-30　防守线卫的准备姿势

目的：当开球后能依据场上形势快速作出反应。

要点：

（1）线卫准备姿势为半蹲姿。

（2）双脚平行成一条线，身体重量放于前脚掌（靠近球的一侧）。

（3）头抬起，眼睛注视四分卫。

（4）双手自然放松于体前超过膝盖的位置。

（二）正确的擒抱技术（Proper Tackling Technique）

正确的擒抱技术动作如图 5－31 所示。

目的：阻止持球进攻队员前进（根据情况有时也会将持球队员抬起放倒在地或擒抱大腿部位）。

图 5－31　正确的擒抱动作

要点：

（1）线卫保持头抬高，眼睛注视被擒抱者球衣胸前的数字。

（2）一侧肩膀对准持球者裤带上方，用肩甲先接触持球者。

（3）接触持球者后，保持臀发力，同时双臂抱紧持球者。

三、角卫的技术训练

角卫技术（Covering Receivers）动作如图 5－32 所示。

目的：跟紧外接手，防止其接球或接球后及时阻止其前进。

要点：

（1）角卫准备姿势前后站立，靠近球一侧脚站前，前后脚相距半步距离。

（2）臀部平行于启球线，双臂自然放于体侧。

（3）身体处于半蹲姿态，鼻子超过脚尖，转头注视观察四分卫。

（4）当开球后，通过前脚蹬地做后退跑，保持脚尽量贴紧地面并且步子短小。

（5）后退中上体微微前屈，手臂前后摆动，保持

图 5－32　角卫技术动作

自己处于外接手的一侧。

四、安全卫的技术训练

站姿（Stance of Safety）

目的：迫使对方外接手接不到球，或破坏对手接球。

要点：

（1）与启球线大概成45度角站立，身体侧对四分卫。身体呈半蹲姿态，双手自然放于体侧，眼睛注视四分卫（如图5－33所示）。

图5－33　安全卫站姿

（2）破坏传球和迫使掉球，在外接手控制好球之前将球打掉，防守队员从外接手背后接近并举高双臂（如图5－34所示）。

图5－34　防守队员破坏传球

（3）防守队员手从上往下打，同时击打外接手小臂内侧。防守队员手掌向外，努力将外接手的手向外、向下打，迫使其控制不住球。

（4）如果有机会抄截对方传球，首选努力去抄截对手。

第三节　美式橄榄球的特勤组技术训练

一、射门的技术训练

（一）长开球（Long Snapping）

目的：迅速、准确开球为射门做保障。

要点：

（1）中卫从胯下低头确认目标，找到扶球手。

（2）中卫双手扶球，让缝合线正对自己，球与地面夹角尽可能小。

（3）中卫从胯下注视扶球手。

（4）开球时，中卫用双手将球开出，并用手掌使球旋转传出。

（5）开完球后迅速起身阻挡想要穿过他的对手，如果对面没有人，应积极帮助左边或右边队友阻挡。

（二）扶球（Holding the Ball）

扶球动作如图 5－35 所示。

目的：让踢球手更舒服地射门得分。

要点：

（1）扶球手靠近中卫一侧小腿完全贴地，另一腿半蹲，与中卫、球门成三点一线。

（2）确定接到开球后应将球放置的位置。在确定开球前，确认踢球手已经做好准备。

图 5－35　扶球动作

（3）双手接开球，调整球放于正确合适的位置。用接近踢球手的一根手指扶球尖，另一只手拨球（如果需要）让球的缝合线背对踢球手。

（三）足球式射门（Soccer Style Kick）

目的：更精确地将球踢进球门帮助球队得分。

要点：

（1）助跑角度大概在 30 度。微微低头看球确定橄榄球的位置。

（2）当扶球手接到球后，踢球手非踢球脚先动，开始助跑。

（3）在准备踢球前非踢球脚要上一大步做支撑，脚尖正对目标。

（4）踢球腿摆动，用正脚背去踢球，踢球手低头，眼睛跟随他的踢球腿直至目标。

二、弃踢的技术训练

目的：尽可能让对手在离本方阵区近的地方开始进攻。

要点：

（1）弃踢手身体微微前倾站立，踢球脚微往前站（如图 5－36 所示）。

（2）弃踢手双手放于胸口稍高位置，给中卫开球口令（如图 5－36 所示）。

（3）胳膊伸开，接到球后确认橄榄球缝合线向上后胳膊完全伸直（如图 5－37所示）。

（4）踢球腿往前上一小步。另一条腿正常上一步，同时松手让球从踢球腿上方胸口位置自然落下（如图 5－37 所示）。

（5）上一步完成后，踢球腿往前，大腿带动小腿，整个身体往上抬起。弃踢手在球落于膝盖高位置左右脚触球（如图 5－37 所示）。

图 5－36　弃踢手站立姿势

图 5－37　弃踢手脚触球前动作

三、回攻的技术训练

回攻动作如图 5－38 所示。

图 5 - 38　回攻动作

目的：为进攻创造更有利的起始位置。

要点：

(1) 接球回攻手眼睛注视球，确定好球的落点。

(2) 双手手掌朝向胸口位置，肘关节夹紧。

(3) 双手接好球，保护好球，开始跑动回攻。

第四节　美式橄榄球的具体技术训练法

运动技能的提升需要不断地积累并遵循科学的训练方法，在训练中通常采用循序渐进的训练原则，科学的训练方法有助于球员承受高强度的比赛需要。橄榄球运动技能的掌握需要经历泛化阶段、分化阶段、巩固提高阶段和自动化阶段。重复枯燥的练习是不可避免的，如果训练中缺乏趣味性也会导致球员在训练中积极性减弱甚至失去兴趣，因此训练方法的多样性在训练中显得尤为重要。

对于大多数初学者来说，建立对橄榄球运动的兴趣比提升他们的竞技水平更加重要，通过趣味性更高的训练方法可以有效提高球员训练的积极性，使他们从“要我学”转到“我要学”。例如通过丰富的训练游戏，让初学者在训练游戏中获得成功的喜悦，使球员在轻松的训练氛围中提升橄榄球技能。

橄榄球的训练方法多种多样，也不需要过多的训练器材，有时一个橄榄球和几个标志桶就可以进行多种训练，训练中的器材及路线标志如图 5 - 39 所示。下面给大家介绍几种简单有效、趣味性强的训练方法。

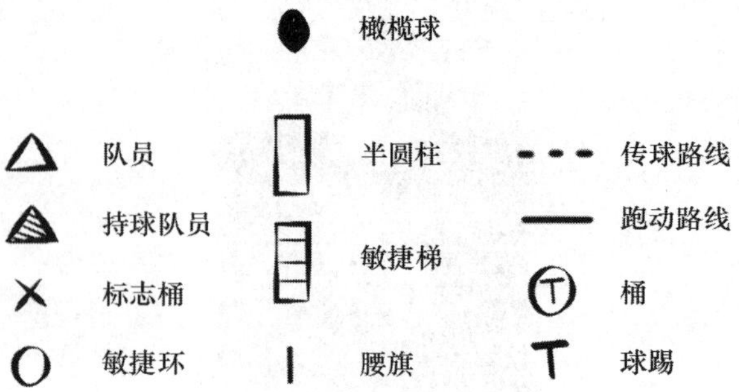

图 5－39　橄榄球训练中的器材及路线标志

一、M 型跑动（见图 5－40）

方法：五个人一组，一人站在起始点标志桶处，其余四个人分别站在其他标志桶处。起始点的队员听到口令后，按照 M 路线跑动绕过每一个点，标志桶处的队员在持球者经过时努力拍打持球者的球，在跑动中要求左右手更换持球（外侧手持球），保证不掉球。

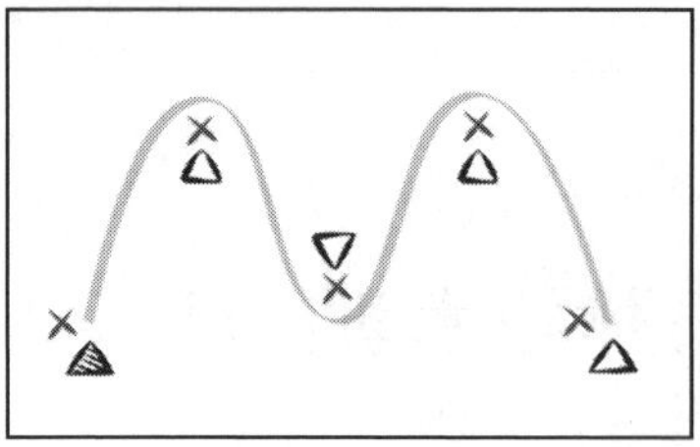

图 5－40　M 型跑动

规则：外侧的手持球（远离防守方），护住橄榄球，拍打者只能拍打一次球，不能打到持球队员。

器材：标志桶×5、橄榄球×1。

二、团队达阵（见图 5－41）

方法：将队员平均分为两组，站在场地两侧。每一方有三个橄榄球，持球队员从本方区域持球进攻，在没被拔旗的情况下进入对方场地内将橄榄球放入敏捷环内算达阵得分。若被拔旗，将球给对方并回己方场地防守。

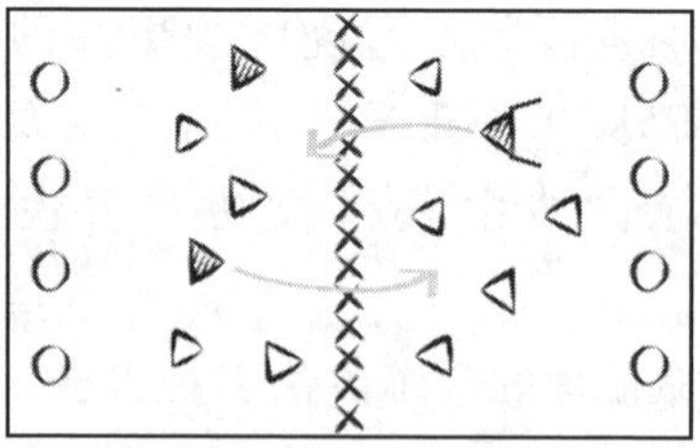

图 5－41　团队达阵

规则：未持球人员不得进入对方半场，提醒拔旗队员横向移动和精准拔旗，提醒持球队员的持球手势。

器材：敏捷环×8、橄榄球×6、腰

旗、标志桶若干。

三、传球“射门”（见图5－42）

方法：将队员平均分为两组，站在场地两侧。持球者将球扔入对方球门（两个标志桶内的无限延长线区域内）算得分，防守方也可以抄截或破坏传球。在规定时间内得分多的队伍获胜。

规则：不得进入对方场地，注意传球动作要领。

器材：橄榄球×6、标志桶若干。

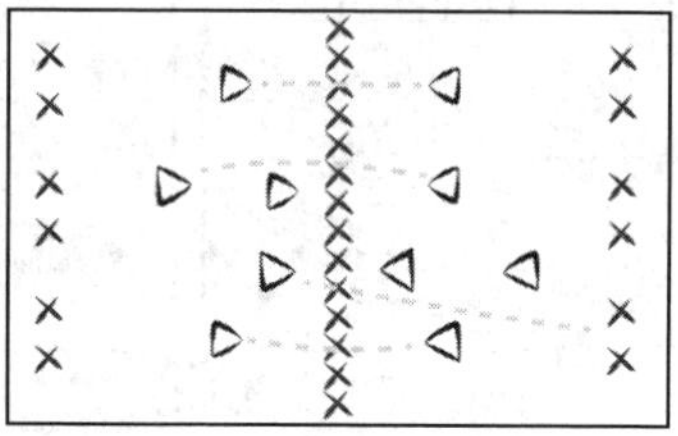

图5－42　传球“射门”

四、传球训练

（一）基本传球训练（见图5－43）

方法：两人一组相距5码传球。单膝跪地传球：保持身体正对传球目标，可换腿进行。正侧向传球：传球手在后，侧向面对传球目标，只转动身体传球。反侧向传球：传球手在前，侧向面对传球目标，只转动身体传球。

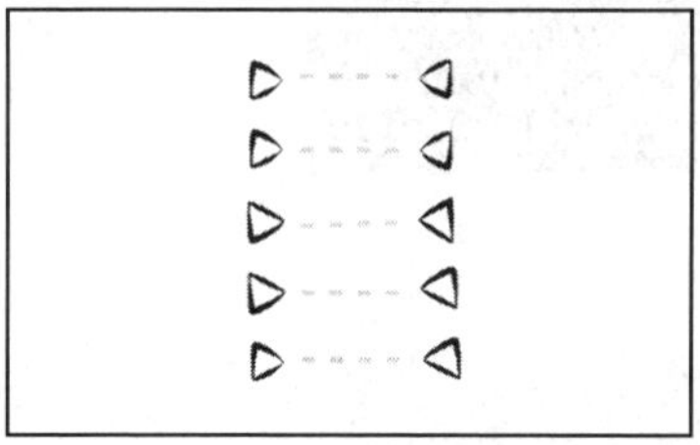

图5－43　基本传球训练

规则：握球方式，扔球动作，侧向传球时双脚不离地。

器材：橄榄球若干。

（二）各类传球跑动训练

1. 路线跑动图

（1）路线跑动概括图（见图5－44）。

（2）具体路线图（见图5－45）。

2. 各种路线训练

（1）Angle（转角，见图5－46）。

这是半卫和全卫在进攻后场跑动的路线。跑锋开始从后场往外侧跑，然后马上转弯向内侧跑动。如果跑锋的速度比防守者要快，那么这个路线将很有效地帮助他摆脱防守者。这个路线也可以是外接手跑动，当面对区域防守（Zone Coverage）时，外接手可以像跑动 Slant 路线一样摆脱防守者。

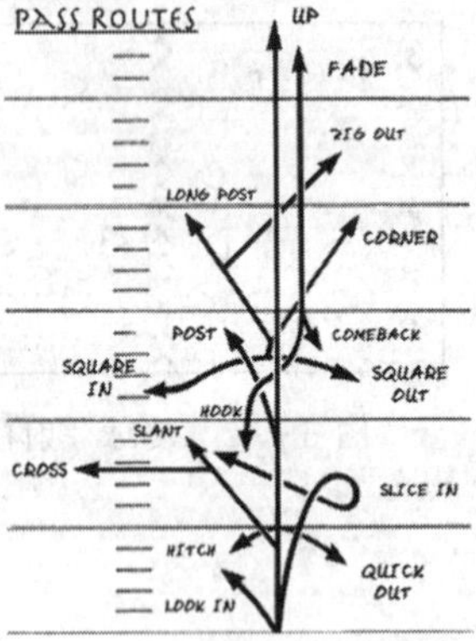

图 5－44　路线跑动概括图

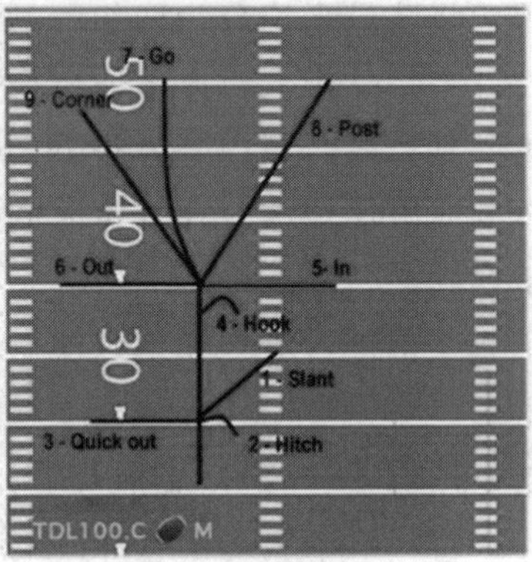

图 5－45　具体路线图

图 5－46　Angle

（2）Bubble（快速屏风，见图 5－47）。

图 5－47　Bubble

开球后外接手往后撤一步，然后眼睛看着四分卫跑横向路线等待传球，他接到球后可以自己直插防守线。这是面对对方的突袭（Blitz）和软区域防守（Soft Zone Coverage）非常有效的跑动路线。如果对方采用突袭，那么盯防他的人就不在位置上，外接手能很快地接球推进。如果接下来外接手能突破一个擒抱，那么后面可能就没有人再能阻挡他的长驱直入了。

（3）Corner（角落，见图 5 - 48）。

图 5 - 48　Corner

外接手先是垂直路线往前跑，然后往达阵区的角落方向跑。面对后场 2 人区域防守（Cover 2）时，如果安全卫守得比较浅也比较内侧，这个路线能让外接手获得优势。面对人盯人防守，它同样有效，不过外接手要控制好自己。此路线经常能创造外接手和角卫单挑的机会，且经常出现在"西海岸进攻"当中，传球者的球速和准确度将是关键。

（4）Curl（回身，见图 5 - 49）。

图 5 - 49　Curl

此路线也叫"Button－hook"，外接手能向前跑 8～10 码，然后往四分卫的方向反身转弯。面对人盯人和区域防守时都很有效率。如果往右传，外接手能够控制身体后来一个横越式飞身接球。此路线在"西海岸进攻"中经常出现。

（5）Deep Cross（深穿越，见图 5 - 50）。

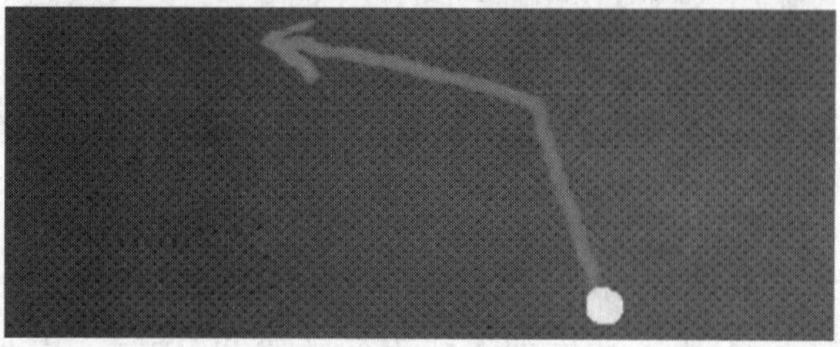

图 5 - 50　Deep Cross

外接手跑动 12～15 码并且转弯横穿球场。面对人盯人防守时非常有用，特别是外接手的速度快于盯防者的时候。

(6) Deep Comeback（深回身，见图 5-51）。

面对人盯人和软区域防守比较有效的路线。外接手垂直路线跑 15～20 码，然后朝四分卫的方向立刻转身准备接球。

图 5-51　Deep Comeback

(7) Deep In（深回场，见图 5-52）。

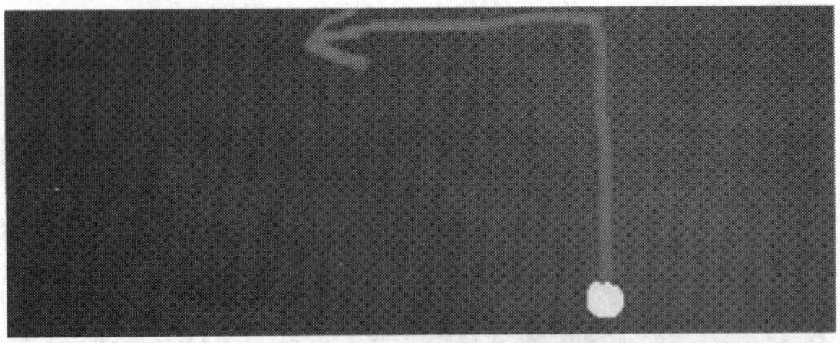

图 5-52　Deep In

外接手垂直路线跑 10～15 码，然后马上朝球场中路跑水平路线。这是打破后缩区域防守（Underneath Coverage）的利器。

(8) Deep Out（深出界，见图 5-53）。

图 5-53　Deep Out

面对像是后场 4 人区域防守（Cover 4）这样的软区域防守时比较有用。外接手垂直路线跑 10～15 码，然后朝边线方向转弯 90 度跑。由于这个路线接球后直接能够跑出界，所以落后方在比赛还剩时间不多的情况下经常使用，得以实现接球并且停表的作用。

(9) Delay（延迟，见图 5 - 54）。

这个路线是近端锋或跑锋在开球后延迟跑位。延迟的原因在于他们可能开球时是在保护四分卫。像是面对突袭时，他们先不能出去跑位。然后像是 Seam，Flat，Curl 这样的路线在延迟后的跑位都是非常常见的。任何近端锋和跑锋在跑 Delay 路线时都是有威力的，此路线面对人盯人和区域防守都很有效果。

图 5 - 54 Delay

(10) Dig（挖掘，见图 5 - 55）。

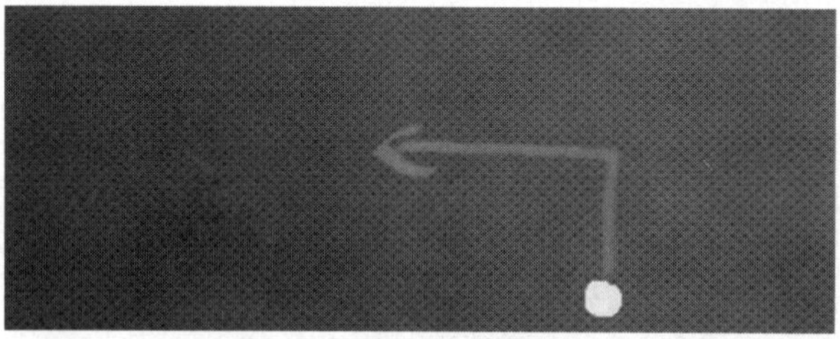

图 5 - 55 Dig

外接手先是侧移一步后往垂直路线移动，然后马上转身往中路跑。这个路线面对人盯人比较有效。如果对方采用区域防守，外接手必须跑在防守区域的前面才会成功。

(11) Fade（渐隐，见图 5 - 56）。

图 5 - 56 Fade

外接手躲开角卫的盯防所以一直往边线撤。此路线面对撞击后人盯人(Bump—n—Run)比较有效。这时候应该来个快传。

(12) Flat(平直，见图 5－57)。

从这个名字就能看出，接球手应该平直地跑动。它比较适合全卫和半卫的跑动，而外接手也能迎着四分卫方向跑动。面对软区域防守比较有效果。对于外接手来说，如果加速度能够制造空档，那么面对人盯人防守也能够有用。而如果对于跑锋来说，外接手往前跑动拉开后场空档，那么速度较快的跑锋在边线处轻松接球后能够面对速度不如自己的线卫。

图 5－57　Flat

(13) Go(冲刺，见图 5－58)。

图 5－58　Go

这个路线和 Streak 一样能够直插对手的腹地拼命跑动。和 Streak 稍微不同的地方是 Go 还要稍微往边线跑一点。速度快的外接手用此路线可能会有很大斩获。

(14) Hitch(快速回身，见图 5－59)。

图 5－59　Hitch

面对人盯人防守比较有效果。垂直路线只跑 3～5 码就马上往四分卫方向转身准备接球。外接手、跑锋、近端锋接球后都能找到机会往前再跑一点，效果有点像 Screen。

（15）In—n—Up（回场前进，见图 5-60）。

图 5-60 In—n—Up

外接手不经意地就穿过了半场。如果对方采用人盯人，球最好传到外接手突破的内侧，这样效果最好。

（16）Option（选择，见图 5-61）。

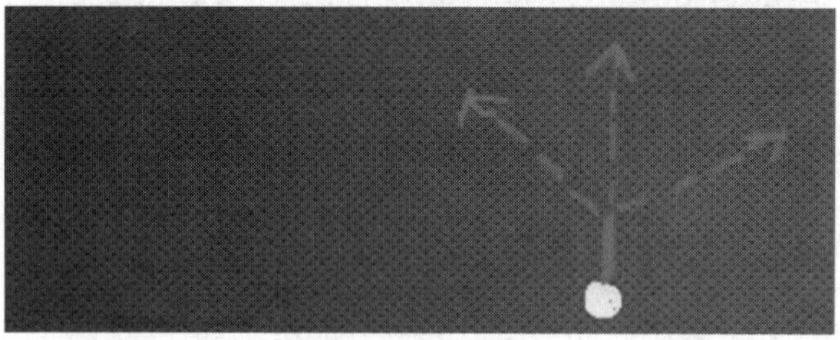

图 5-61 Option

Option 路线是接球手常常在一次进攻中有两三次选择跑动路线的机会。而选择的路线一般比较简单，外接手根据对方的防守形态来自主选择跑动方向。

（17）Out—n—Up（出界前进，见图 5-62）。

图 5-62 Out—n—Up

面对区域防守时，外接手能够往边线方向转身跑走，然后马上又跑入垂直路线。如果外接手速度足够快，那么他也能击破人盯人防守。

(18) Post（门柱，见图 5-63）。

图 5-63　Post

接球手垂直方向跑 10～15 码，然后急速斜插。面对后场 2 人区域防守比较有效。当接球手转向往中路时，会带走安全卫的防守，这时传球最好。并且接球手经常是在行进中接球，他需要非常强的能力顶住安全卫接到传球。

(19) Quick Out（快速出界，见图 5-64）。

图 5-64　Quick Out

击破软区域防守和人盯人防守的利器。外接手垂直路线只跑 3～5 码然后往边线方向转 90 度。

(20) Screen（屏风短传，见图 5-65）。

图 5-65　Screen

Screen 路线是任何合格接球手都能跑动的。一般分为半卫滑动 Screen 和外接手 Screen。此路线可以击破突袭，特别是区域突袭。

(21) Shallow Cross（浅穿越，见图 5-66）。

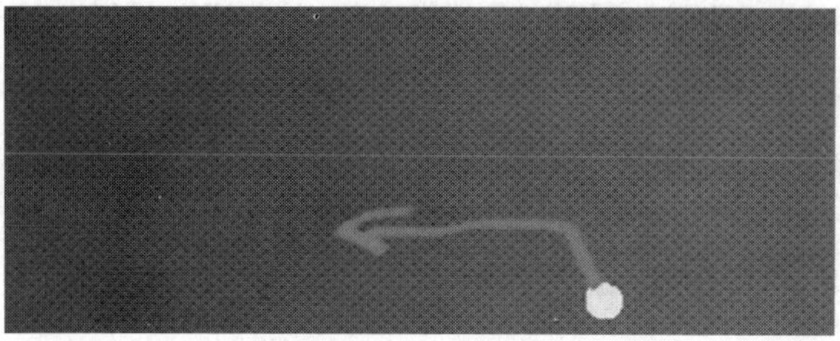

图 5-66 Shallow Cross

接球手开始往中路斜插 3～5 码然后立刻水平方向跑。对付人盯人比较有效。Drag 路线和 Shallow Cross 路线相似。

（22）Shake（摇摆，见图 5-67）。

图 5-67 Shake

面对人盯人防守时极其有效的一种跑动路线。接球手在往中路切之前做一系列晃动。这就表示在往中路切之前，他就和防守者之间能摆脱出一定的空档了。

（23）Slant（倾斜，见图 5-68）。

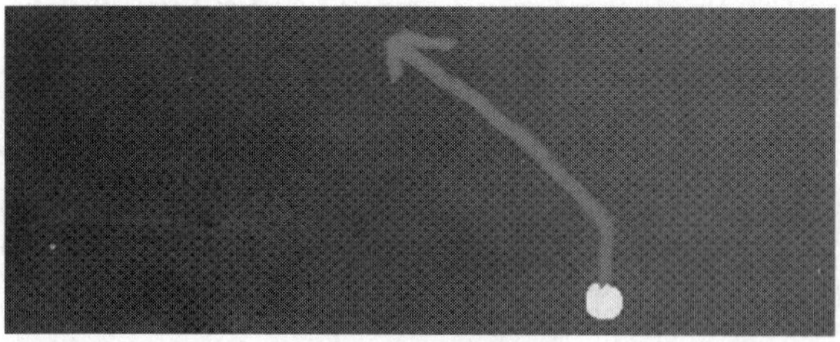

图 5-68 Slant

面对突袭和区域防守时比较有效果。外接手先是垂直路线跑 3～5 码，然后往球场中路转 45 度跑动。所以如果来个快传，外接手经常能摆脱角卫，接球位置在对方的防守前线和线卫之间。这个路线也经常在“西海岸进攻”中出现。

（24）Sluggo（摇摆，见图 5-69）。

图 5-69　Sluggo

这个路线像 Shake 一样，比较少出现在实战当中。在面对全员人盯人防守和 1 人后场区域防守时非常有效果。

(25) Smash（突破，见图 5-70）。

图 5-70　Smash

外接手开始时向边线方向斜插跑动，然后立刻切向水平方向跑动。像写字母“Z”。这个很大的转折跑能将防守者晃动到边线方向。面对人盯人时比较有效。

(26) Spot（侧回身，见图 5-71）。

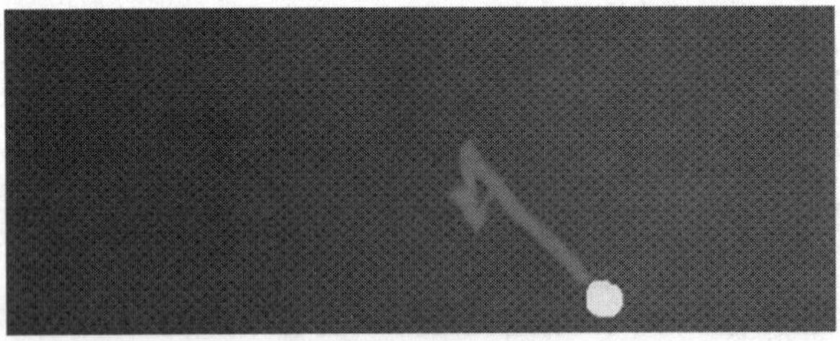

图 5-71　Spot

这个路线开头就像 Slant 一样的 45 度往中路斜插 4～5 码，然后往四分卫的方向转身回来。面对人盯人和区域防守都比较有用。如果对方采用人盯人战术，在他转身之前大概就可以传球了。如果对方采用区域防守，传球或早或晚都能击败后缩防守一类的区域防守。

(27) Streak（冲刺，见图 5-72）。

图 5-72　Streak

此路线也叫“Fly”或“Seam”，外接手以最快速度往垂直方向跑希望能用速度甩掉角卫，是速度外接手的最爱。如果外接手的速度能够击破深度区域防守，那么将获得很多码数。经常在 3～5 名外接手的阵形中出现此路线，效果好的话能直接取得达阵。

（28）Stick（反快速回身，见图 5-73）。

图 5-73　Stick

外接手垂直跑 3～4 码，然后并不是朝四分卫方向转身而是朝另一个方向转。面对区域防守和突袭时会有好的效果。

（29）Stop—n—Go（停冲，见图 5-74）。

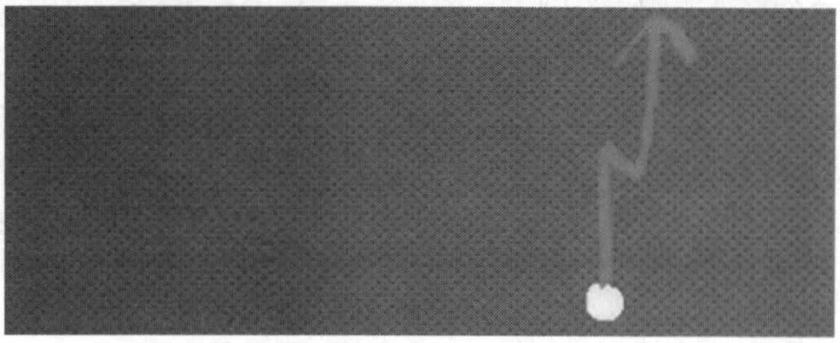

图 5-74　Stop—n—Go

外接手先是垂直跑 7 码左右，这个时候他会像跑 Curl 一样往四分卫方向转身停顿一下，接着再回身直插对方的腹地。如果球队的槽外接灵活地跑动此路线，那么将很好地击破区域防守。如果对方采用人盯人防守，那么外接手的速度非常快才能真正地摆脱防守者。

（30）Swing（摇荡，见图 5－75）。

图 5－75　Swing

跑锋开球后朝边线方向水平跑动，然后转弯沿着边线垂直跑。面对人盯人时效果可以，面对突袭时这个路线可能会取得更大成效。

（31）Whip（鞭子，见图 5－76）。

图 5－76　Whip

这个路线也是外接手先往中路斜插 2～3 码，然后立刻转身往边线水平方向跑动。面对人盯人防守时比较有效。

（32）Wheel（轮子，见图 5－77）。

图 5－77　Wheel

外接手开球后就立刻往边线跑，刚到边线后就立刻转向垂直方向。面对人盯人和区域防守都会比较有效。对方采用区域防守时，如果同侧外接手跑 Post 和 Dig 路线，你再跑 Wheel 会得到很好的掩护作用。只要外接手横移的时候四分卫能做一个假传动作，之后此路线就能像 Out－n－Up 路线一样迷惑对方的角卫而获得接球机会了。

五、战舰大战（见图 5－78）

方法：将队员分成 3 人一组，每组一艘舰（4 个标志桶围成的区域）。听到口令后，开始攻击其他船舰的四个标志桶，防守队员不能通过接触标志桶来防守。一人进攻一人防守一人捡球，4 个标志桶都倒下的队伍失败，存活到最后的队伍获胜。

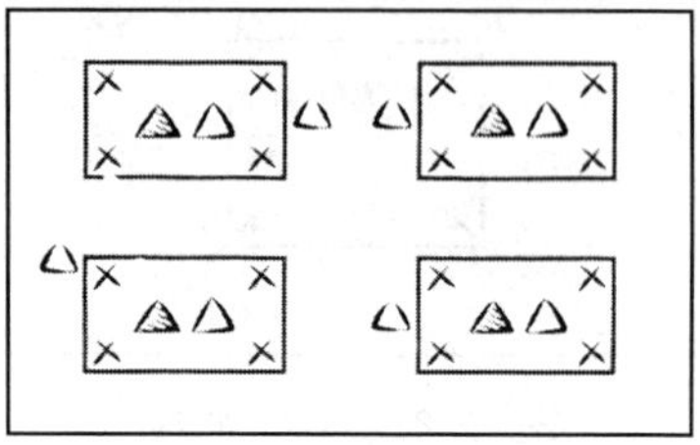
图 5－78　战舰大战

规则：除捡球者不能出自己的范围圈，3 人每次交换角色，重复扔球动作、防守动作。

器材：标志桶×16、橄榄球若干。

六、传球接力（见图 5－79）

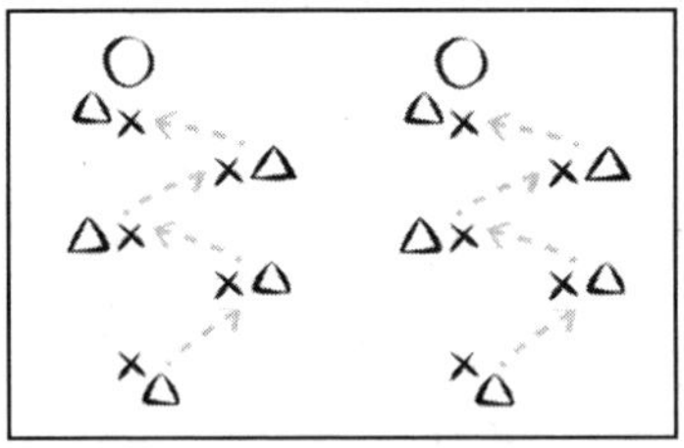
图 5－79　传球接力

方法：将队员分成 5 人一组，每个人站在指定标志桶处，从第一人开始，按照 W 型依次传球接力，最后一人将球放入达阵区内（敏捷环）。哪个队先达阵 5 次即为获胜。所有队员站定传接球，不得移动。

规则：传球中没有接住球，将从第一点重新开始，提醒队员传球和接球动作。

器材：敏捷环×2、标志桶×10、橄榄球×10。

七、交递球接力（见图 5－80）

方法：将队员平均分成两队，排头面对面站一列，依次在同侧进行交递球练习。前一人交递时，下一人出发。连续交递 30 次即为挑战成功。掉球将重新计数。可以适当提高难度，穿插“真假交递”。

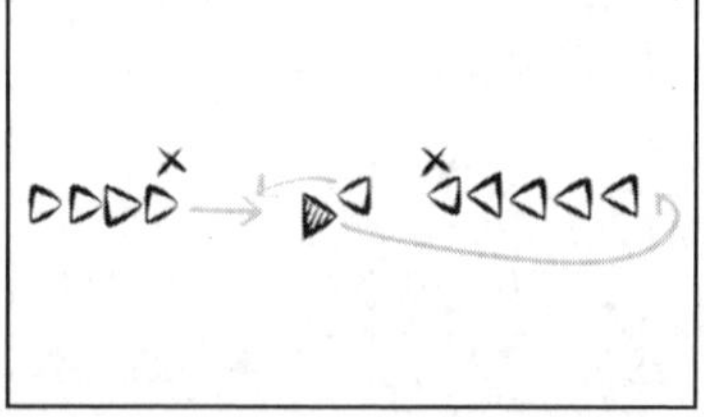
图 5－80　交递球接力

规则：提醒队员交递动作，速度由慢至快，假交递时动作要求逼真。

器材：橄榄球×1、标志桶×2。

八、1V1扯旗（见图5-81）

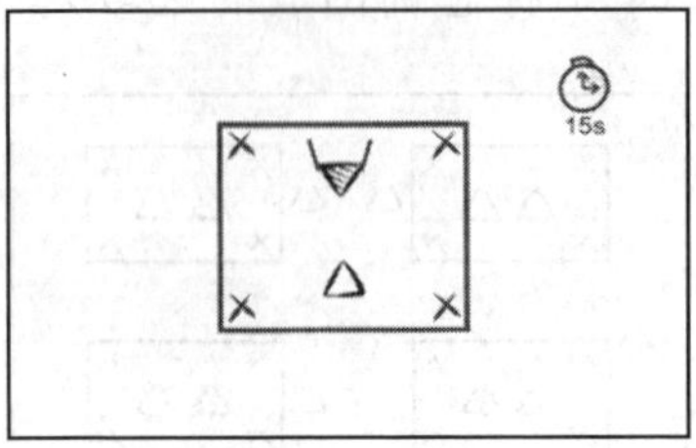

图5-81　1V1扯旗

方法：两个队员为一组。在四个标志桶围成的5码正方形区域内，一方佩戴腰旗并持球，一方为防守队员。持球队员在区域内保持15秒不被拔旗视为获胜。若被拔旗，视为防守获胜并交换角色进行。

规则：提醒队员拔旗动作，持球队员不得护旗，场地区域不可过大或过小。

器材：橄榄球×1、标志桶×4、腰旗×1。

九、路线跑动（见图5-82）

方法：三组路线跑动，依次进行。两名队员分为一组，传接球过程中互换四分卫和外接手的角色。按照标志桶摆放跑“鱼钩”、斜插、直下等不同路线。每个路线完成一次接球可换下一个路线，一共完成三轮。

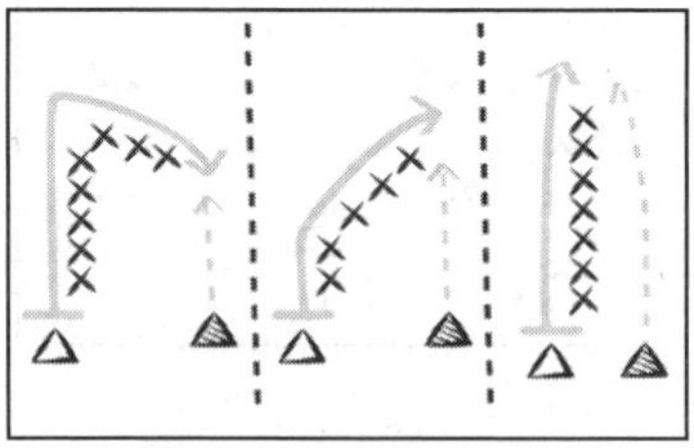

图5-82　路线跑动

规则：四分卫与外接手并列，注意外接手站姿，在四分卫下口令后开始跑动，外接手路线跑动准确性。

器材：橄榄球若干、标志桶若干。

十、接球推进（见图5-83）

方法：三组路线跑动，依次进行。两名队员分为一组，传接球过程中互换四分卫和外接手的角色。按照标志桶摆放跑“鱼钩”、斜插、直下等不同路线。接住球后向前跑入敏捷环视为达阵。养成接球后推进的习惯。每个路线完成一次接球可换下一个路线，一共完成三轮。

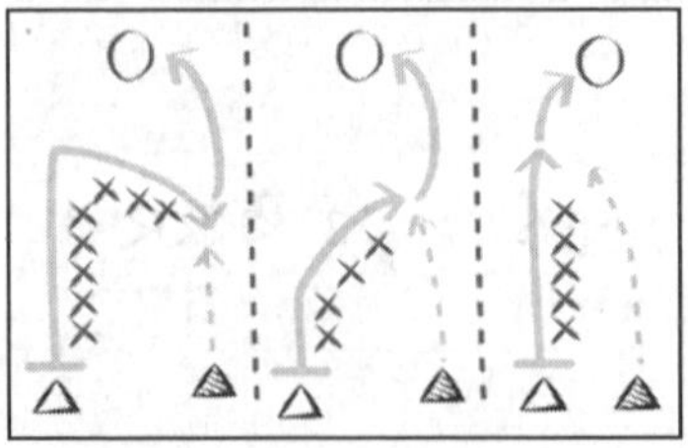

图5-83　接球推进

规则：四分卫与外接手并列，注意外接手站姿，在四分卫下口令后开始跑动，外接手路线跑动准确性，接球后的推进。

器材：敏捷环×3、橄榄球若干、标志桶若干。

十一、空中对接（见图 5－84）

方法：将队员平均分为两队，两队面对面距离 5 码站立，弯腰进行低手互相传球，不让球掉在地上。过程中双方均不得移动，在 1 分钟时间内尽可能多地进行接力，掉球重新开始。可以增加相距码数来提高难度进行。

规则：弯下腰传球/抛球，低手接球的手型。

器材：标志桶若干、橄榄球若干。

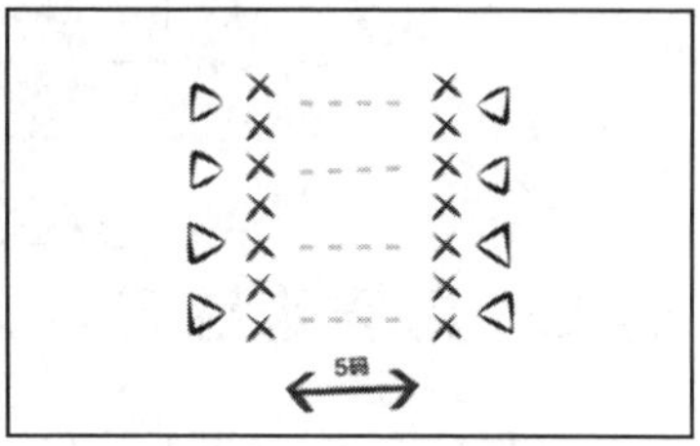

图 5－84　空中对接

十二、W 型跑动与接球（见图 5－85）

方法：将队员分为两人一组，一人作为四分卫，另一人为外接手，一轮后角色互换。外接手在开球点标志桶处，听到四分卫口令后开始。跑到第一个点接到传球，跑回将球触地放到第一个敏捷环内；再跑到第二个点接到传球，跑回将球触地放到第二个敏捷环内；再跑到最后一个点接到球，将球触地放到最后一个敏捷环内。

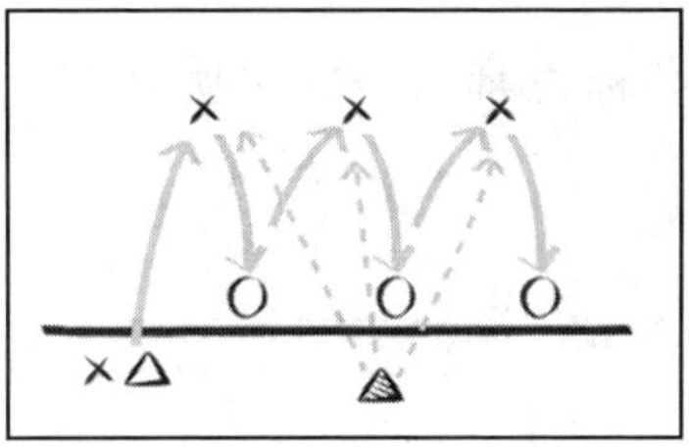

图 5－85　W 型跑动与接球

规则：传球者的传球姿势与要领，外接手路线跑动与接球要领。

器材：标志桶×4、敏捷环×3、橄榄球若干。

十三、踢球与回攻（见图 5－86）

方法：将球员分为两人一组。一人踢球，一人带上腰旗接球并回攻。踢球手距离回攻手 20 码（18 米）处踢球，回攻手接到球后回攻到球 T 位置，踢球手踢球后进行防守拔旗。两人交换角色进行。

规则：踢球手注意动作和踢球的指定位置，回攻手接高空球手型和跑动注意事项。

器材：标志桶若干、橄榄球若干、球 T/中空圆盘若干。

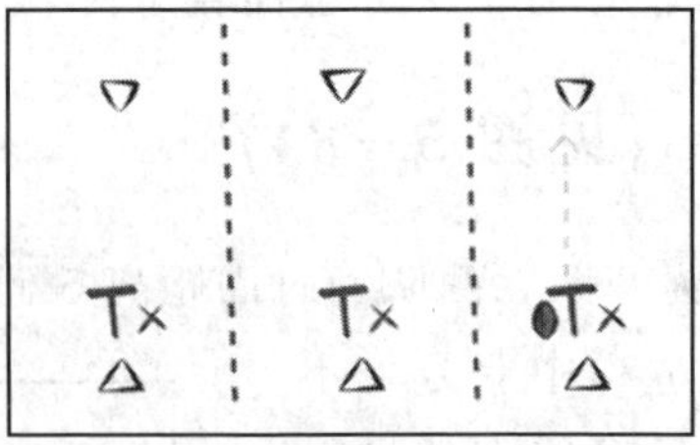

图 5-86　踢球与回攻

十四、真假跑练习（见图 5-87）

方法：将球员分为两人一组，跑锋站在四分卫身后 3～4 码处。由四分卫给跑锋口令并开球，向后转身移动交递给跑锋或者假交递后传球给跑锋。跑锋根据四分卫制定的战术口令，跑过指定通道。选择“左 1”或者“右 2”等。

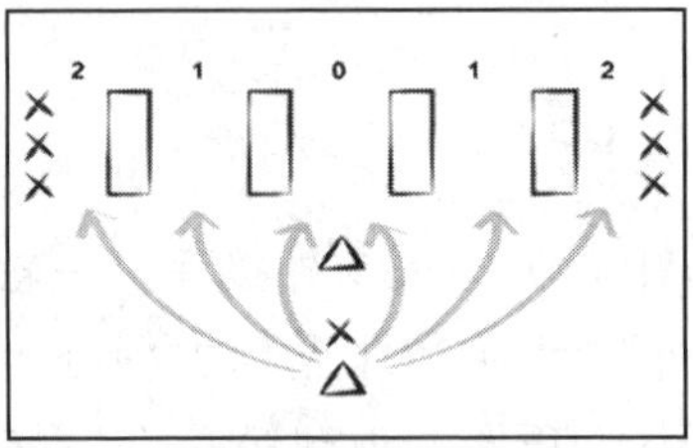

图 5-87　真假跑练习

规则：注意两侧不同的交递手型、真假交递动作、四分卫交递注意事项、脚步控制。

器材：标志桶若干、半圆柱若干、橄榄球若干。

十五、星状跑动（见图 5-88）

方法：以敏捷环为中心，距 5 码围一圈摆放标志桶。听到口令后，队员持球从中心敏捷环出发，向标志桶冲刺，再退回到敏捷环处；顺时针方向冲刺到下一个标志桶，再退回到敏捷环处；重复此动作，直到转一圈全部完成。第一名队员完成一半时，第二名队员再开始。

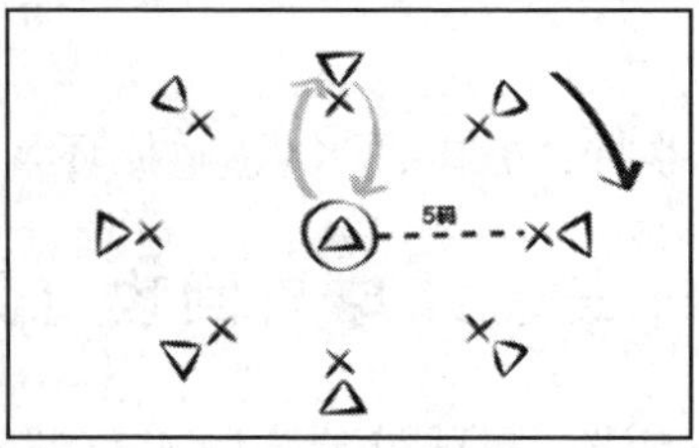

图 5-88　星状跑动

规则：保证快速小步移动，保持重心在中间位置，不要忘记摆臂。

器材：敏捷环×1、标志桶若干、橄榄球×1。

十六、传球入桶（见图 5－89）

方法：将队员平均分成四组，每组有自己的场地区域。场中央放置三个大桶。桶周围放置间隔和距离不同的传球标志桶。开始后，学生持球跑到传球点，将球传入桶内，可将传球点的标志桶带回己方场地区域。结束后，带回标志桶最多的队伍获胜。

规则：传球要点。

器材：大桶×3、标志桶若干、橄榄球若干。

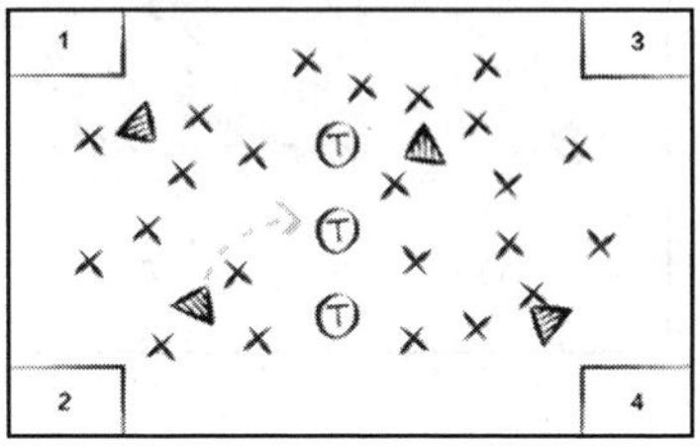

图 5－89　传球入桶

十七、绳梯训练

（一）绳梯训练 1（见图 5－90）

方法：利用绳梯练习脚步。队员从绳梯左侧标志桶出发，单手持球面向绳梯，横向移动，双脚跳跃进出绳梯横档，同时向右移动。完成后绕过右侧标志桶跑回起点排队。第一名队员完成一半时，第二名队员再开始。

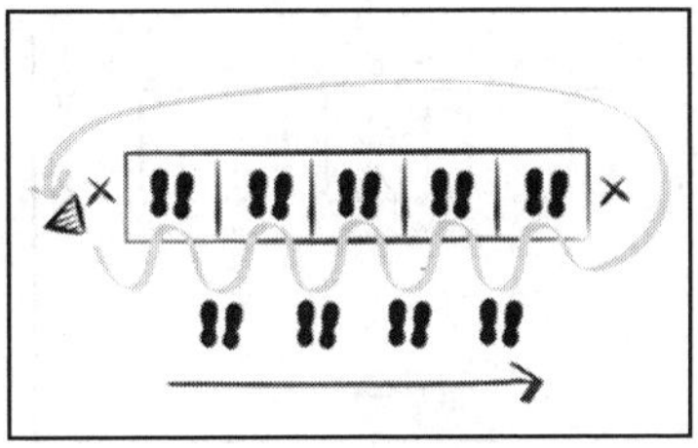

图 5－90　绳梯训练 1

规则：快速小步移动，双手摆臂，保护好球，抬头向前看。

器材：橄榄球若干、绳梯×2、标志桶×2。

（二）绳梯训练 2（见图 5－91）

方法：利用绳梯练习脚步。队员从绳梯左侧标志桶出发，双手持球面向绳梯，双脚高抬跳起向前迈向绳梯横档。完成后绕过右侧标志桶跑回起点排队。第一名队员完成一半时、第二名队员再开始。

规则：保护好球，高抬腿，抬头向前看。

器材：橄榄球若干、绳梯×2、标志桶×2。

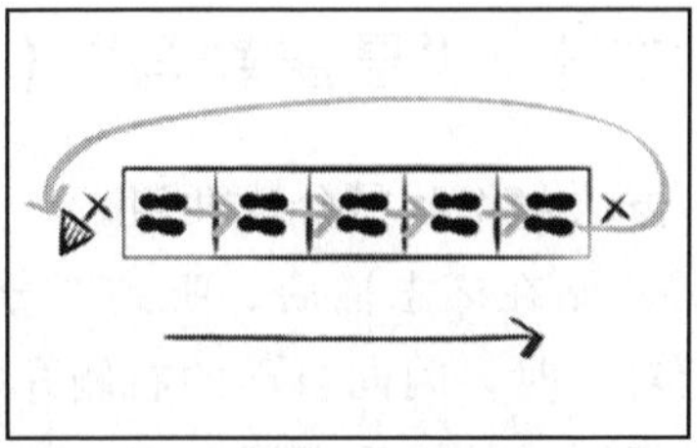

图 5－91　绳梯训练 2

十八、疯狂接球（见图 5－92）

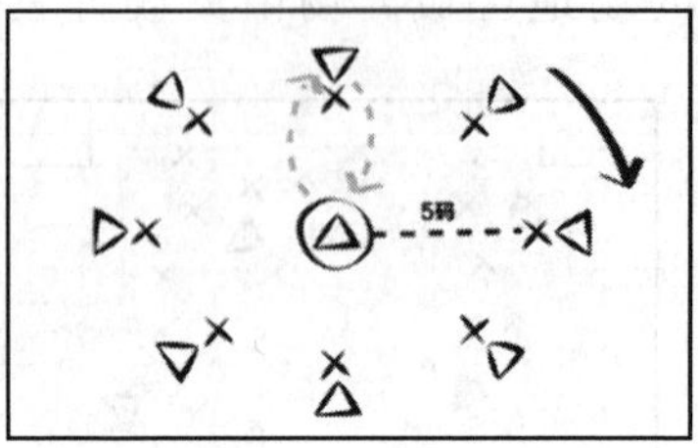

图 5－92　疯狂接球

方法：以敏捷环为中心，距 5 码围一圈摆放标志桶（距离可调节）。每个标志桶处站一名队员，中心敏捷环处站一名队员。在开始后，中心敏捷环处的队员接住标志桶处传来的橄榄球，再传回去；然后跳转面向右侧的标志桶处并接球；重复此动作，直至中心敏捷环处学生接住所有标志桶传来的球。完成后轮流进行，使每个学生都站到中心敏捷环处。

规则：高位接球和低位接球手型。

器材：标志桶×8、橄榄球×8、敏捷环×1。

十九、变向追逐（见图 5－93）

方法：将队员三人一组。一名中卫在四分卫身前，负责开球给四分卫，随后转身判断跑锋跑动路线并拔旗；一名四分卫制定跑锋路线，接到中卫开球后，向后跑动将球交递给跑锋；一名跑锋站在四分卫身后 3～4 码处，开球后接到交递球，并按照四分卫指定路线跑位和躲避。三人轮换进行。

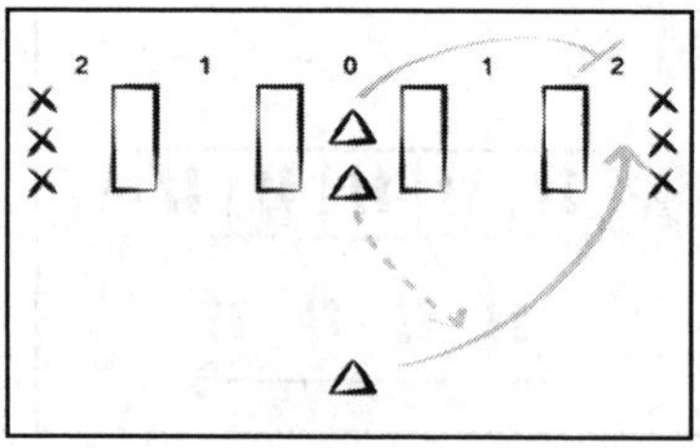

图 5－93　变向追逐

规则：中卫开球姿势和拔旗要点，四分卫接开球姿势和交递球姿势，跑锋交递球姿势和跑动方式。

器材：半圆柱×4、标志桶×1、橄榄球若干、腰旗×1。

二十、“悬崖勒马”（见图 5－94）

方法：将队员分成两组。一名四分卫负责传球，剩下人面对面排队站立相距 10 码，站在标志桶后。听到四分卫口令后，每列的第一名队员跑向另一方，在接近对方时，闪向自己的右侧并接住四分卫传球。接住球后去另一侧队尾排队。

规则：外接手摆脱防守，创造空间并接住传球。

器材：标志桶×4、橄榄球若干。

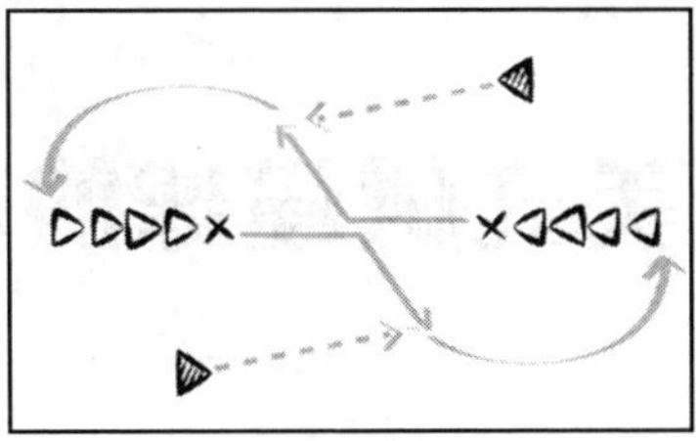

图 5－94　“悬崖勒马”

二十一、防守追踪（见图 5－95）

方法：将队员分为三人一组。一名四分卫负责传球给外接手，一名外接手负责跑动路线摆脱防守接住传球，一名防守队员负责盯防外接手并破坏传球或抄截传球，或在外接手接住球后拔旗。三人可轮换角色。

规则：防守队员防守要领。

器材：标志桶×2、橄榄球若干、腰旗若干。

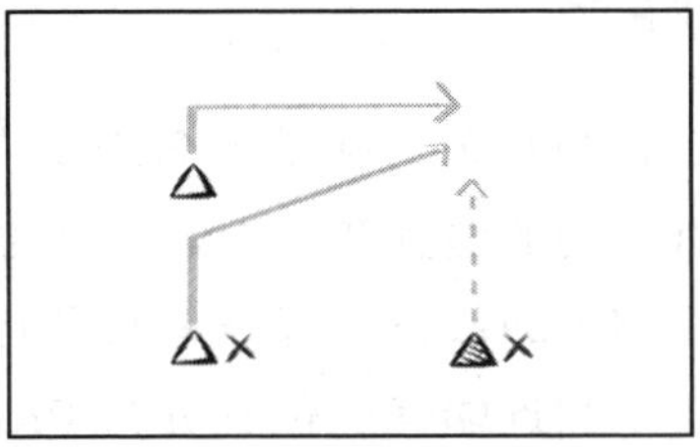

图 5－95　防守追踪

第六章　美式橄榄球的基本战术

第一节　美式橄榄球的进攻组战术训练

橄榄球的进攻方式主要有冲球进攻和传球进攻两种。冲球进攻是指进攻球员带球进行地面冲锋。这种进攻方式推进码数通常较短，但安全性较高。而传球进攻是四分卫将球从空中传给本方合法接球手，获取较长的进攻码数，但安全性低，容易传接球失误，甚至被对方反截。进攻时如果采用单一的进攻战术，一味进行地面冲球或空中传球，是不可能奏效的。只有将两种战术交叉应用，让防守方顾此失彼，才能取胜。

一、常见的进攻阵形

美式橄榄球的进攻体系较为复杂，除了 5 名进攻内锋的位置比较固定之外，其他队员在不同的阵形中有不同的位置和职责，其目的是为了扬长避短，达到最佳的攻击效果。根据阵形中跑卫的数目，可分为无跑卫、单跑卫、双跑卫、三跑卫等阵形，也可以根据外接手和近端锋的位置分为 Pro、双近端锋、双外接手同侧、三外接手同侧等阵形。以下是几种常见的阵形，读者需要结合观看比赛来体会各种阵形的精妙之处。

（一）I 字阵形

如图 6－1 所示，I 字阵形的特点是双跑卫排在四分卫（黑圈）身后，在进攻后场构成“I”字，全卫为后面的半卫充当开路先锋。这种阵形既可以采用地面冲球战术，也可以采用空中传球战术。阵形中的两名外接手会迫使防守方派两名角卫盯住这两名外接手，预防传球战术。同时，两名防守中卫不得不留在纵深区域，以防外接手突破角卫长驱直入。此时如果采用地面冲球战术，那么进攻方 8 名队员（5 名进攻内锋、1 名近端锋、2 名跑卫）对抗防守方 7 名防守队员（3－4 或 43－3 阵形），成功性较高。

I 字阵形还有许多变化。全卫可以不与四分卫及半卫排成一列，这个阵形称为偏Ⅰ字阵形。通常是根据近端锋的位置决定阵形的强弱侧，如果全卫与近端锋同侧（如图6－2所示），那么阵形为强Ⅰ字阵形；如果不同侧（如图6－3所示），就称为弱Ⅰ字阵形。

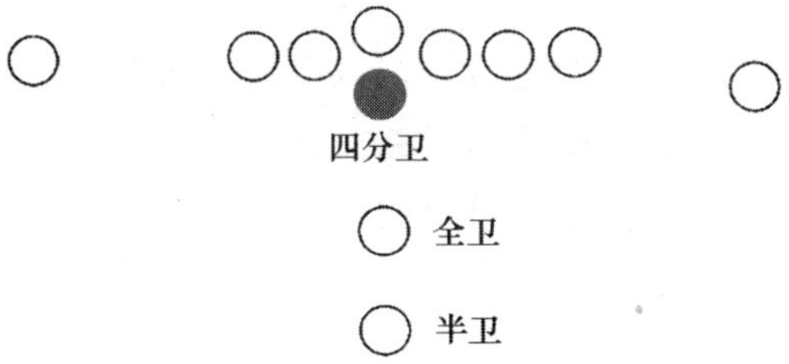

图6－1　Ⅰ字阵形

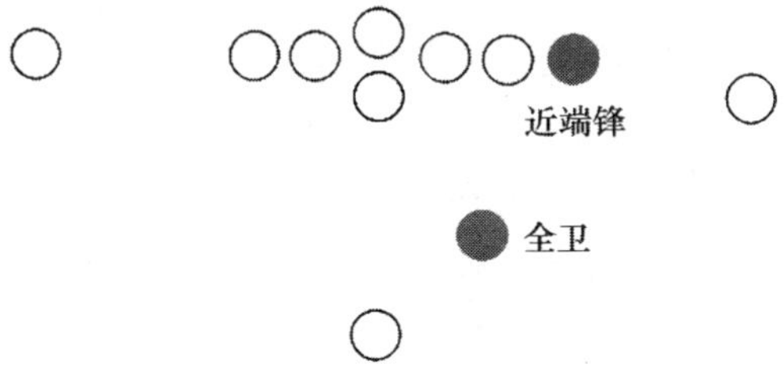

图6－2　强Ⅰ字阵形

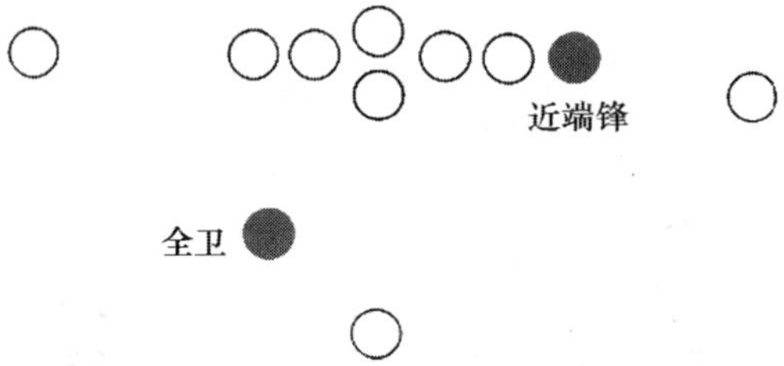

图6－3　弱Ⅰ字阵形

（二）V字阵形

另外一个常见的双跑卫阵形是V字阵形，全卫和半卫分列四分卫身后5码左右的位置（如图6－4所示），和四分卫形成一个倒V字。

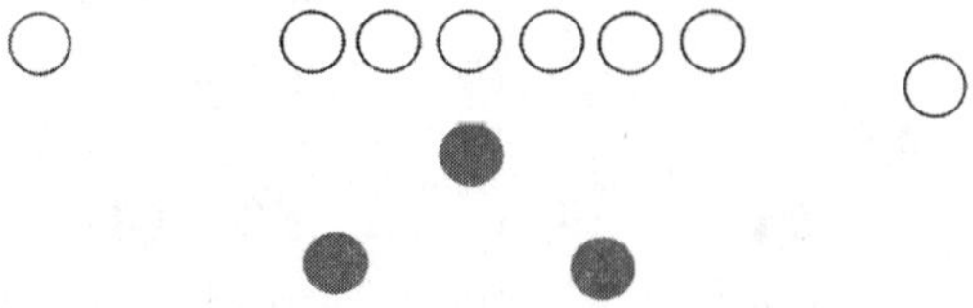

图6－4　V字阵形

若进攻方采用传球战术，这两名跑卫既可以协助进攻内锋保护四分卫，也可以接四分卫的传球向前进攻。相应地，防守方若判断进攻方会采用传球战术，其两名线卫就会各盯一名跑卫，因此进攻方的跑卫应该观察防守自己的线卫位置，以攻其薄弱环节。

若进攻方采用冲球战术，四分卫可以根据防守方的阵形弱点，选择其中一名跑卫拿球冲锋，另外一名跑卫就担当开路先锋，阻挡防守方的盯人线卫，使拿球的跑卫推进更长的地面距离，他也可以向另一方佯装冲球，吸引防守方。

（三）三跑卫阵形

三跑卫阵形是指进攻方后场有 3 名跑卫，一般用于地面冲球战术，其优点在于两名开路的跑卫使得地面冲球更得心应手，缺点在于进攻意图明确，防守方也容易组织相应的防守阵形。三跑卫阵形的成功关键在于进攻内锋能否控制住对方的防守前锋。这个阵形使用率并不高。常见的三跑卫阵形有 T 字阵形（如图6－5所示）、威力 I 字阵形（如图 6－6 所示）、长 I 字阵形（如图 6－7 所示）、骨头阵形（如图 6－8 所示）、T 翼阵形（如图 6－9 所示）等。

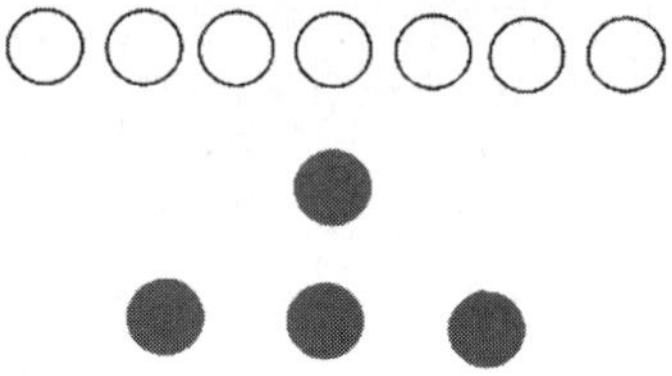

图 6－5　T 字阵形

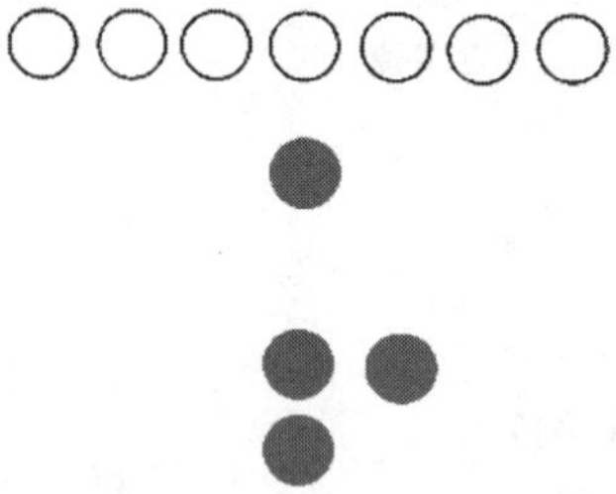

图 6－6　威力 I 字阵形

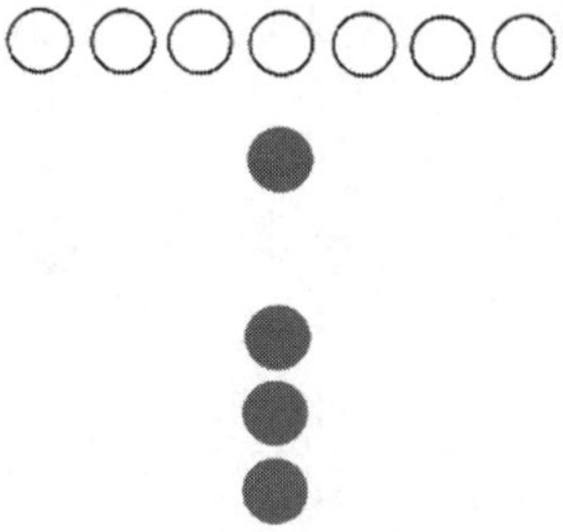

图 6－7　长 I 字阵形

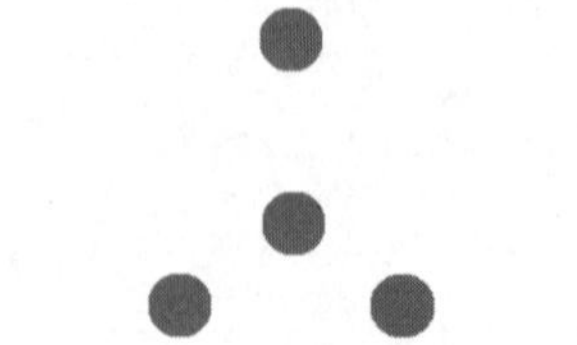

图 6－8　骨头阵形

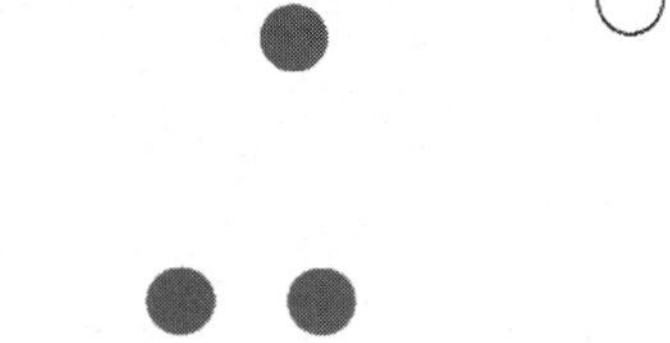

图 6－9　T 翼阵形

（四）Pro 阵形

Pro 阵形是一种平衡的攻击阵形，既可以采用冲球战术，也可以采用传球战术。阵形中两名外接手分列两侧，近端锋位于一侧，后场两名跑卫。根据近端锋的位置，Pro 阵形又可以分为右 Pro（近端锋位于进攻锋线的右侧）和左 Pro（近端锋位于进攻锋线的左侧）阵形。图 6-10 所示就是右 Pro 阵形。

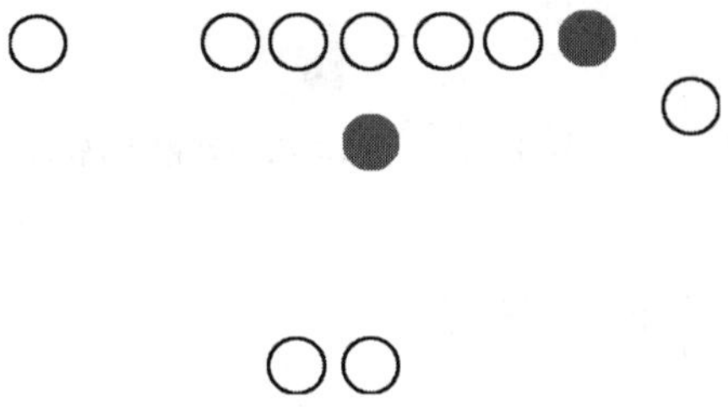

图 6-10　右 Pro 阵形

当采用空中传球战术时，两名外接手是四分卫的主要传球目标。近端锋可以协同 5 名进攻内锋保护四分卫，也可以冲向敌阵，成为四分卫的第三个传球点。跑卫也可以跑到场地两侧靠近启球线的区域，成为四分卫的第四个和第五个传球点。如果防守方采用闪击战术，派线卫或后卫插上袭击四分卫的话，跑卫则上来阻挡，协同保护四分卫。

当采用地面冲球战术时，全卫为半卫开路，从进攻内锋打开的缺口中杀进防守方阵营，这时防守方的线卫会上来补位拦截，全卫的任务就是阻挡补位的线卫，使身后的持球半卫跑得更远。

与 I 字阵形类似，Pro 阵形也演变出来很多相似的阵形。比较常见的有 Pro 单跑卫（如图 6-11 所示）、活动 Pro（如图 6-12 所示）、活动 Pro 单跑卫（如图 6-13 所示）等阵形。活动 Pro 阵形与 Pro 阵形的不同之处在于活动 Pro 阵形中没有近端锋，而是使用槽接手。因此，在传球进攻时四分卫就多了一个传球目标，而防守方往往派上五分卫协助防守。值得注意的是因为没有近端锋，只有 5 名进攻内锋保护四分卫，所以四分卫传球要快，否则容易被擒杀。另外，冲球进攻时也没有了近端锋在前面帮助阻挡对方防守的冲击。

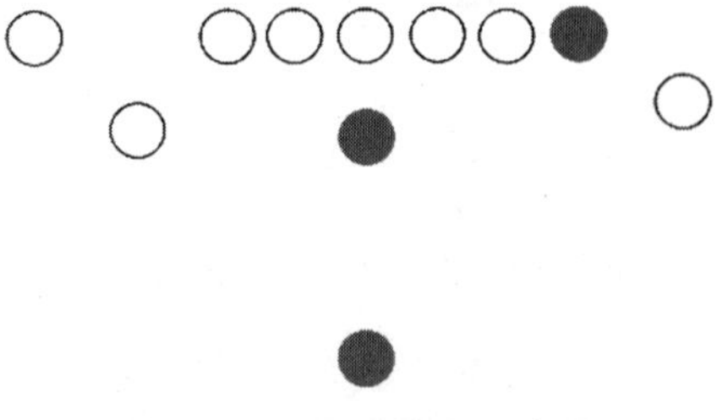

图 6-11　Pro 单跑卫阵形

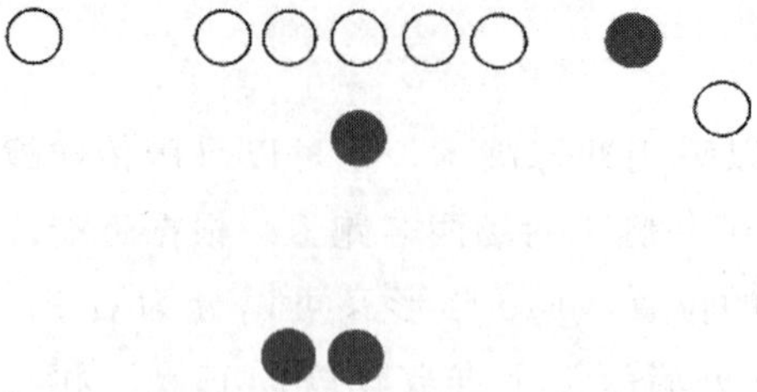

图 6－12　活动 Pro 阵形

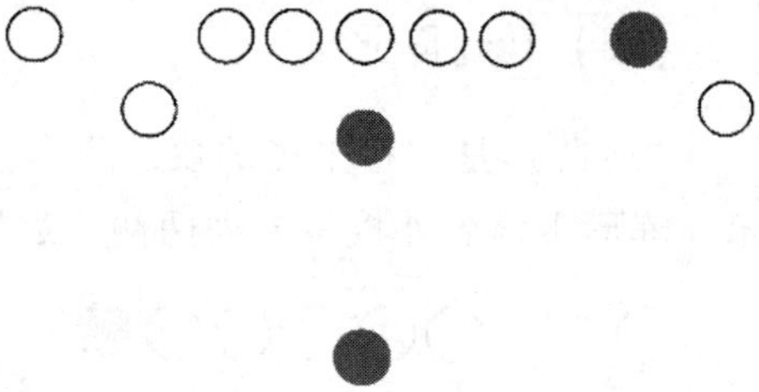

图 6－13　活动 Pro 单跑卫阵形

(五) 双外接手同侧阵形和三外接手同侧阵形

这两种阵形普遍用于空中传球战术。在双外接手同侧阵形中，两名外接手位于进攻锋线的同一侧。而三外接手同侧指 3 名外接手位于进攻锋线的同一侧。

通常同侧的外接手跑动的路线不同，盯防外接手的防守队员需要及时根据外接手跑动的路线做出反应，稍有差错，就有可能被外接手摆脱，所以防守方必须具备较强的防守能力。图 6－14 和图 6－15 所示就是双外接手同侧和三外接手同侧阵形。

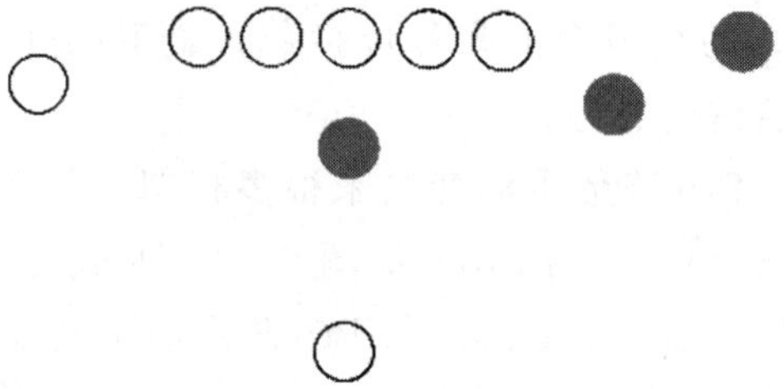

图 6－14　双外接手同侧阵形

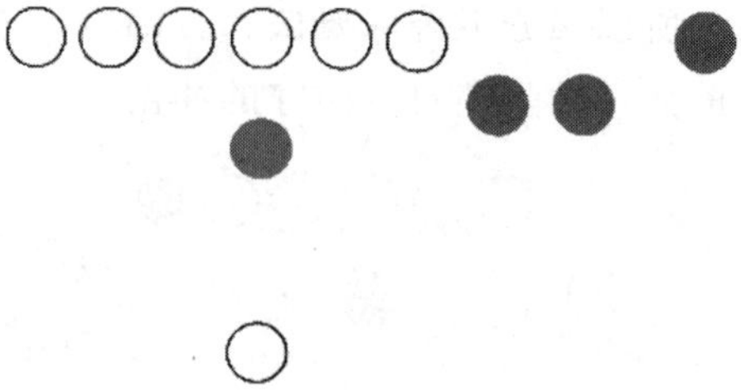

图 6－15　三外接手同侧阵形

(六) 无跑卫阵形

无跑卫阵形指进攻后场不设跑卫，一般只在明显的传球战术时才使用这种阵形。防守方会相应地派五分卫和十分卫上场。当然，进攻方也可采用地面冲球战术，由四分卫自己带球进攻，因为防守方通常用五分卫和十分卫替换两名线卫，往往不提防地面冲球战术，因此也经常能出其不意。图 6 - 16 是一个典型的无跑卫阵形。

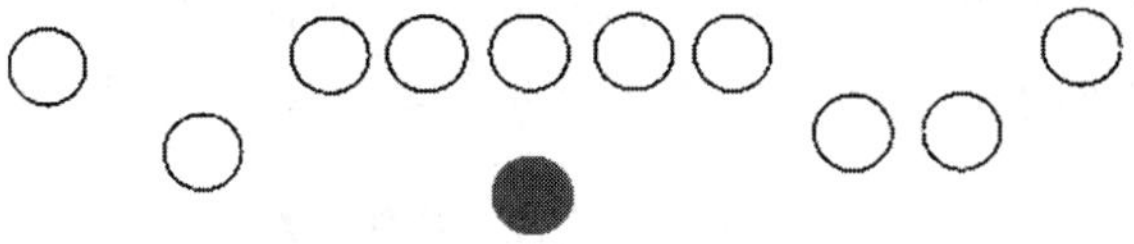

图 6 - 16　无跑卫阵形

(七) 双近端锋阵形

双近端锋阵形是指阵形中有两名近端锋（如图 6 - 17 所示）。这种阵形对两名近端锋要求很高。在空中传球进攻中，近端锋既要能保护四分卫，又要能在必要时摆脱防守线卫，接四分卫的传球向前进攻；在地面冲球进攻中，近端锋还要为跑卫开路。一支球队要找到两名攻守兼备的近端锋非常难。

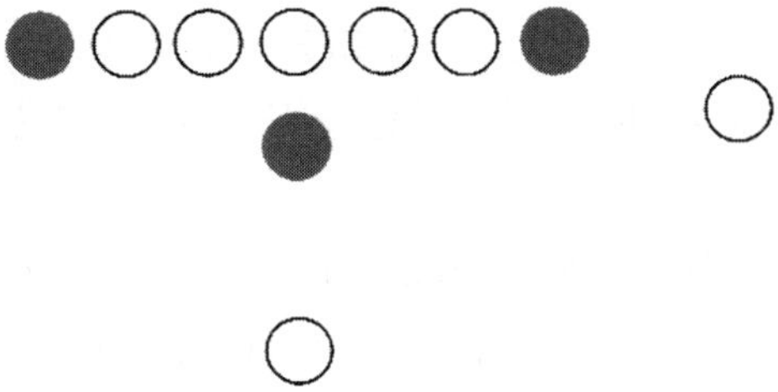

图 6 - 17　双近端锋阵形

除以上阵形外，接下来介绍的几种阵形可参考图 6 - 18 中的各个球员标志来了解。

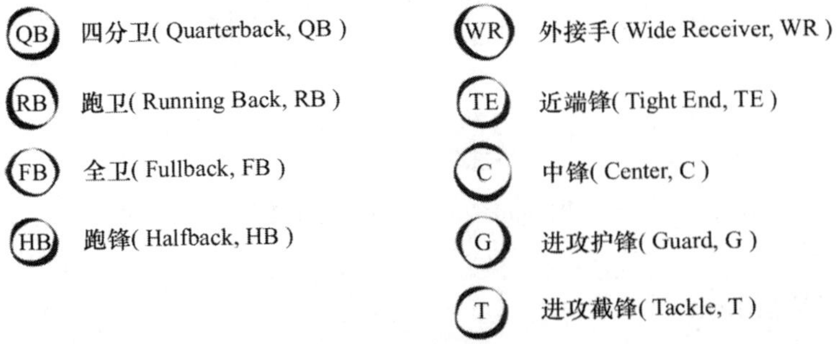

图 6 - 18　不同球员标志

(八) Shotgun 阵形

因为四分卫在距离中卫身后 5 码左右的位置进行开球（如图 6 - 19 所示），线卫能够更好地去保护四分卫，四分卫便有足够的时间和空间去选择传球对象。当突袭进来的时候，他也会有些额外的时间防守或者传球给身边的跑锋。这个阵形通常用于明显传球进攻，四分卫需要足够的视野和传球能力。

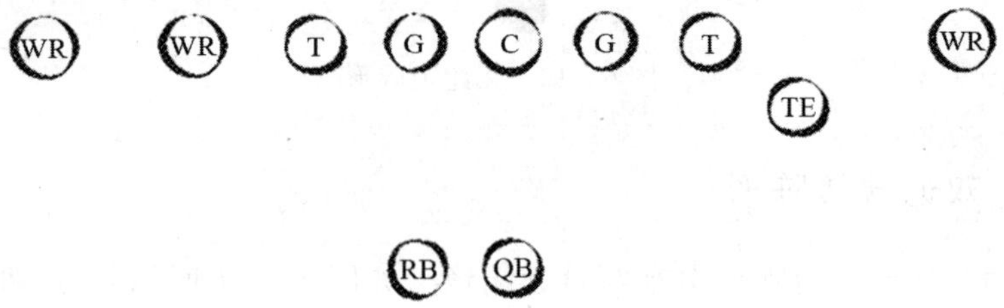

图 6 - 19　Shotgun 阵形站位

(九) Trips 阵形

这个阵形（如图 6 - 20 所示），作用是 3 位外接手同时平行站于一起。外接手可以选择不同的路线进行跑动。由于外接手的增多，这个阵形通常不需要跑锋。

教练使用这个阵形通常是在中场结束或者比赛结束前，当时间继续走，而且我方需要快速达阵，3 个外接手站在一起，四分卫将会传出“万福玛利亚（Hail Mary)”传球。外接手的增多意味着接球点的增加，但是这样的传球成功率依然不高。

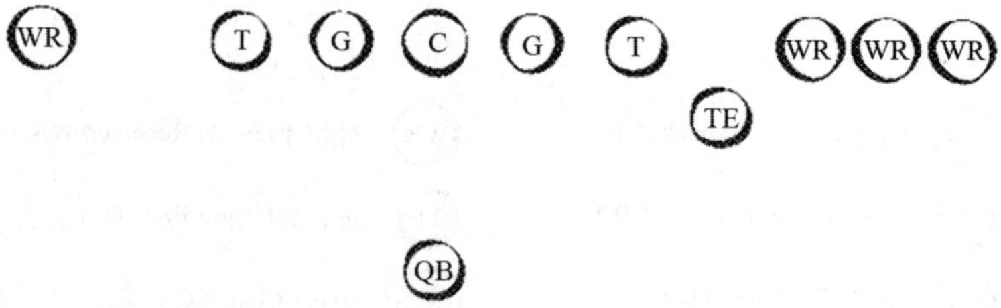

图 6 - 20　Trips 阵形站位

(十) Wishbone 阵形

这个阵形是一个跑动进攻阵形，要求 3 个跑锋，一个外接手，一个近端锋，站位如图 6 - 21 所示。

这样的阵形能够让跑的战术更为多样化，能够向左向右，或者中路突破，对球的保护性也大大提高，同时也能迷惑对手，让其难以察觉球真正是在谁的手上。又或者，当跑动进攻防守得非常严密时，还能够出其不意地给外接手传个长传或者给近端锋来个快速的短传，实用性非常高。

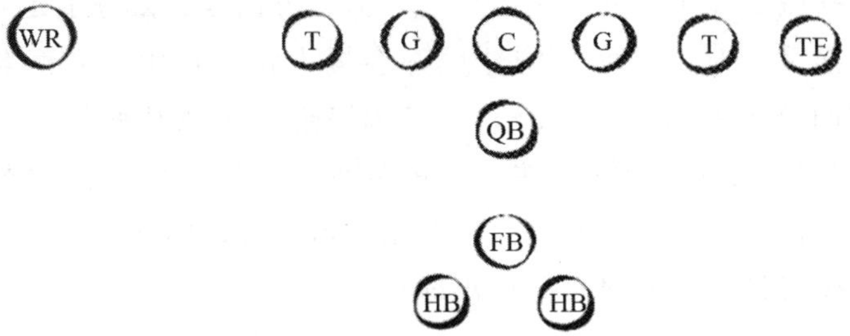

图 6-21　Wishbone 阵形站位

二、进攻基本方针

尽管橄榄球比赛的进攻阵形复杂繁多，但是基本原则是不变的。以下是教练组在设计进攻阵形时采用的几个基本方针。

(一) 信任和协作

橄榄球是一项集体运动，其关键就是要求 11 名队员坚决按照战术部署完成自己的任务，并要相信队友能够完成各自承担的任务。只有这样，整支队伍才能像一架精密的机器一样运转。历史上所有的强队都毫无例外地注重整体协作。

(二) 控制启球线

足球场上有一句话，说“得中场者得天下”。橄榄球场上也有类似的一句话，说“得启球线者得天下”。不论是进攻方还是防守方，控制启球线对比赛的成功至关重要。所有进攻强队都有一条出色的进攻锋线，同样，所有的防守强队也都有一条优秀的防守锋线。

进攻内锋线在采用冲球战术时，必须成功地压制防守方的截锋和防守端锋构成的第一道防守线。而此时，防守截锋和端锋会竭尽全力地从进攻内锋的空当中冲进进攻方后场，将带球跑卫拦截在启球线之后，迫使进攻方阵地后退。因此，进攻内锋不仅不能让防守前锋冲破进攻内锋构成的屏障，还要争取打开防守前锋的空当，让本方持球跑卫从空当中杀进防守方阵地。成功的进攻内锋不仅能钳制住防守前锋，还能阻挡前来补位的防守线卫。所有的长距离冲球进攻都是成功地阻挡住防守方的线卫所致。

在采用空中传球战术时，进攻内锋和近端锋会在四分卫前面形成一个弧形保护圈，俗称口袋，并尽可能长时间地维持住这个口袋不破。这样，一方面给外接手足够的时间摆脱防守跑到战术指定位置，另一方面也给四分卫足够的时间观察寻找最佳的外接手。对方的两名防守截锋会竭力将进攻中锋和两名护锋往后压迫，攻破保护四分卫的口袋；同时，防守端锋也会争取从两翼擒杀四分卫。因此，进攻中锋和护锋必须能够守住自己的领地，而进攻截锋则需要和近端锋配合，控制防守端锋。只有进攻锋线完全控制住启球线，四分卫才有足够的时间待在口袋里发现位置最好的外接手并传出球。

一般来说，从启球一瞬间开始算起，四分卫需要近 3 秒的保护时间完成短距离传球，这对进攻锋线来说并非轻而易举。如果进攻锋线能够保护较长时间，四分卫就可能传出致命一击。绝大多数的长距离传球，四分卫都需要充足的时间等到外接手彻底摆脱防守队员才能出手。善于腾挪躲闪的四分卫还会在保护圈被冲破时，利用自己灵活的步伐，摆脱防守方的攻击，赢得更长的时间再出手。

(三) 平衡进攻

平衡进攻是指球队要将冲球进攻和传球进攻结合起来。一般来说，防守方要判断进攻方的意图来选择自己的阵形，因此进攻方较为主动，可以根据防守方场上队员的特点在启球前临时改变进攻阵形，而防守方则可能没有时间应对新的进攻阵形来相应换人，较为被动。

如果进攻战术单调，防守方就容易判断，从而提高防守成功率。例如，如果进攻方一味采用冲球战术，那么防守方可以将一名中卫移到靠近启球线的地方，从而在与进攻锋线和跑卫的对抗中占到上风。如果进攻方以传球战术为主，防守方可以将两名中卫拖后，与角卫协作一起盯死外接手。防守方还会采用不同的闪击四分卫战术，争取擒杀四分卫。在职业橄榄球比赛中，没有哪支球队能够仅仅使用单一进攻战术就能取胜的，进攻强队都能将冲球进攻和传球进攻很好地结合起来。

(四) 因队制宜

职业橄榄球的比赛说到底就是以己之长，攻彼之短。每周赛前，教练组都要根据对阵队伍的不同特点，设计进攻和防守战术的套路。

如前所述，如果在传球进攻时，防守方将两名中卫拖后，与角卫一起盯防外接手，那么每个外接手都被两名防守队员盯防，跑出空当的机会就少。为了创造有利的进攻机会，进攻方需要伪装成冲球战术，将一名中卫吸引到阵地前沿，剩下的另一名中卫就只能协防一名外接手，那么另一名外接手只有一名角卫对其进行一对一的防守，就容易摆脱，成为四分卫的传球目标。

还有一个例子就是四分卫自己冲球进攻。传统的四分卫通常只留在口袋中传球，只有当口袋被冲破时才被迫自己拿球冲锋，以避免被擒杀在圈内，丢失码数。现在 NFL 出现一些能传能冲的四分卫，例如猎鹰队的四分卫迈克尔·维克。拥有这类四分卫的球队通常会专门为其设计各种冲球进攻的战术，而防守方会集中力量防守场地中央的区域，有时还会派一名线卫专门盯防四分卫的冲球进攻。如果进攻方派上多名外接手，把防守方的防守阵线扯散，那么容易在防守方的后场中部区域找到破绽，四分卫冲球进攻的成功率也将大大提高。

三、进攻实例分析

（一）实例一

I 字进攻阵形，两名外接手同在阵形左侧，近端锋在右侧，攻方欲采用冲球战术。防守方采用 4－3 阵形，两名角卫同侧防守外接手，左线卫上前参与前沿防守。

当进攻开始后，两名外接手负责阻挡两名角卫（如图 6－22 所示），不让他们拦截冲球的跑卫。进攻锋线和防守锋线对峙，近端锋负责对方前置的左线卫，进攻中锋先帮助左护锋合力阻挡住右侧防守截锋，然后阻挡对方中线卫。跑卫的设计进攻路线是从对方的右侧防守截锋和防守端锋之间的空隙冲入。全卫的职责是阻挡右线卫。如果所有的进攻阻挡队员都完成各自任务的话，半卫只需摆脱纵深处的中卫就可以达阵得分。

但是，如果有人没能完成任务，冲球战术就可能失败。例如，如果进攻中锋没能拦住中线卫，该中线卫就可能补位封杀带球半卫，这时冲球能否成功就取决于半卫的能力了。

（二）实例二

与实例一类似，但两名跑卫分开站位，半卫有两个空当可以冲入，一个是左侧防守端锋和防守截锋之间的空隙，另一个是右侧防守端锋外侧的空当。出色的半卫会耐心地等待对方中线卫补好其中一个空当后，从另一个空当冲入（如图 6－23所示）。

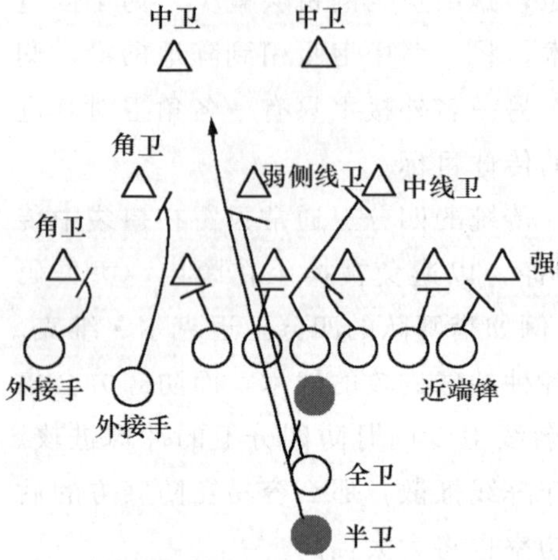

图 6－22　实例一

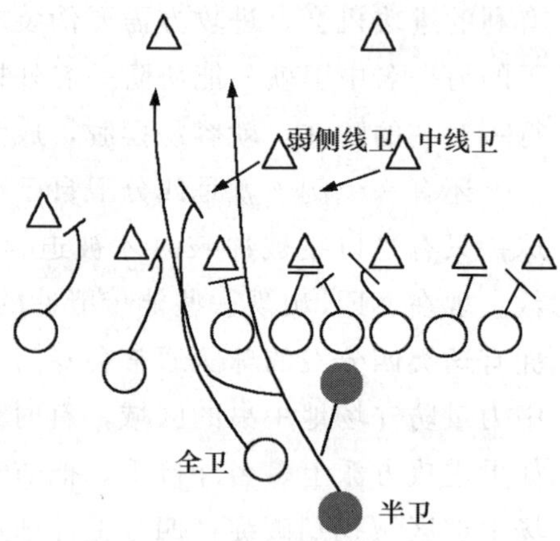

图 6－23　实例二

（三）实例三

I字进攻阵形，采用地面冲球战术从左侧出击（如图 6－24 所示）。两名外接手位于右侧，近端锋在左侧。进攻要点在于近端锋负责阻挡防守方右侧的防守端锋，左侧的截锋突然跑动换位到全卫的前面，阻挡对方的强侧（右侧）线卫。全卫则负责阻挡迎上来的中线卫，而防守方的弱侧（左侧）线卫因为距离太远，不太可能有机会上来拦截持球的半卫。如果所有的进攻队员都完成各自的阻挡任务，那么防守方的右侧靠近端线的区域就没有防守队员防守持球半卫，半卫只需摆脱一个中卫就可以达阵得分了。

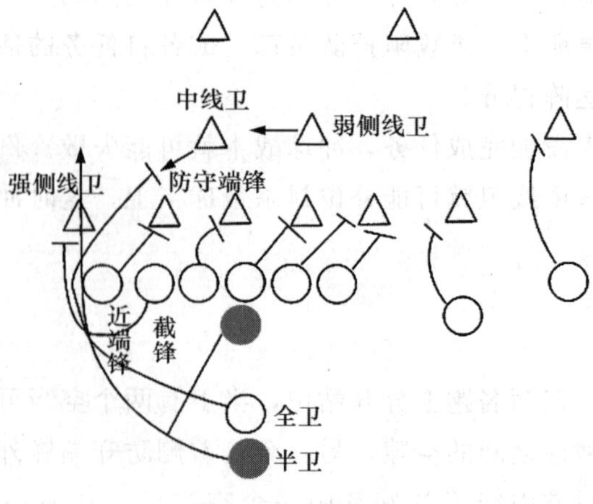

图 6－24　实例三

（四）实例四

单跑卫三外接手阵形，佯装传球进攻，实际采用地面冲球战术，两名外接手位于右侧，一名在左侧，近端锋在阵形的左侧（强侧）（如图 6－25 所示）。为了对付 3 名外接手，防守方用五分卫换下一名线卫。当进攻开始后，左侧进攻截锋出其不意地扯动到阵形的右侧阻挡防守方的左侧端锋，进攻中锋负责阻挡中线卫，右侧进攻截锋负责阻挡对方的弱侧（左侧）线卫。阵形最右侧的外接手跑向场地右侧的纵深处吸引游卫向该方向移动，使场地中央出现空当。半卫持球从对方左侧的防守截锋和防守端锋之间的缺口冲入，如果强卫不能拦截跑卫的话，跑卫就可以达阵得分了。

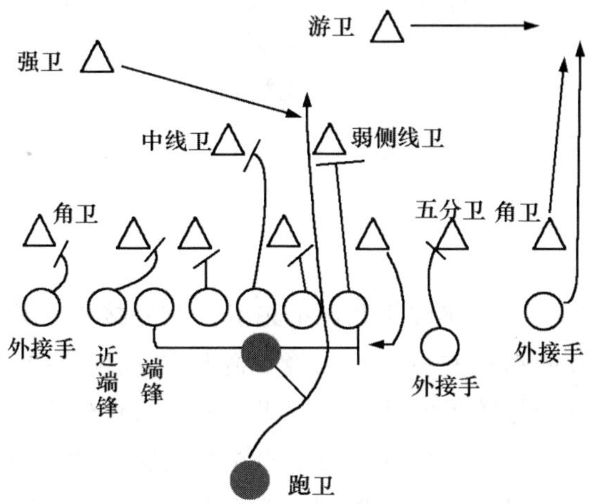

图 6－25 实例四

（五）实例五

单跑卫三外接手阵形，采用佯冲实传战术。两名外接手位于阵形的左侧，一名在阵形的右侧，近端锋在阵形的右侧（如图 6－26 所示）。为了对付 3 名外接手，防守方用五分卫替换了强侧（左侧）线卫。右侧的外接手吸引一名角卫和一名中卫，左侧的外接手吸引一名角卫和另一名中卫，第三名外接手吸引五分卫和一名线卫，中线卫负责防守跑卫。

进攻开始，四分卫佯装将球交给跑卫进行冲球进攻，实际上球仍藏在自己手中。如果防守方上当受骗，线卫和中卫会向启球线移动来阻截跑卫，这就使角卫必须一对一防守外接手。一般好的外接手可以比较容易摆脱一对一防守，四分卫就能将球传给位置最佳的外接手。如果防守方没有上当，每名外接手仍然各被两名队员防守，跑卫就可以空手跑动到防守外接手的弱侧线卫空出来的区域，四分卫将球传给跑卫。跑卫只要避开中线卫的拦截，就有可能达阵得分。

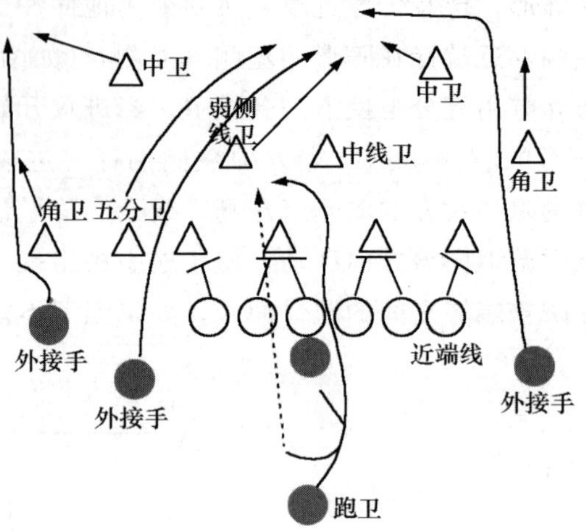

图 6－26　实例五

（六）实例六

这种进攻阵形与实例四非常相似，单跑卫，三外接手，其中两名外接手在阵形的右侧，另一名在阵形的左侧，近端锋在阵形的右侧（如图 6－27 所示）。不同的是四分卫采用霰弹枪阵形的站位，摆明是要进行传球进攻。防守方采用两分防守阵形。当进攻开始后，左侧的外接手向左侧纵深跑动，吸引角卫和中卫，使左侧靠近启球线的区域露出空当。跑卫跑动到该区域，吸引防守方的一名线卫。右侧一名外接手向防守方纵深区域跑动，吸引另一名中卫。因为两名中卫分别向

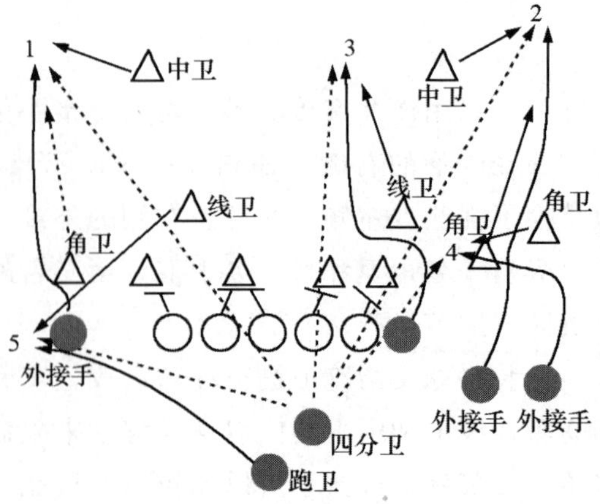

图 6－27　实例六

场地两侧移动，场地中部出现空当，成为近端锋跑位区域。防守近端锋的是一名线卫，通常没有近端锋高大，一对一防守近端锋比较困难。最右侧的外接手向靠近启球线的区域活动，吸引第三位角卫。在这个阵形中，四分卫有 5 个传球点，他会先观察两名纵深外接手和近端锋，如果都被盯死，四分卫就会将球传给启球线附近的第三名外接手或半卫。

(七) 实例七

这个阵形是双近端锋、单跑卫阵形。两名外接手一左一右，跑卫带球从对方的左侧防守端锋外侧空当冲锋。这个进攻战术又被称为拉开战术。当进攻开始后，两名近端锋负责阻挡两名防守端锋，其余进攻队员按图 6-28 所示一一阻挡对方防守队员。两名外接手负责阻挡两名角卫，其中，右侧外接手的成功阻挡尤其重要，他一旦阻挡不成功，角卫就有机会拦截持球的跑卫。右侧外接手还可以佯装跑动到场地纵深处接球，吸引角卫，这样跑卫冲球成功的机会就更大了。这个阵形的特点是跑卫在拿球以后，可以根据进攻内锋和近端锋的阻挡情况选择冲球进攻的通道。另外，这个阵形四分卫也可以传球，造成致命的一击。

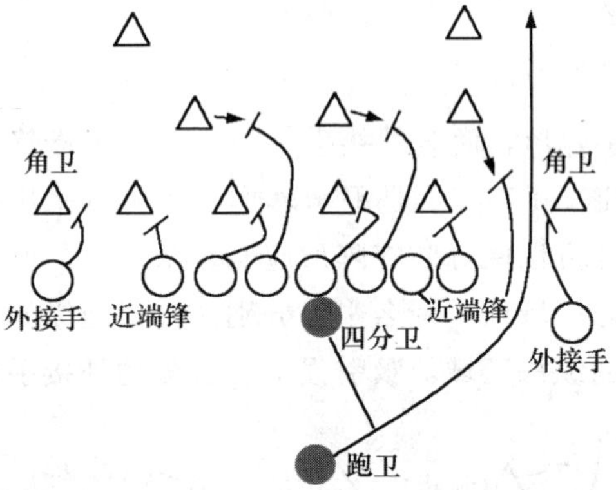

图 6-28 实例七

(八) 实例八

这个战术是印第安纳波利斯小马队在 2003 年常规赛迎战新奥尔良圣徒队时使用的（如图 6-29 所示）。当时小马队在己方 24 码处进行一攻，在此之前小马队用了几次拉开冲球战术，比较成功，所以当圣徒队再次看到这个阵形，认为又是冲球战术。当进攻开始后，小马四分卫曼宁佯装将球交给跑卫。防守方 3 名线卫都向本方左侧移动，力图拦截跑卫。一名中卫也向前移动，但曼宁实际将球留在了自己手中。此时，左侧外接手快速冲向圣徒队后防纵深地带，吸引盯防他的角卫和另一名中卫也跟着跑向己方右侧的纵深地带。小马队的右侧外接手同时横向跨过防守方的中场区域，冲到圣徒队右侧刚刚露出的空当，接住四分卫传球，长驱直入 76 码达阵得分。盯防他的角卫因为是被动跟踪，难以瞬间了解传球意图，未能有效防守。这是一个经典的佯冲实传的战例。

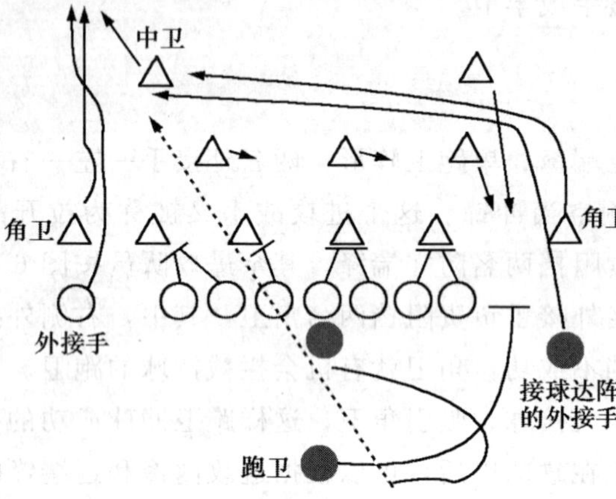

图 6-29 实例八

（九）实例九

进攻方采用弱 I 字阵形，两名外接手一左一右，近端锋在阵形的左侧（如图 6-30 所示）。我们知道，I 字阵形是平衡阵形，既可以采用冲球战术，也可以采用传球战术，所以防守方以两分防守阵形应对。防守方的两名角卫和 3 名线卫都后退到自己的约定防守区域内，两名中卫分别防守场地纵深的一半。进攻方的近端锋跑动至场地左侧的纵深区域，吸引强卫。右侧的外接手从对方的线卫和中卫

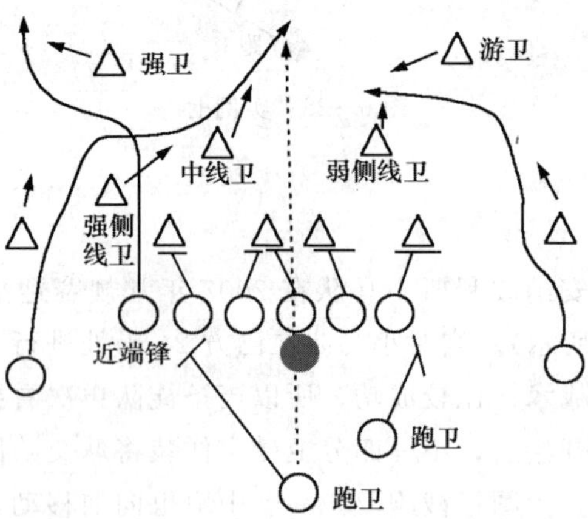

图 6-30 实例九

防守区域的交界处横穿，因为弱侧线卫难以防守在身后横穿的外接手，游卫被迫上前补位，这样就露出自己身后的纵深地带。左侧外接手先假装横穿线卫的防守区域，再突然变向冲向游卫身后露出的空当，中线卫被迫跟踪该外接手一起跑向纵深。结果是防守方的两分防守阵形变成了三分防守阵形。因为中线卫的速度通常与外接手相比差距太大，四分卫可以轻松传球给该外接手达阵。

这个战术成功的关键是保护四分卫，因为外接手跑位过程较长，如果进攻内锋保护不得力，四分卫很容易在球未被传出之前就被擒杀，因此，全卫和半卫都要参与保护四分卫。

第二节　美式橄榄球的防守组战术训练

橄榄球比赛中有一句名言：进攻赢票房，防守赢冠军。人们看橄榄球比赛往往首先注意的是进攻。强力的冲球、流畅的跑位、精准的长传、巧妙的达阵，都给人极度刺激，而防守就不那么容易受关注。但对于一支橄榄球队来说，进攻是矛，防守是盾，如果矛利而盾不坚，是不能赢得比赛胜利的。

历史上凭防守而取得优异战绩的球队不在少数，最著名的是 20 世纪 70 年代的匹兹堡钢人队，它以坚固的防守 6 年里夺得 4 座超级碗，建立了辉煌的钢人队王朝，它的防守有一个雅号——“钢幕”。1985 赛季的芝加哥熊队、2000 赛季的巴尔的摩乌鸦队和 2002 赛季的坦帕湾海盗队都是靠极具攻击性的防守赢得了超级碗。这些球队防守的精彩程度完全不亚于进攻，其强劲的袭帅、迅猛的擒杀、断球后快速的反攻达阵，同样给人以力与美的享受。

通常，防守首先要阻止对方推进，使其不能在 4 次进攻阵列中前进 10 码；其次要尽量使对方出现失误，比如冲球中丢球、传球时被断球等；最后防守方在夺到对方的失球或者反截对方传球后，要争取冲入对手端区达阵得分。还有一种是通过凶猛的防守以安防得分。总体来说，防守虽然需要根据进攻方态势来变化，但同样可以具有攻击性，甚至在比赛中起决定作用。

一、防守基本阵形

由于橄榄球比赛中进攻方的阵形变化繁多，因此为了有效地应对，防守方会根据不同的进攻阵形，采取相应的防守阵形。基本防守阵形包括 4－3、3－4、4－4和 5－2 阵形等。

（一）4－3 阵形

4－3 阵形对防守冲球和传球进攻十分有效。这种阵形没有明显的弱点，同时教练员还可以很方便地根据场上情况加以变化，因而成为最广泛采用的防守阵形。4－3 阵形中球员的排列位置如图 6－31 所示。

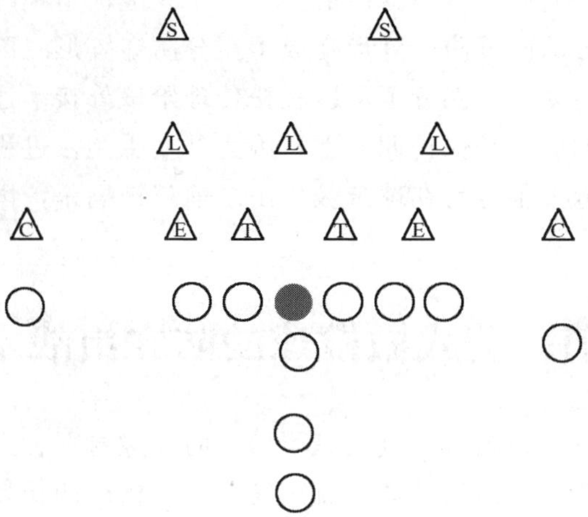

图 6－31　4－3 阵形

圆圈表示攻方队员，三角表示守方队员，黑圈为进攻中锋（下同）。4－3 阵形中的 4 就是指站在第一线的防守队员中的两名截锋和两名端锋（图 6－31 中的 E、T、T、E）。中间两名为防守截锋（简称 DT，图 6－31 中的 T）。两边是防守端锋（简称 DE，图 6－31 中的 E）。这 4 人统称为防守前锋，形成的那条线称为防守线，直接与对方的进攻内锋对峙。

前面在介绍进攻阵形时提到进攻内锋有 5 个人，加上近端锋可以达到 6～7 人。然而规则对进攻队员限制较多，如只能挡和推，而对防守队员的限制则较少，所以 4 个人的防守线对付人数多过自己的进攻线并不吃亏，而且还经常能穿透进攻线的阻挡。

这 4 名防守前锋通常膀大腰圆，在对方采用传球战术时，会在开球的一刹那全速冲向对方的四分卫，力图将其在第一时间放倒。当对方采用冲球战术时，他们要堵截住中路，不让跑卫通过，甚至直接冲破进攻线而将跑卫擒抱在进攻方的后场。

在防守线后几码的地方站着 3 名线卫（简称 LB，图 6－31 中的 L），他们就是 4－3 防守中的 3，与防守前锋组成前方 7 人组。线卫这个位置十分重要，他们站位靠后，活动空间较大，负责阻截对方的跑卫和在启球线附近活动的外接手，并且参与冲击四分卫，处于进可攻、退可守的位置。职业橄榄球一般对线卫的身体素质要求较高，他们不但要强壮结实，而且还要速度快，身形灵活，否则不能防住快速敏捷的外接手和跑卫，也不能在冲击四分卫时飞速冲过对手的堵截，尤其中间的线卫把守咽喉要道，他的判断和技术更加重要。

防守阵形中站在场地两边的是角卫（简称 CB，图 6－31 中的 C），他们和两名中卫（图 6－31 中的 S）组成第二道防守线。角卫的工作就是一对一盯死对方的外接手，不让他们得球，所以必须速度快，爆发力强，在跑动中变向迅速。

和角卫共同担当起后场防守重任的是两名中卫（图 6－31 中的 S），他们是场上的安全铁闸，填补一切可能出现的漏洞。两名中卫通常分为强卫（简称 SS）和游卫（简称 FS）。强卫一般位置比游卫稍靠前，负责线卫身后的中路防守，作用比较像一个更靠后、活动范围更大的线卫。游卫更接近角卫，对速度和跑动中变向的能力要求略为低一些，但是对视野和判断能力的要求较高。

角卫和中卫统称第二梯队或者后卫，经常与线卫互相配合。和篮球类似，他们的防守战术也分为盯人防守和区域防守。在盯人防守中，每名队员都有自己要盯防的对象，而区域防守是每个人负责一块自留地，不让对手在其间得逞。球队根据不同的形势和目的制定不同的防守战术。

4－3 防守阵形变化多样，唯一的不足之处是过分依赖中间的线卫来防守对方的跑卫。如果这个位置的队员发挥不佳，那么对冲球战术的防守会成为薄弱环节。

4－3 阵形有几个常见变种，其中一个是偏 4－3 阵形，包括强强偏 4－3 阵形和强弱偏 4－3 阵形两种。强强偏 4－3 阵形实际上就是在一侧囤积重兵抵御攻方的重点进攻。具体阵形如图 6－32 所示：两名防守端锋对垒两名进攻截锋，两名防守截锋对垒攻方中锋以及强侧（进攻方右侧的）进攻护锋；一名外线卫（强侧线卫）站在启球线的外端应付近端锋，另一名外线卫站在防线后攻方弱侧进攻截锋的外侧，中线卫站在防线后正对攻方弱侧进攻截锋和护锋中间的位置。偏 4－3 阵形是为了有效抗衡攻方在攻防线某一侧的强势地位。

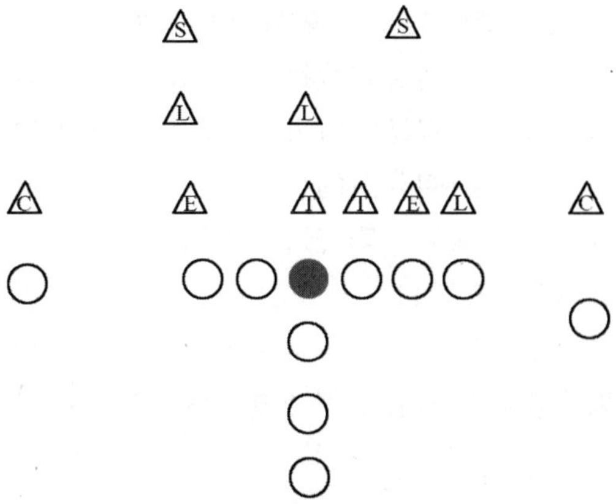

图 6－32　强强 4－3 阵形

与强强相抗不同，强弱偏 4－3 阵形的目的是避实就虚，集中优势兵力打歼灭战，即用防守的强侧对付进攻的弱侧，从而轻而易举地瓦解对方锋线，造成对四分卫的瞬间巨大压力。从强强到强弱的转化非常简单，如图 6－33 所示，将图 6－32 中的右侧防守截锋移到左侧，使两名防守截锋面对攻方弱侧进攻护锋和中锋的局面，中间线卫位置右移一步弥补防守截锋走后的空缺，改为面对攻方强侧进攻截锋和端锋之间的空隙。由于转变简单迅速，因此往往可以给进攻方来个措手不及。

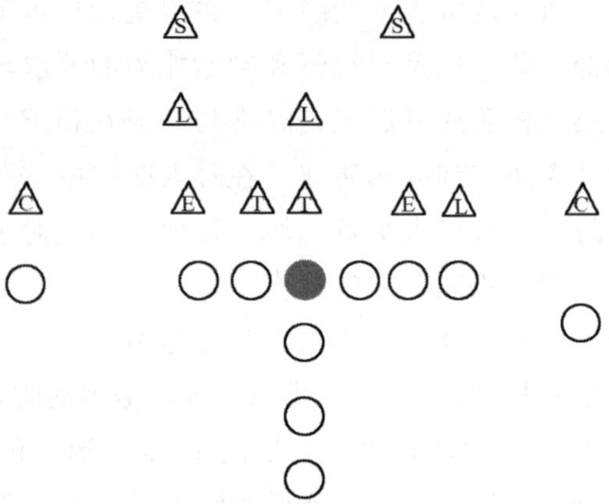

图 6－33　强弱 4－3 阵形

偏 4－3 阵形的实施也有风险，在强强阵形中如果进攻方突然改换进攻重点，防守重点必须立即跟着调整，否则攻方将长驱直入。在强弱阵形中，如果进攻方遏制住了防守的强侧冲击，那么防守弱侧将有较大漏洞，而且后方很可能告急，因此对后方队员有很高的要求。

4－3 阵形的另一个常用变种是 6－1 防守阵形。如图 6－34 所示，6－1 阵形中两名侧线卫都站在攻防线上，起到防守端锋的作用。这样攻防线上人数众多，防守漏洞小，对进攻方压力较大，不容易给对方从中间跑动进攻的机会，而且在对方传球进攻的时候也很容易突破保护四分卫的口袋，同时因为接触线变长，对方的跑卫或者跑动能力强的四分卫也很难从两侧绕过去。两名中卫和两名角卫一般采用类似“两分防守法”的战术，就是角卫和线卫一起负责楚河汉界后面的区域防守，中卫则将其身后的纵深区域分成两半，每人负责保护一半。6－1 阵形的缺点是攻防线后面只有一名线卫，如果进攻队员偷偷溜到守方一线队员身后向边线跑动，就很容易扯出传球空当。

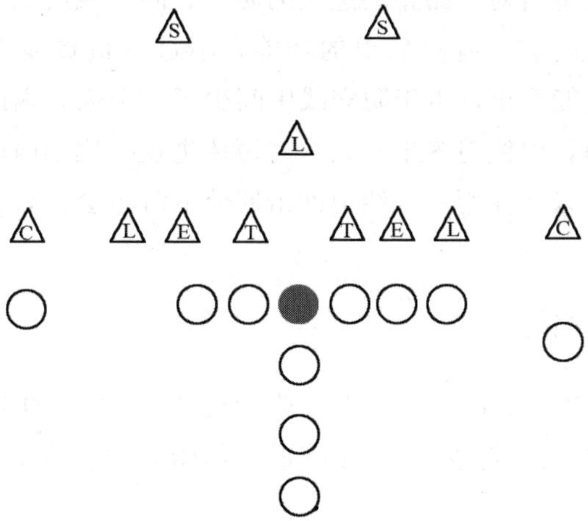

图 6-34　6-1 阵形

(二) 3-4 阵形

20 世纪 70 年代匹兹堡钢人队号称“钢幕”的防守阵形就是 3-4 阵形。最初是由俄克拉何马大学的威尔肯森在 20 世纪 40 年代末创造出来的，后来被钢人队发扬光大。其基本阵形如图 6-35 所示。

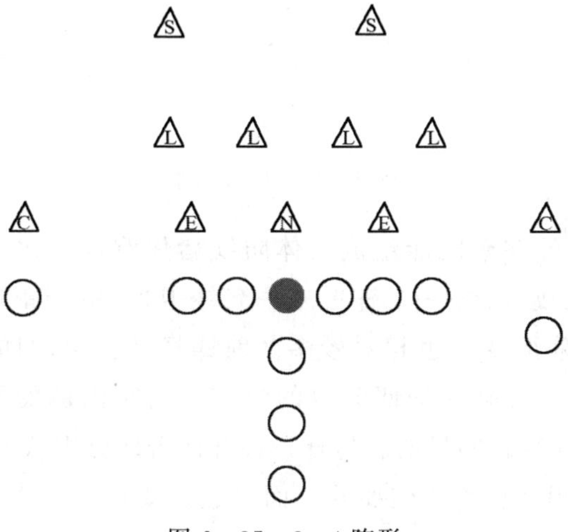

图 6-35　3-4 阵形

顾名思义，3-4 阵形有 3 名防守前锋和 4 名线卫。防守线上站在中间的防守截锋一般叫作防守尖锋（简称 NT，图 6-35 中的 N），他就像人的鼻子一样顶在最前面，单枪匹马地对付内线的数名大块头。防守尖锋的旁边一般是两名防守端锋，职责与 4-3 阵形差不多，负责向四分卫施压。根据情况的不同，有时候防守端锋会换成防守截锋，协助进行对中路跑动进攻的防守。防守线后面是4名线卫，有时候其中一人会参与区域防守，有点后卫的功能，不过只负责靠近攻防线的地区。从3－4阵形的排列上就能看出，由于防守线中间少了一个人，因此对中央突破的跑动进攻防守就比较吃力，但线卫多出一人，对短传进攻（比如西岸进攻）的防守得到大大加强。另外，可以在使用一名线卫冲击四分卫时不会出现大的空当，所以3－4阵形更偏重传球防守。

（三）4－4阵形

在4－3阵形的基础上加一名线卫，或者在3－4阵形的基础上加一名防守截锋，同时去掉一名中卫，就成了4－4阵形，如图6－36所示。

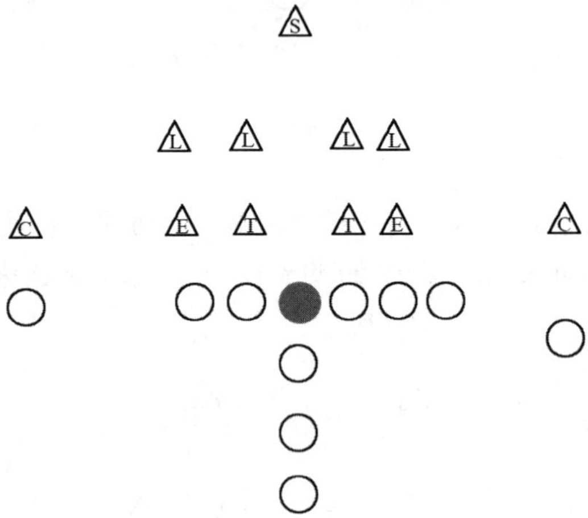

图6－36　4－4阵形

4－4阵形的好处在于既能组成人体防线堵住跑动（比3－4阵形多一名前锋），又能防短传进攻（比4－3阵形多一名线卫）。由于距攻防线的人数较多，因此在这个区域里阵形变化也相对较多。前锋经常会沿攻防线横向移动，采用“田忌赛马”的战术来突破保护四分卫的口袋，同时内侧的两名线卫反向移动，以迷惑进攻线，达到突袭的目的。另外，各种冲击四分卫战术也层出不穷。使用4－4阵形时要求前沿的前锋不但要壮，而且速度要快，耐力要好。与4－3阵形相比，两名外侧的线卫站位更靠外，活动范围更大。

（四）5－2阵形

如图6－37所示，5－2阵形有5名防守前锋。除了防守截锋和防守端锋各两名外，在中间加了一名防守尖锋（图6－37中的N，简称NT），同时线卫减少到两名。从它有5个大块头挤在火线上就能看出这种阵形是以防冲球进攻为主，尤其是内线的3个人，对方很难在此杀开一条血路。防守端锋的主要任务在前面的阵形里都是杀向四分卫，在5－2阵形里却是不让对方的跑卫从两侧绕过去，逼迫他们暴露在己方强大的中路火力下。不过有时候当对手企图短传时，防守端锋也会被分配去防守靠近攻防线的边线区域。两名线卫和前锋一样，首先要防止对方冲球，其次才是对付传球。

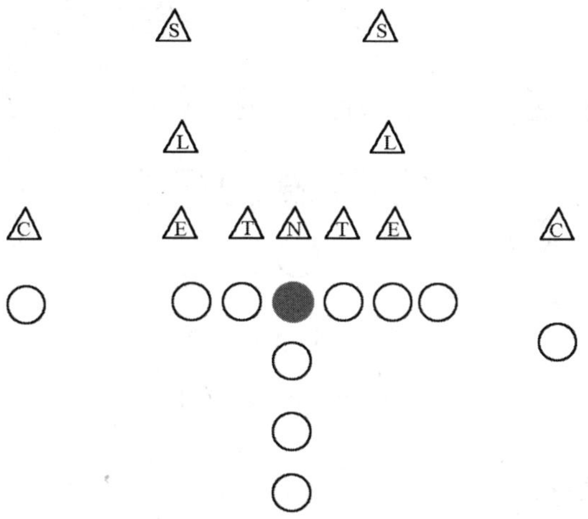

图6－37　5－2阵形

5－2阵形这种兵力配置前重后轻，基本思想是御敌于国门之外，前锋和线卫是防守的中坚，如果让对手冲过他们组成的第一道防线，对方很可能取得可观的码数。5－2阵列菜的一个变种是5－3阵形，就是去掉一名中卫，增加一名线卫，进一步加强跑动防守。

二、防守特殊阵形

许多球队拥有优秀的四分卫和数名优秀外接手，所以经常会派出3名外接手上场。与防守方的线卫和中卫相比，进攻方的外接手通常速度更快，更灵活，很难盯防，所以一些特殊防守阵形就应运而生，常见的有Nickel阵形和Dime阵形。同时为了更快突破进攻方对四分卫的保护圈，防守方也常常采用闪击四分卫战术。

（一）Nickel阵形

Nickel阵形通常是用来防守进攻方3名外接手的一种阵形。如图6－38所示，Nickel阵形里有5名后卫（3名角卫，两名中卫），多出来的一人叫五分卫

(简称 NB，图 6－38 中的 N)，专门负责盯防对方的第 3 名外接手。同时阵形里少了一名线卫。Nickel 在美国英语里指五分钱的硬币，因为后卫有 5 个人，所以就叫作 Nickel 防守阵形。这种阵形注重防传球。

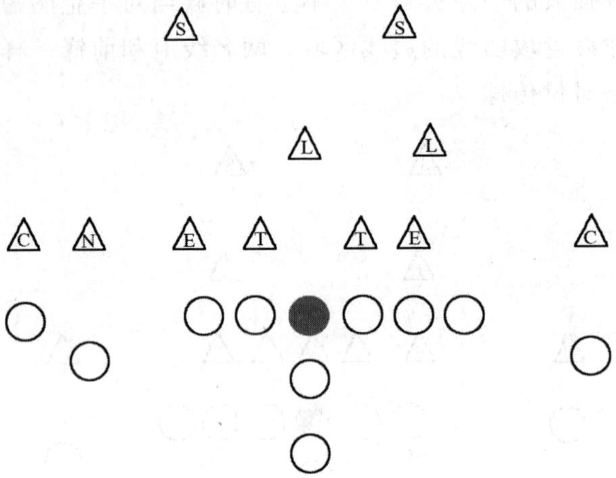

图 6－38　Nickel 阵形

(二) Dime 阵形

在美国的货币系统里，五分硬币再往上就是一毛钱的硬币，叫作 Dime。在 Nickel 阵形中再多加一名后卫就成为 Dime 阵形，这个多出来的人叫十分卫（下图 6－39 中的 D)。Dime 阵形是在对手使用 4 名接球手进攻时使用，在一般情况下使用不多。

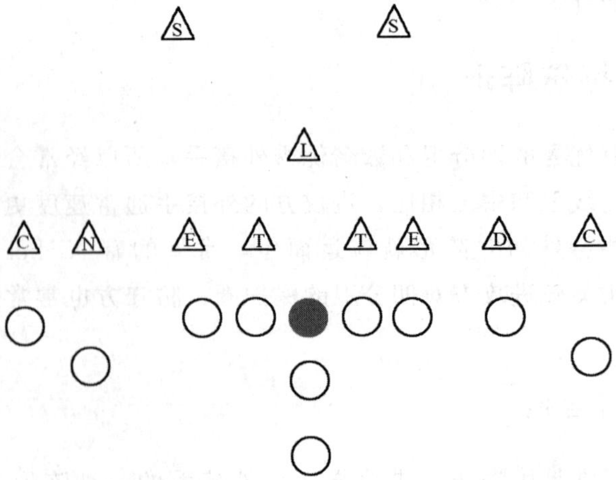

图 6－39　Dime 阵形

上述 6 种阵形是基础防守阵形，但还有一些变阵，如当进攻方在 3 次进攻后还差 1 码就推进 10 码时，会选择第 4 次进攻而不是弃踢，因为冲球战术的成功率高于传球战术，所以进攻方在多数情况下会采取冲球战术，这时防守方就会派上 6 名防守前锋外加 2 名线卫进行封堵，若启球位置已经到本方端区线附近时，防守方甚至会再加两名线卫封堵。

（三）闪击四分卫战术

防守方经常使用一种“非常规”的手段袭击四分卫，简称闪击四分卫。这种战术就是使用数目超过进攻锋线的队员冲击四分卫，通常是线卫或角卫在攻方启球瞬间立即按照一定路线全速冲向四分卫，向他施加强大压力。在一般情况下，5 名进攻内锋应付 4 名防守前锋还能勉强保护四分卫一段时间，如果再冲上来一个，确实非常难应付，而且闪击四分卫的队员因为是从后面冲上来，有加速起动的空间，所以冲量很大，容易冲破四分卫的保护口袋。

闪击四分卫通常分为角卫闪击和中卫闪击。有时闪击四分卫的队员可以多达 3 人。闪击四分卫者离开其防守区域，可能会出现暂时的空当，如果闪击四分卫者被阻住，反应快的四分卫也可能对其漏出的空当给予致命一击。擅长闪击四分卫的球队如费城老鹰队都有非常复杂的防守体系，它们一般还有很出色的角卫来一对一防住外接手，从而腾出队员闪击四分卫。现在闪击四分卫战术已经不局限于针对四分卫，还可以在防守冲球战术中针对持球跑卫。

所谓“水无常形，兵无常势”，防守总是根据进攻阵形和战术的变化而改变，同时还要采取各种手段迷惑进攻方，诱其落入自己的防守圈套。攻防之间的斗智斗勇正是橄榄球引人入胜的地方。

第三节　美式橄榄球的特勤组战术训练

特勤组是指参与开球、弃踢、踢点球和踢附加分的球员，可以分为两种情况：一是争取得分，如踢点球和附加分；二是攻防转换，包括弃踢和开球。

据统计，橄榄球比赛中大约有 18％的攻防涉及特勤组，其他的是由进攻组和防守组负责的阵列攻防。尽管特勤组出场较少，但对比赛影响重大，要么导致一方得分，要么决定始攻位置。一般认为，特勤组在整个橄榄球比赛中的重要程度与进攻组和防守组相当。

特勤组其实是一个总称。特勤组球员并不是在所有特勤场合都同时上场。一般来说，开球、弃踢和弃踢回冲是单独的一组，开球回冲是一组，踢点球和踢附加分是一组，防守对方踢点球和踢附加分时又是一组，所以特勤组实际上是 4 组球员的合称。当然，有可能一名球员在几个场合都出现，但这 4 组球员的构成基本上是不同的。

当一方达阵后尝试附加 2 分时，虽然一般也认为属于特勤组攻防，但是实际上双方派出的是进攻组和防守组球员，因此不在本节的讨论范围内。

特勤组成员有许多都是打不上主力的进攻组或者防守组成员，不过也有些球员因为具有突出的特勤组技巧而成为特勤组的专家，比如回冲手等。还有一些担任专门位置的球员，如踢球手、弃踢手和长传手等，这些球员只参加特勤组的攻防。

一、开球

上下半场比赛开始和在一方得分后，都要重新开球。开球决定了首攻位置，非常重要。在正常情况下，开球位置是从开球方的 30 码处开出，但有时前一次攻防的犯规被处罚在开球时执行，那么开球的位置就会算上罚球的码数。球所在的码线称为开球方的限制线，从限制线向前 10 码的码线为回冲方的限制线。在球踢出之前，除了开球方的开球手，以及扶球手（如果有的话）之外，任何球员越过本方的限制线即为越位犯规。

开球方必须用踢点球或者踢反弹球的方式开球，实际比赛中已经没有踢反弹球的情况了。开球手可以用一个 1 英寸高的支架固定竖立的球。如果风太大，球支不住的话，可让一名队友用手指将竖着的球按稳在地上，让开球手来踢。

开球一般由踢球手担任，主要策略就是尽可能地将球踢到对方阵地 20 码线内，越靠近端区越好，但不要进端区，球停止的地方就是回冲方开始进攻的首攻线。但如果球进端区而对方没有拿球回攻的话，那么就是触回，回冲方将从 20 码线开始进攻。在很多情况下回冲方都会拿球回冲，这时候开球方就要尽快地将回冲球员拦截，被拦截的位置就是回冲方的始攻位置。

开球也有许多策略。如果对方的回冲手是右撇子，那么开球手就会将球踢到回冲手的左手侧，这样回冲手被迫从左路突破，他为了避免被（从右边）冲击，只能用自己不习惯的左手来控球。

有时在比赛还剩数秒钟结束、开球方在领先的情况下，会采用踢地滚球的战术。规则规定，开球后只有球碰到地面或者球员时，比赛时钟才开始走时，踢地滚球可以让时钟立刻走动，多消耗一些时间。同时，这样的踢法使得球在地面上做不规则反弹，对方难以判断球的运动轨迹，很难有机会设置好一个精巧的回冲战术，这样也就失去得到一个长距离回冲的机会。它的缺点是踢出的球不会太远，对方容易获得有利始攻位置。但在比赛最后几秒钟而领先时，尽可能地消耗时间以及防止对方回冲达阵应该是开球方优先考虑的。

与上面的情况相反，如果在开球方落后、比赛时间也所剩不多时，开球方希望继续控球进攻，就可以尝试一种叫作赌博踢的战术。这种战术的依据来自开球规则，即只要球到达回冲方的限制线，那么任何一方都可以抢球，谁最后抢到球，控球权就交给这一方。赌博踢可以说是橄榄球中很激动有趣的场面，双方所有球员拥成一团争抢在地上乱滚的橄榄球，头盔互相撞击，泥土草皮飞扬，究竟谁能够拿到球，全凭运气，这也是“赌博踢”这个名字的来历。赌博踢有许多方法，比较常见的是开球方集中 8～9 名球员站在开球手的某一侧，然后开球手向该侧踢出翻滚球，本方一侧的球员一拥而上，希望能够将球夺回来。在一般情况下，双方派上的球员都是经常抓球的好手，如跑卫、防守后卫、外接手等，就是希望他们能够在混乱之中牢牢地抓住球，抢得控球权。

开球手在开球时需要注意以下规则：

（1）开球后，球必须前进 10 码以上，踢球方才能触球，否则必须等对方先触球。如果球没能前进 10 码，开球方将被罚退 5 码，然后重踢。但是，如果是在下半场比赛时间少于 5 分钟时，不重踢，这是为了不给开球队在最后时刻再获一次赌博踢的机会。

（2）不能将球踢出边线。如果开球手不慎将球踢出边线，那么按照规则，回冲方有两个选择位置开始首攻：在距开球方限制线 30 码处，或者球出界处的码线。回攻方自然会选择对本方有利的位置。2004 年超级碗的最后关头，黑豹队开球出界，给了对手爱国者队一个非常好的首攻位置，结果爱国者队点球制胜。黑豹队特勤组的失误使该队夺冠希望破灭。

二、开球回冲

开球回冲方的目的是接住开球方开出的球，然后尽可能地向前推进。一次好的开球回冲能够为本队创造非常好的始攻位置，有时甚至可以直接回冲达阵得分。

回冲方的 11 名球员一般排成 5－4－2 阵形。在对方 40～50 码线处，5 名前锋排成直线，分别为中锋，左、右护锋，左、右截锋（和进攻内锋命名一致）。在本方 25～35 码处有 4 名楔卫，其中两名拖后，如果是前后站位，那么后面的是回冲手，前面的是保护手；如果是平行站位，那么两人都是开球回冲手，没有接到球的那个将自动成为保护手。

前锋和楔卫的主要职能都是阻护，但是他们的阻护方式略有不同。前锋一般体形比较小，速度比较快，他们具备在空旷的场地上进行阻护的能力；而楔卫则一般块头比较大，他们将在回冲手拿到球之后，在回冲手身前形成一个楔形的第二层保护。保护手则和跑动进攻中的全卫那样，在前面为回冲手开路，并且负责阻挡任何一名躲开前两拨阻护而冲到回冲手面前的对方球员。

一次成功的回冲需要回冲方全体球员非常精巧的配合。前锋和楔卫要算准他们阻挡对方冲击球员的时机，如果准确，他们恰到时机的阻挡足以给回冲手在场上开出一条空旷的通道，让回冲手长驱直入直接达阵得分。回冲手就像半卫那样，必须拥有闪开任何一名防守队员的能力。他们也要具有敏锐的观察力，一旦发现队友的阻挡为自己开出了一条通道，就必须马上起动，因为这样的通道稍纵即逝。

回冲手还要具有准确的判断力，如果对方的开球将飞进本方的端区，回冲手就要迅速做出判断，是进行回冲，还是接住球后屈膝跪地形成触回。后者保证了 20 码处的始攻位置。如果回冲手决定进行回冲，必是希望能够冲出 20 码以上，如果他在 20 码线以内被对方拦截成功，那他就做了一个错误的选择。

三、弃踢和弃踢回冲

弃踢就是弃踢方放弃控球权，将球踢给对方，由对方（回冲方）拿球进行回冲以决定始攻位置。

弃踢发生在本队 3 次进攻没有超过 10 码，只好在第 4 攻将球踢给对方。弃踢是一种放弃进攻权的消极策略，但也是一种低风险的策略，因为弃踢的结果至少可以使对方从较远的地方开始首攻。如果不弃踢，尝试第 4 次进攻仍然不能前进 10 码的话，对方就从 4 攻结束时的死球位置开始进攻，这样很可能是在己方场地，很容易失分。

在橄榄球比赛中，始攻位置的重要性并不低于控球权。弃踢正是争夺始攻位置的较量。

弃踢和开球类似，都是将球用踢的方式交给对方进行回冲，以决定始攻位置，但是弃踢和开球在规则上有许多不同，主要有以下几点：

（1）弃踢属于阵列踢球，踢球方的阵形必须遵循阵列攻防的规则，如锋线不少于 7 人、只有 1 人可以移动等。开球则没有这些限制，踢球方球员在开球时可以一起向前跑动。

（2）弃踢时，一旦球明显地越过启球线，控球权就自动归回冲方。回冲方碰球之前，弃踢方不能触球，否则进入死球局面，由回冲方控球。而在开球时，只要球前进了 10 码，双方都可以将球抢回来。

（3）弃踢时，如果球踢出边线，那么回冲方将在球出线的位置的界内线处开始进攻，而开球时球踢出边线将是犯规，会受到处罚。

（4）弃踢只能使用凌空踢球，就像足球守门员开大脚一样，将球用双手握在身体前方，然后松手，球自然下落，在球落地前用脚将球踢出去。开球则一般使用踢点球方式。

阵列踢球有以下一些和普通阵列攻防不同的地方（也适用于踢点球）：

（1）如果踢出的球没有越过启球线，那么双方都可以抢到控球权并且推进。

（2）如果踢出的球越过了启球线，那么只有回冲方可以控球并且推进。踢球方如果先触到了球，那么自动死球，下次进攻由回冲方从该位置始攻。

（3）如果在（2）的情况下，回冲方先碰到了球但并没有控制住，踢球方可以抢到控球权并且推进。

（4）如果球在启球线附近被回冲方挡到，但仍然越过了启球线时，与（2）一样，只有回冲方可以控球并且推进。

（5）踢球方只有两名端锋是合法接球手。

注意：开球队员是踢球手，他与弃踢手通常是不同的队员，因为踢凌空球和踢点球的技术要求有很大不同。在一般情况下，踢球手还负责开球。

在弃踢时，双方都会排出特殊的阵形。图 6－40 就是一个典型的弃踢阵形，下方是弃踢方，上方是回冲方。

弃踢方的阵形在锋线位置上和普通阵形一样，两边是两名端锋，而中间是 5 名进攻内锋（中锋，左、右护锋和左、右截锋）。两名截锋外侧略靠后的两名球员被称为侧卫。后场有两名球员，弃踢手一般站在最后，在中锋正后方 15～16 码处，另外一名球员站在启球线之后约 5 码处，略偏向一侧，为保护手。

在弃踢过程中，前锋和侧卫的主要职责是阻挡对方的“袭帅”，它与传球进攻中保护四分卫差不多。中锋要负责启球。弃踢时，弃踢手比一般阵列攻防中的四分卫站得离启球线远得多，中锋必须采用两手搓球的方法进行启球。大部分球队都有一名球员专门负责进行搓球，这名球员被称为长传手。一次好的搓球是弃踢成功的保证。长传手的传球应该直奔弃踢手的胸口，但实际传球也可能不准，甚至会落地反弹，此时无论如何弃踢手都必须将球拿住，然后迅速调整姿势，将球凌空踢出去。如果长传手无法准确地将球搓到弃踢手的手中，那么后果可能是灾难性的。

X 端锋的主要职责是在长传手启球开始后冲到回冲方阵地内阻击弃踢回冲手，也就是图 6－40 阵形中回冲方最后面的一名球员。规则规定，在球踢出前，弃踢方只有端锋可以越过启球线，其他球员只能在本方启球线之后进行阻挡。另外，端锋也是弃踢方仅有的两名合法接球手。记住，弃踢方排出弃踢阵形不一定就会弃踢。有时长传手将球搓给弃踢手或者保护手，由他发动进攻，比如传球给端锋。尽管这样的战术并不多见，但回冲方必须防备这种情况发生。保护手是作为弃踢手的最后一名保护球员，还要负责在每次弃踢之前喊出进攻计划——如同四分卫一样。当然，大部分情况只是迷惑对方而已，因为大部分时候都是真的弃踢。但是，如果弃踢方打算采用“佯装弃踢”战术的话，保护手就是负责喊出指令的球员。

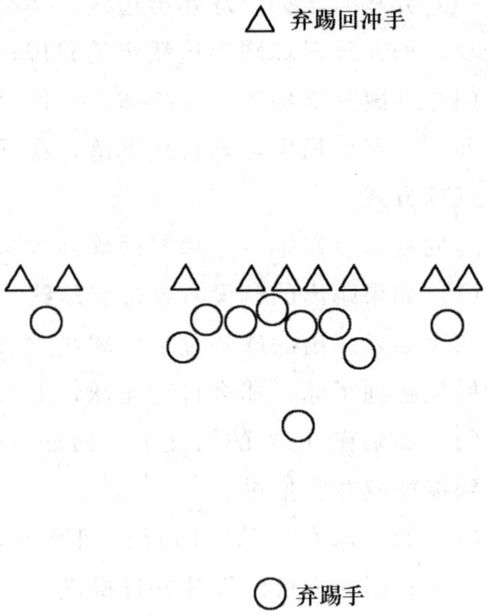

图 6-40　弃踢阵形

如果弃踢手无法干净利落地抓住长传手的启球，或者弃踢被对方挡住，这是非常糟糕的事情，因为弃踢一般都是在第 4 次进攻时进行，此时如果不能将球踢过启球线，即使这次进攻中弃踢方拿回了球，也必须将控球权交给对方，这样和成功的弃踢相比，对方的始攻位置一般会多前进 40～50 码。由此可见，弃踢一旦失败，后果是非常严重的。在现代橄榄球比赛中，一支球队平均每场只有四五次弃踢机会，要求弃踢手每次弃踢都能够顺利地踢出去的压力是非常大的。

弃踢的原则是尽量又高又远。球如果踢得很高，那么滞空时间较长，本队球员就有充足的时间冲到回冲手附近，阻止其推进。如果球踢得很远，回冲手的起始位置就靠后了许多，不太容易推进到非常好的始攻位置。一个理想的弃踢是：超过 4 秒的滞空时间，然后球落在对方的 10 码以内。这样的弃踢使得回冲方接球后几乎无法进行回冲，只好接受非常糟糕的始攻位置。

对于回冲方来说，他们在启球开始前将有 10 名球员站在启球线上，只有回冲手一个人孤零零地站在后场，准备接弃踢过来的球。回冲方一般可以采取两种策略。一是比较激进的，派出大部分球员袭击对方的弃踢手，希望能够迫使其犯错误。这种策略的缺点是如果弃踢手仍然踢出一个不错的球，那么本队缺乏球员保护回冲手，一般不可能获得好的回冲。二是相对保守，大部分球员后退保护回冲手。这样一般对方弃踢手可以比较从容地踢球，但是回冲方由于有许多球员进行阻挡，可能会回冲一段不短的距离。总之，这两种方法各有利弊，需要根据实际情况进行权衡。

值得注意的是，规则对弃踢手有严格的保护。如果球踢出之后，袭帅球员触到了弃踢手，那么一般会是“触及踢球手”甚至“冲撞踢球手”犯规。前者是一个 5 码犯规，后者是一个 15 码犯规并且自动获得首攻。因此，袭帅球员一定要非常小心，在前冲阻挡弃踢时，不能碰到弃踢手。

对于弃踢回冲手来说，回冲的难度比开球回冲要大得多，因为踢凌空球很容易踢出滞空时间较长的球，这样等到弃踢回冲手有机会接球时，往往四周已经冲上对方球员了。弃踢回冲手在准备接球时，要迅速根据场上局势在三种选择中做出决断：

第一，如果对方球员还来不及靠近，或者本方球员的阻挡很成功，他可以选择接球后进行回冲，希望能够推进相当的码数。

第二，如果对方球员已经靠得比较近，估计很难进行回冲，他可以单手垂直上举，做出“无阻接球”的手势，表示要求对方球员不干扰他的接球，作为交换，他自动放弃推进的权力。一旦他接住球，比赛就自动进入死球状态，回冲方将在接球位置开始首攻。回冲手做出“无阻接球”的手势后，弃踢方不能干扰其接球，也不能对其进行身体冲撞，否则是“干扰无阻接球”犯规，将被罚 15 码。

第三，有时回冲手也可以选择不接球，而让球砸在地上，这时下次进攻的始攻位置将是球最终的停止位置，或者按对方球员触球的位置决定。如果球落在回冲方 10 码处，弃踢方球员又已经冲上来时，回冲手有时会选择不接球，希望球反弹到端区里成为触回，这样本队将在 20 码处开始进攻，而此时弃踢方球员将竭尽全力不让球滚入端区。规则规定，在这种情况下弃踢方如果能够将球停住，那么回冲方的始攻位置将在球停住的位置，也许离球门线只有几码的距离——那对回冲方来说将是非常糟糕的。

四、踢点球和踢附加分

从技术角度来讲，踢点球和踢附加分这两种踢球没有太大区别，只是距离长短不同。踢附加分可以认为是在特定位置踢点球。两者的区别主要体现在一些细微的规则差别上。

踢点球和弃踢一样属于阵列踢球，因此大部分适用于弃踢的规则，也适用于踢点球。踢点球的阵形也和弃踢时类似，只是弃踢手和保护手换成了踢球手和扶球手。扶球手蹲跪在长传手的后方 6～8 码处，与踢球手的惯用脚同侧，即在左撇子踢球手的左侧，或者在右撇子踢球手的右侧。长传手将球搓起后，扶球手接住球将球竖着按在地面上，然后踢球手一步助跑，用脚内侧踢球的下方，将球踢起来飞向球门。如果球在横梁上方和两条立柱之间的球门穿过，那么这个点球就有效。如果是踢点球，将得到 3 分；如果是踢附加分，则得 1 分。

由于踢点球是将球放在地上，不如弃踢时那样容易踢得很高，防守方可以派出几名弹跳力好的球员在球踢出后高高跳起试图挡住球。同样，与弃踢一样，防守方也可以派球员冲开踢球方前锋和侧卫的阻挡，冲到踢球手面前挡球。

扶球手一般是队中最擅长接长传球的球员，在大部分情况下都由弃踢手担任，但有时也会派出四分卫来担任这个位置，尤其是如果打算进行“佯装踢点球”战术的话。这种战术和“佯装弃踢”一样，也是排出踢球的阵形，实际上却执行普通的阵列攻防。

踢球手可以说是整个特勤组中最重要的球员，他将直接为球队得分。在许多实力非常接近的比赛中，往往都是最后一个点球决定胜负。在这种情况下，踢球手的压力非常大。如果成功，他就是英雄，就像维纳蒂埃利那样，两次靠点球为新英格兰爱国者队锁定两座超级碗；如果失败，那么他可能承受巨大责难。

踢球手的踢点球能力一般非常出色，45 码以内的球都有相当把握得分。点球的码数是这样计算的：首先，得分门线到端线是 10 码（记住球门是在端线上而不是得分线上）；其次，球踢出的位置一般是在启球线后面 7 码左右，这样，球踢出的位置到球门的位置就是启球线的位置加上 17 码，也就是说，如果启球位置在 20 码处，那么这就是一个大约 37 码距离的点球。

在踢点球时，如果球没有进门而是落入了端区，规则规定和弃踢时有所不同。在弃踢时，只要球进入端区就是触回，对方从 20 码处始攻。但是，在踢点球时，如果发生这种情况，那么对方将在球踢出的位置始攻。这个规则使得踢点球一方在尝试一个很远的点球之前要好好考虑一下，因为如果失败可能会给对方一个好的始攻位置。例如，如果在对方 40 码处踢一个 57 码左右的点球（球在 47 码处），这个距离一般难度较大，如果失败，对方将从 47 码处开始进攻，因此球队在这种情况下一般选择弃踢。

在踢附加分时，球的起始位置是在防守方 2 码处。如果球被挡住后被防守方得到，那么这个攻防就自动结束。在任何情况下，踢附加分时的防守方都不能得分。这个同样也适用于两分附加分尝试。但是在踢点球时，球被挡住并被防守方得到，防守方可以回冲，这与进攻方弃踢时的情况一样。

第七章　美式橄榄球的比赛规则

第一节　美式场地橄榄球比赛简明规则

一、基本目标

美式橄榄球比赛在两支队伍间举行，每支队伍最多 53 人。双方分别派出 11 名队员上场比赛，并可以随时更换场上部分或全部的球员。

拿到控球权的一方是进攻方，目标是尽可能将球向对方阵地推进，争取越过得分线进入对方端区得分。进攻的方法有两种，球员带球向前跑阵（冲球，Rushing）或将球向前抛传（传球，Passing）。防守方的目的则是尽可能阻止对方进攻得分，并迫使其丧失控球权。如果进攻一方得分成功或丧失控球权，双方队伍互换攻防，比赛就这样轮流攻防地进行下去，直到四节比赛时间结束。

二、场地

美式橄榄球的球场（如图 7－1 所示）常被昵称为“烤盘”（Gridiron），因为球场上标示线纵横的样式让球场看起来就像是一个可以帮助食物放在火炉上烧烤的铁丝架子。

NFL 和 NCAA 使用的标准球场是一个长 360 英尺（120 码或 109.7 米）、宽 160 英尺（53.33 码或 48.8 米）的长方形草坪（有些室内赛会使用仿草地毯），较长的边界称为边线（Sideline），较短的边界称为端线（End Line）。端线前的标示线称为得分线（Goal Line），球场每侧端线与得分线之间有一个纵深 10 码（9.1 米）的得分区叫作端区（End Zone，也称达阵区），端区的四角各有一个约有 1 英尺长的橙色长方体标柱（Pylon）。两侧得分线相距 100 码（91.44 米），之间的区域也就是比赛区（Playing Field）。比赛区上距离得分线每 5 码（4.6 米）距离标示一条码线（Yard Line，或称 5 码线），每 10 码标示数字，直到 50 码线到达中场（Midfield）。在球场中间和两侧与边线平行排列画有横向的短标示线，称为码标（Hash Marks，或称整码线），其中接近边线的码标线称为界内线（Inbounds Line)。任何球员都必须在码标线上或之间进行发球。

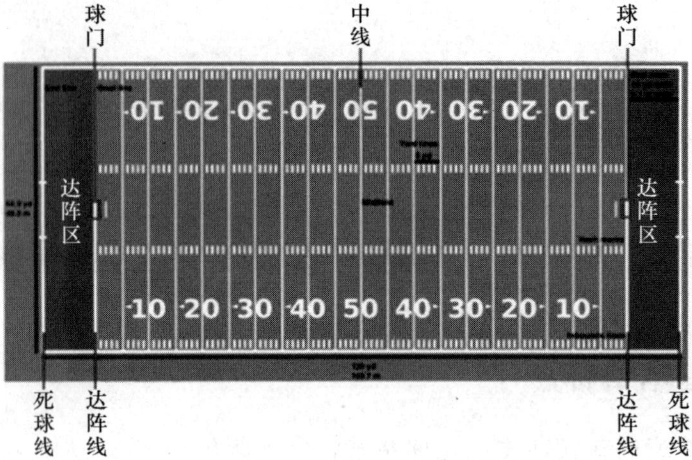

图 7-1　美式橄榄球球场图

根据 NFL 的规则，球场界内的范围不包括边线和端线本身，如果球处在边线或端线之上会被判出界（Out of Bounds）。得分线算作是端区的一部分，如果当球处于得分线上方时进攻方持球就算成功达阵得分。

端区末端中央部位架设两根彼此间隔 18.5 英尺（5.64 米）的球门柱（goalposts，又称 Uprights），中间由一根距离地面 10 英尺（3.048 米）的横杆联结在一起。球必须穿越两根球门柱之间、横杆之上才算是成功的射门。在一些低水平比赛中，球门柱有时会被加宽至 23.33 英尺（7.11 米）以增加射门成功率。

三、护具

美式橄榄球的相关护具如图 7-2 所示。

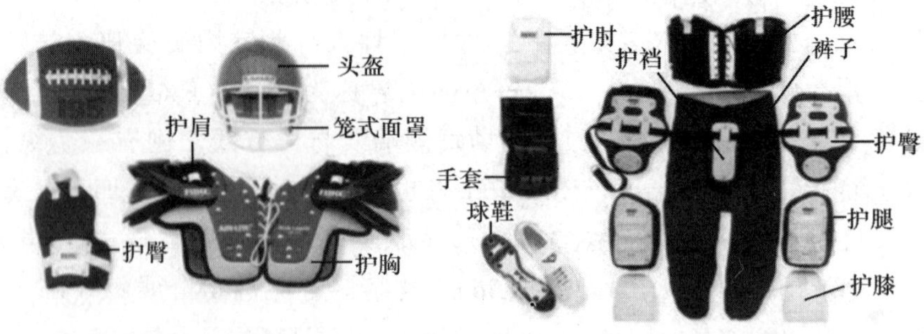

图 7-2　美式橄榄球护具

四、比赛时间

标准的美式橄榄球比赛分为四节，每节 15 分钟，第一、二节称为上半场，第三、四节称为下半场，上下半场之间有 12 分钟（大学赛 20 分钟）的中场休息。下半场开始时，将和比赛开始时一样重新开球。上半场的第一节结束时和下半场的第三节结束时各有两分钟休息时间，双方队员交换场地，原来拥有球权的一方将在交换场地后继续进攻。

进攻方在每次进攻结束后，必须在 40 秒时间内重新开始下次进攻，否则将受罚。除了交换控球权，比赛时钟在以下几种情况下暂停：传球失败、球员持球出界、裁判吹哨处罚犯规、教练要求暂停（只有三次）。当裁判重新将球放到启球处让双方开始进攻时，比赛时钟开始继续计时。

加时赛（Overtime）：如果双方在四节的正常比赛结束时打平，则将在 3 分钟间息后进行 15 分钟的加时赛，每方被允许有一次控球机会和两次暂停。加时赛开始时，双方掷硬币猜先，猜对一方可以选择是先进攻还是先防守。通常在 NFL 常规赛中，如果在第一节加时赛后双方比分仍然持平，则正常比赛以平局告终。而季后赛因为是淘汰赛必须要有胜者，所以会按照突然死亡法决定胜负，先得分的那支队伍赢得比赛。

五、比赛开球

比赛以开球（Kick Off）开始。防守方的开球手将球放在本方 30 码线的球座上，然后将球踢向进攻方。进攻方的回攻手接住球后将尽量向前推进，直到被防守方阻截。进攻方然后从球被阻截处开始一轮进攻。

如果回攻手在本方端区内接住对方的开球，他有两个选择：要么持球冲出端区，向对方场地跑阵，直到被拦截为止；要么持球后以膝盖触地表示触回（Touchback），也就是停球信号，那么球将放在进攻方的 20 码线处由攻方开始第一轮进攻。

六、进攻方法

美式橄榄球采取的是回合式较量的比赛方法，其进攻法与六人制橄榄球以及联盟式橄榄球相似。进攻方有四次机会向前方（防守方的端区）累计推进 10 码，每次机会称为一“挡”进攻（Down，即被对方拦截放倒一次的机会）。当进攻方成功地在四挡进攻内推进了 10 码以上，便可获得新的四挡进攻机会——称为获得新的“首挡”（1st Down，也称首攻）。通过不断获得新的首攻，进攻方可以进行连续的系列进攻向前不断推进，直至得分。而防守方的目的也很简单，就是尽可能阻止对方在四挡进攻内推进足够的距离，逼迫其交换控球权。

如果进攻方在四挡进攻内都不能达到累计推进 10 码的战术目标，便要把控球权在第四攻结束的位置交给对手。在一般情况下，如果进攻方在第四攻发起时仍没有把握推进足够距离，大多会采用弃踢（Punt）的方式将球转移给对手。

除了在开场、半场以及得分后重新大脚开球以外，每次进攻都要以相同的发球（Snap）方式开始：攻守双方在攻防线的两边排列，面向对方。进攻方的中锋单手伸入中立区内持球，然后从两腿之间把球向后传给队友。这位接球的队友通常是进攻组的四分卫，但是在特殊情况下也可能是其余的队友（比如特勤组的扶球手）。在中锋发球之前，攻守双方谁都不可以跨越攻防线，否则会被判罚。从发球的一刹那起，比赛就正式重新开始，双方继续争夺控球权和得分机会。

进攻一方主要有两种方法向前推进：

（1）四分卫在接到中锋发球后，自己带球或者将球传递给其他队友（通常是跑卫），后由这名队员持球向前跑，称为冲阵。

（2）四分卫把球抛给一定距离外的己方任何一个合法接球员（Eligible Receiver），称为传球。前传（Forward Pass）是美式橄榄球的特点，进攻一方在每挡进攻中只能前传一次，而且必须在攻防线后方的位置才允许向前扔球。距离很远的前传通常被称为“万福玛利亚传球”（Hail Mary Pass），因为这种传球的难度太高又容易被拦截，成功率太低，传球者大多都在暗自祈祷神明相助。

横向及向后传球的次数和地点没有限制，但在进攻时会有很大机会被对方抄截，因此美式橄榄球很少会出现横传或后传，这是一种难度极高的技巧。

丧失一次进攻机会的几种情况：

（1）持球的人被防守方擒抱倒在地上造成接触性倒地（Down by Contact），或尚未倒地但是裁判认为其进攻已被对方球员拦截（Tackle）。

（2）四分卫向前抛出的传球出界，或在任何人接到之前已触地，称为“不成功传球”（Incomplete Pass）。前传失败后要把球放回原来的攻防线位置，用掉一挡的进攻然后再重新开始。

（3）持球的队员带球出界（Out of Bounds）。

此外，如果其中一队得分，或是某个球员的头盔掉落，进攻机会都会完结，称为死球（Dead Ball）。裁判会吹哨子通知。

七、攻守互易

进攻一方可一路保有控球权，直至：

(1) 进攻方未能获得新的首功。换句话说，在四次进攻内都未能推进 10 码。防守方可在最后一次进攻完结的地方开始反攻。这种攻守交换称为挡数型交换(Turnover on Downs)。

(2) 进攻达阵得分，或射门得分。之后由原进攻得分的队伍派上特勤组起脚开球给对方。

(3) 进攻方弃踢。通常进攻方如果在前三挡都未能成功前进 10 码，而该处位置又超过可以射门的距离，为免在攻守交换后让对方有机会在该处开始进攻，便会在第四挡时使用弃踢大脚解围。

(4) 防守方的球员凌空接到进攻方的传球，称之为抄截。抄截到球的防守方球员可以立刻向对方端区移动，直至被擒抱、出界或得分。如果他未被任何原进攻方球员碰触而造成手及脚以外的身体部位碰触到地面，此时并不形成接触性倒地，他可以继续跑直到被擒抱或被对方球员碰触后倒在地上为止。同样规则适用于进攻方的接球员。

(5) 进攻方球员把球掉落到地上，即掉球 (Fumble)，而又被防守方球员先拿到。与截断一样，防守方拿到对方掉球可以实时反攻，直至被擒抱、出界或得分。进攻方的掉球和被截断统称为攻守交换 (Turnovers)。

(6) 进攻的一方尝试射门失败。防守一方可在上一次开球处开始进攻 (在 NFL，是射门处)。如果射门处是底线前 20 码之内，原防守一方在 20 码线开始进攻。

(7) 进攻一方在自己的端区内被擒抱、出界或犯规，称为安全分 (Safety)，较为少见。

如果出现以上情况，则攻守互易，即进攻方丧失控球权变为防守方，而防守方变为进攻方。

八、弃踢

通常当进攻方在第三挡进攻后还没有累积推进足够距离，且没有把握在第四挡进攻达到 10 码的目标，又因为距离太远无法保证成功射门的时候，会选择将球弃踢。弃踢的方法是由进攻方队员 (通常是特勤组专职的弃踢手) 把球扔下并在球落地之前凌空抽射用力将其踢向对方半场。这样做虽然丧失了控球权，但是可以将对方得球地点尽可能地向后推，使其必须推进更远的距离才能得分，可以减少己方防守组的压力。

九、得分方式

1. 达阵（Touchdown，简写 TD）

当球员持球跑进对方达阵区，或在对方达阵区接到传球时便是达阵，得 6 分。达阵之后，得分一队获一次追加得分（Conversion）的机会，球会放在对方的三码线（NFL 是两码线）上。得分队可选择把球射进门柱之内，加 1 分；或以跑、传等方法，再达阵一次，加 2 分。

2. 射门（Field Goal，FG）

射门，把球踢过横杆之上及两条门柱之间，得 3 分。射门时球必须先着地，通常是由一位球员负责把球按在地上。通常当进攻方比较接近底线但又难以达阵时，会在第四次进攻时选择射门而不是踢解围球，又或者在时间紧迫无法用其他方式得分时，选择射门得分。

3. 安全球

这是由防守球员得分。当进攻一方被迫后退至己方的达阵区，然后被按倒或掉球，防守一方得 2 分。某些进攻方在己方达阵区的犯规也会被判安全球。

十、常见犯规

（1）违规先动（False Start）：进攻方除线后平行移动的一名球员外，有人在发球前移动。处罚：退后 5 码。

（2）越位（Offside）：在发球前队员越过了球的位置，比如接触对方队员、越入中立区。处罚：退后 5 码。

（3）拉人（Holding）：不公平地使用拉扯球衣、钩人或铲人的方式妨碍对方球员正常行动。如果进攻方犯规或刚好攻防转换，罚退后 10 码；如果防守方犯规，罚退后 5 码和对方自动获得新的首攻。

（4）干扰传球（Pass Interference）：当球传出后，防守队员用推、钩、拉或击倒进攻方接球手；或进攻方接球手用同样的方式对付防守方队员以避免对方得球。如果防守方犯规，进攻方可以选择接受犯规或拒绝犯规，若攻方选择接受，由开球线起计前进 15 码并自动重新获得四次进攻；若攻方拒绝（通常攻方在上一个交锋成功推进 15 码之上，超过处罚的码数），亦可由犯规地点重新发球，并同样获得四次新的进攻权。如果进攻方犯规，罚退后 5 码。如果在传球前有队员有类似犯规会被判“拉人”或“非法接触”。

（5）个人犯规（Personal Foul）：原因包含六项，粗暴冲击传球者、粗暴冲击踢球员、粗暴冲击掷球员、拉扯对方面罩、弯身用头盔顶冲对方、在阻挡对方射门后蓄意飞身跳压在对方身上（但若守方已在己方的一码线不会被判为犯规）。受处罚的一方退后 15 码，如果是防守方犯规则对方挺进 15 码并自动获得首攻。

（6）拖延比赛（Delay of Game）：进攻方在 40 秒交锋定时器数至零时仍未发球。处罚四分卫，退后 5 码。

（7）非法向前传球（Illegal Forward Pass）：进攻方在攻防线之前的位置向前传球。退后 5 码，并消耗一挡。

（8）非法阵式（Illegal Formation）：进攻方攻防线上少于 7 人列阵。

（9）场上人数过多（Too Many Men on the Field）：任何一方在发球时超过 11 人上场均会被罚，退后 5 码。（注意：任何一方在交锋时少于 10 人都是合法的）。

（10）非法变阵（Illegal Shift）：进攻方的球员可以在交锋发球前改变站位，但只限列阵于攻防线后的球员，并且每次只限一人，攻方要在队友停下来后才可以进行易位，其他球员或者非法球员易位会被处分 5 码。防守方则不受此限。

（11）非法接球员前冲（Illegal Man Downfield）：攻方的合法接球员是指站于锋线最外的球员及所有卫员（发球线以后的球员）；攻方在传球攻击时有上述球员以外的球员越过发球线都会被视为犯规，退后 5 码。

（12）缺乏体育精神（Unsportsmanlike Conduct）：处罚的原因有很多种，会由主裁判决定。常见的有：蓄意撞击裁判、言语上辱骂裁判、故意延长得分后的庆祝、连续使用暂停冻结对方踢球员（守方连续在踢球员踢球前叫两次暂停，以冻结对方并增加心理压力）等。处罚：退后 15 码。

第二节 美式室内橄榄球比赛详细规则

一、规则 1：比赛场地、设施与个人

1. 比赛场地

没有物理障碍的场地。

统一的墙高为 48～52 英尺，墙的颜色统一。

50 码的场地与 8 码的端区，解释权归美式橄榄球联盟所有。

室内橄榄球是在室内进行的，内里有垫子覆盖，与专业的冰球场的长宽大致一样。垫子覆盖区域长度至少为 204 英尺，通常底线之间的场地长度为 198 英

尺，边线之间的场地总宽最小为85～90英尺。

两个端区从得分线到端线（端区后方）有8码宽，室内得分区的最小高度（去除已经存在的设施）为50英尺。

2. 边线障碍

一个48～52英尺的高密度泡沫边线障碍环绕场地，并且超出场地1～3英尺。边线障碍至少有3英尺厚，并用作整个赛场的缓冲。注意：这条规则可能不适用端区的某些区域。主要的美式橄榄球联盟赞助商允许在场地周围进行广告宣传。挡标是障碍的一部分。

3. 场地标记

球场上两条得分线之间以每5码（4.6米）距离标示一条4英寸宽的白色分码线，分码线与得分线平行。

场地端线宽4英尺，白色。

两组码标（内码线和外码线）插在地上。内码线或外码线标距离中心点4.5英寸，占地12×4英寸。外码线或外码标离中心点13.5英寸，占地12×4英寸。如果比赛结束时球在边线和码标之间，球会被放置在码标旁边。当球在内码线和外码线标之间，其会被放置在内码线标上。当球在内码线标之间，则会被放在码标上，使四分卫有更多空间来伸展手臂。当进攻方的队长要求任何射门挡时，即使球在外码标外侧，也会被放置在内码线标的最近处。如果球在内码线标之间，它可能会停在那里用以射门。

码标必须被放置在追加得分的2码线处。

场地序号牌要被放置在距离边界5码处。“场地序号”应为36英尺宽，18英尺高。

主场队伍必须提供并使用符合联盟标准的边线标志。

所有的线条必须使用不伤害眼睛或皮肤的颜料材质。为了防止受伤，边线标志、锁链和挡标都要用柔软的材料。所有坚硬的设备都应尽可能远离边线和端线。

4. 球门柱

达阵区底部架设两根球门柱，得分点中心应离边线42英尺。

球门柱是“H”形的，是得分网状结构中的—部分。其垂直竖立，离地表面40英尺。

在赛场中，球门柱被悬挂在赛场上方。其底部离地表面8英寸。横梁顶部离地面15英寸。

所有球门柱必须涂成安全的黄色。

所有球门柱在射门区域里的“U”形部分也必须为土黄色。

5. 球门弹性网

球门弹性网沿着底线延伸到顶部。

球门弹性网大致为30英尺宽，32英尺高，并延伸到离地面约40英尺。

球门弹性网有约3平方英寸的黑色网眼，这样坐在网后的观众也能有一个良好的视野。

所有的室内橄榄球场馆都必须装配反弹网。

球门弹性网是紧拉的管式框架结构，轻却耐高强度拉伸，这样踢偏的球就会通过反弹网弹回场内。

球门弹性网位于高于场馆地面8尺的地方，悬挂在球门柱上，从上到下一直到球门低杆。

6. 比赛裁判

所有联赛裁判组均由以下五个裁判组成：主裁判、副裁判、主司线、副司线以及后场裁判。

7. 工作人员

场内只允许留下三名工作人员。每一局，所有工作人员都必须从场地内退到达阵区。

主队的官员来决定工作人员名单。工作人员必须是来自高中或者大学橄榄球队的人员，且通过官方认证。主队将为他们提供纯色的衬衫和套头背心。比赛中，工作人员服从裁判的调遣，尤其是主司线。工作人员组将在开球前一小时向裁判组报道。

考虑到电视转播的因素，工作人员整场比赛都要始终位于同一侧边线。

8. 球童

比赛需要四位球童。他们位于球场的四个角上，负责在需要时为场上提供新球。每一局所有球童都必须退到场外。

球童由主队指定，但必须通过比赛裁判组的认可。球童不可小于18岁，并能够迅速捡回球。他们随身携带毛巾，为裁判提供干燥的比赛用球。如果比赛未停表，应快速处理，避免发生停时。主队将为每位球童提供一件区别于工作人员的套头背心。球童在开球前一小时向副裁判报道。如果裁判组没有要求球童穿有特别标志的T恤，他们将身着胶底运动鞋、蓝色牛仔裤、素色或白色的T恤。

9. 球员席/上场

在边线栏外有双方球队的球员席。球员通常通过边栏门上场。球队队员和教练员在球员席这个范围活动。

除非有官方书面确认，球员席应位于与球场相对的一侧。只有球队许可的人员可以停留在球队包厢中。包厢中的人员负责保证球迷的视野不被阻挡。在球员席区域不允许修建电梯。

10. 常规情况下的基本规则

在赛场上，常规情况下固定不变的基本规则是必要的，这些规则由官方制定。基本规则也可能是由双方主教练协商一致而制定。如果教练不能就此达成一致则由主裁判通过与其他裁判协商后做出最后裁定。

11. 场边障碍物

由于不能移除像座席、标杆、隔墙这类障碍物，保护性缓冲软垫就会放置在这些区域，位于球场边线之上 6 英尺之内。

12. 教练员间通信

教练员间的通信系统是每个球队必须具备的。球队获准在所有比赛中使用自己的设备，无论是在主场还是客场。提前进行联系是客队的义务。

任何通信问题都由球队自行解决。如果一个球队的系统不起作用，与其对阵的球队不必放弃使用自己的系统。任何球队有破坏或者试图破坏另一支球队标志的行为，一经发现，将由官方联赛办处置，处以罚款或者禁赛。

每支球队都有义务提供配备有“RF”频率的所有无线通信设备的完整清单。如：无线电广播设备、所有序列号、操作许可副本、无线话筒、商标、当地频率协调员频率许可副本。

13. 比赛期间教练员的位置

进攻教练在进攻时获准在赛场上，他可以向球场的另一端移动。该人员应该处在距进攻不小于 5 码的位置，以及侧墙不小于 2 码的位置。

防守教练在防守时获准在赛场上，他可以向球场的另一端移动。该人员应该处在距进攻不小于 5 码的位置，以及侧墙不小于 2 码的位置。

球场上不允许其他教练员停留，暂停除外。在暂停期间，教练员不得走入外码线内。

二、规则 2：用球

1. 橄榄球

室内橄榄球用球与室外专业橄榄球大小大致相同，并由斯伯丁为联赛特制。

比赛或官方训练不允许使用其他球。

比赛所有用球是否符合联盟规定应由裁判一人裁定。

2. 比赛用球

比赛开始前一小时，主队应提供 36 个新球（分两袋装）给副司线做压力测量。

主队将提供一个打气筒，所有用球都应放置在裁判衣帽间，并由主裁看管。在每一节开始前，副裁判将会带八个球入场，并将其交给球童。

主队有义务提供场地两侧的全职服务员。

在主队提供的用球不合规格或者其提供的比赛用球用完时，主裁判应从客队所带球中挑选一个合适的，如果没有，则选择其中最适用的球。

3. 赛间更换用球

进攻球队可以请求更换比赛用球，请求计时员暂停。主裁将会裁定其请求，计时员在刚暂停的时间点重新计时。如果比赛计时器重置到 35/25，那么将被关闭，然后由后场裁判对剩余时间进行计时。

三、规则 3：比赛开始、管理以及计时

1. 比赛时间

联盟规定比赛分为四节，每节 15 分钟，一、二节之间有两分钟休息时间，三、四节同理。主队应提供一名“红帽”官员负责所有的暂停工作。在争球时有 35/25 秒。例外：在回合停顿后，如球权交换、测量、罚球、暂停和受伤暂停，比赛计时器设定在 25 秒。

一旦死球，主裁判将把手举过头顶以示回合结束。比赛计时器重置到 35 秒，以备下一回合的开始。

比赛有 15 分钟的中场休息时间，由比赛计时器计时。除非电视直播要求，或者其他特殊情况，15 分钟的中场休息将不会延长。

2. 传球出界/失误传球

传球出界或传球失误时计时器都不会停止，上下半场的最后一分钟除外。在一次达阵后，计时器继续计时，但在一次试图得分后将会停止。在试图得分准备就绪后，如果在其之前或之中有犯规，则试图得分重新开始，比赛计时器不启动。在由对带球者实施堆叠或对四分卫实施堆叠导致的不当延误后，计时器按就绪信号开始计时。

对于在每半场比赛最后一分钟之外时间的出界和传球失误，球将尽快被放回

争球线，以便重新开始。

3. 停表

对于所有的球权交换、罚球以及由主裁裁定的官方暂停，计时器都将停止计时。任何官员发现可能存在的受伤都将示意暂停，并召唤助理教练或者医生上场。一旦伤员被确认可以活动，会在合理的前提下尽力将伤员移出赛场。在伤员离开赛场后，计时器将会按主裁判的示意继续计时。

在第一节和第二节、第二节和第三节，以及第三节和第四节之间，球队要退回到各自边线后，直到裁判示意其回到赛场。

4. 实际比赛时间

实际比赛由置于室内比赛场地上方的电子比赛时钟（精确到0.1秒）进行计时。时钟操作员根据比赛规则，在接到裁判的信号时开始或暂停计时。后场裁判应携带一支备用秒表，以防时钟出现故障而干扰比赛的正常进行。

5. 准时开球

每半场开始之前，两支球队必须提早到场地上做好准备以保证准时开球。准备时间为比赛开始前10分钟，下半场开始之前5分钟，边线裁判会通知各球队主教练。在每半场开始时，导致比赛延迟的球队将被罚在开球后退后10码。处罚理由：违反体育道德的行为。

6. 掷硬币

开球前3分钟，边线裁判会将两队的队长带到位于中场线的主裁判面前。主裁判将在两队队长面前让客场队长猜先，并在抛掷硬币的同时重复客场队长的选择。猜对的一方可选择：①接球；②踢球；③其球队要防守的目标；④将其选择延迟到下半场。贵宾、球队、联盟官员或其他受邀嘉宾可以参与掷硬币仪式。后卫裁判将负责带领这些嘉宾进入及离开球场。在下半场开始时有选择权的球队可从以上述①②③项中选择。在下半场开场时，边线裁判和主裁判将从主教练那里得知其球队下半场开球接球的选择。

7. 开球计时

比赛时钟将在合规开球后开始计时，但在以下两种情况下例外：第一，在每半场结束前一分钟，时钟将在合规冲撞后开始计时；第二，当位于端区的任何接球员合规冲撞到球，并致使其从端区进入比赛场地。如果以上两种情况，25秒时钟将根据后端裁判的信号开始计时。

在第二节和第四节比赛的最后一分钟内，如果任何球员成功控球并弃球，比赛时间将减少1秒钟。

8. 请求暂停

在没有距离犯规的情况下，每个球队每半场都有 3 次请求暂停的机会。任何球员或教练均可提出请求。替换上场的球员也可请求暂停。

所有的暂停实际时长为 60 秒。如果主教练请求暂停只为停止计时，则请求暂停的球队可以将暂停时间缩短为 30 秒。在该情况下，主教练要将双手放到自己的双肩上来示意主裁判。这表示停止计时，球和 35/25 秒时钟将重置。

在每半场结束前最后一分钟内，所有的暂停时长为 30 秒。所有用于媒体及宣传的暂停时长可能被延长。因此，所有的媒体暂停和宣传暂停都将适用于每半场的最后一分钟之前。

9. 伤停

如果有球员受伤，比赛裁判将不与球员接触而直接发出暂停信号，并示意教练员和球队医生进入比赛场地。

受伤球员必须被换下，除非球队请求一次暂停从而让该球员继续比赛（或用一次暂停的机会换取让其继续留在场上）。在此情况下，球员必须准备好在暂停结束时继续比赛，否则他将被命令退场，从而让比赛得以继续。

除非伤停发生在每半场结束前一分钟内且计时仍在继续，否则不被记作伤停。如果在半场结束前最后一分钟内两队均有球员受伤，计时仍在继续，且伤害不是由于对方球员犯规导致，则两队均被记作伤停。任何有假装受伤嫌疑的行为都会被主裁判记录下来，并直接交由 AFL 进行严肃处理。如果时钟出于其他任何原因停止且同时有场上球员受伤的情况，任何一队不得请求暂停。例如：在比赛结束前一分钟，A 队传球失误，A3 受伤。裁定：两队均不可请求暂停。时钟会因传球失误而停止计时。

伤停期间，球员可以到边线处与教练商议，但必须准备好在主裁判发出暂停终止信号时继续比赛，如果主裁判判定伤停时间将延长，主裁判可以示意双方球队席，后勤组可以上场，球员可以回到球员席上。

示例——如果比赛在距离半场结束还有 1 分零 4 秒时开始，而比赛中有球员受伤，此时比赛进行不到一分钟。裁定：由于时钟暂停提示比赛时长不足 1 分钟，不能请求伤停。即使在最后一分钟，不得为获得追加分而请求伤停。

当主裁判认定两队均准备好继续比赛。比赛时钟将在开球时继续计时。

除非一次暂停在半场结束前一分钟内为保留某受伤球员继续比赛时提出，否则同一球队不得连续请求暂停。

10. 装备修理

任何需要修理装备的情况均需向主裁判报告，在获得主裁判的许可后，必须尽快将设备修理好，此间不计时。为节省时间，建议替换装备。一分钟之后，如果无法找到合适的装备，该运动员必须被替补队员换下。

球队可以使用一次“请求”暂停的机会，对不合规设备进行修理，同时让该球员继续比赛。

11. 超过规定暂停次数

一个球队在请求三次暂停后，不得继续请求暂停。

最后一分钟前超过规定暂停次数：每半场最后一分钟之前，每个球队最多有三次请求暂停的机会。受伤球员必须退出比赛。球队不得再次请求暂停或利用处罚“换”一次暂停。

10 秒延迟原则：10 秒延迟原则仅适用于进攻的情况。

每半场的最后一分钟计时仍在继续，当比分持平或拥有球权的球队比分落后且合规暂停次数已满时，如果有球员受伤或者有球员装备不合规，则可额外请求一次（第 4 次）暂停。按规定，在受伤球员或装备不合规球员离场后，时钟在主裁判哨响之时开始计时。但从计时开始的 10 秒内比赛不得开球。主裁判会延迟 10 秒钟，直到裁判从比赛时长中减去 10 秒后再开球。主裁判会通知两个球队，在比赛时长被减去 10 秒后，时钟将在预备信号发出时开始计时，而此时将继续比赛。

如果在半场最后一分钟且计时仍在继续时，有球员因受伤需要另一次（第 5 次）暂停，则其球队将会被罚后退 5 码，且时钟上将减少 10 秒。

如果比赛时钟上显示的剩余时间仅有 10 秒或不足 10 秒，则 10 秒延迟原则不适用。

示例——A 队为进攻球队，在半场最后一分钟若比分持平或 A 队得分落后而时钟仍在计时：①因有球员受伤而请求第 4 次暂停。裁定：允许。免除后退 5 码处罚。受伤球员必须离场。主裁判哨响则开始计时，同时比赛时长将减少 10 秒，此后比赛开始。②因有球员受伤请求第 5 次暂停。裁定：10 秒延迟原则生效。因延迟比赛处罚后退 5 码。

在此情况下，比赛时钟将在主裁判的预备信号发出时开始计时，而非开球时开始计时。同理，在任意半场结束前最后一分钟内请求修理装备，时钟也将在主裁判发出预备信号时开始计时。

12. 通知教练

当球队的规定暂停次数已满时，主裁判必须通知该球队队长及主教练。除非明确给出通知，否则请求超过规定次数的暂停不受处罚。主裁判不得委托此责任。

13. 传球出界

在半场最后一分钟内传球出界，时钟将停止计时。时钟将在重新开球时开始计时。被认定为争取时间的违规传球将被视作犯规，并丧失一挡。被犯规的球队将有权决定时钟在预备信号发出时或开球时开始计时。如果在半场最后一分钟内出现犯规，10 秒延迟原则将适用，且比赛时长将减少 10 秒。

14. 自动暂停

自动暂停将出现在以下情况中：

（1）当球权发生变化，且不在半场最后一分钟之内时，时钟将在主裁判发出预备信号时开始计时。

（2）当出现任何可能评定首攻的情况或对队长进行此可能性询问时。

（3）当出现违规连续冲撞带球者，或当比赛时间内丢球后决定球权时。

（4）如果开球发生在主裁判能够就位（非重复动作）之前。

（5）当裁判或场边工作人员受伤时。

（6）当举行就规则解释或规则执行的裁判会议时。

（7）如果防守队为停止时钟将球踢开且进攻方得分落后，时钟将在重新开球后开始计时。如果防守方落后，时钟将在主裁判预备哨响之时开始计时。

15. 半场最后一分钟/比赛提醒

主裁判将宣布最后一分钟规则生效。他将宣布每队所剩暂停次数。在该规则宣布之后，25 秒预备开始信号立即发出，且不会因任何球员在一分钟规则宣布期间走向球员席而延迟。

每半场最后一分钟特别计时规则：比赛时钟只因失误传球、处罚、出界或暂停而停止。首攻实现后比赛时钟继续计时。

在每半场的最后一分钟，对防守传球干扰、对合规接球手防守犯规、面罩挤压合规接球手、对合规接球手冲撞犯规及防守犯规，被犯规球队将有权选择：①接受犯规并增加比赛时间；②接受犯规但不增加比赛时间；③拒绝犯规且不增加比赛时间。

注意：在最后一分钟内，必须接受犯规并增加比赛时间，但如果时钟仍在计时，不管被犯规球队是否接受犯规，都有权决定在重新开球时或预备开始信号发出时开始计时。

如果处罚被接受，且在处罚之后计时仍在继续，被犯规球队将同样有权决定在开球时或主裁判预备信号时开始计时。

在半场最后一分钟所有的犯规（接受或拒绝），如果计时仍在继续，被犯规球队将有权决定在开球时或主裁判发出预备信号发出时开始计时。

受到球迷干扰而遭遇劣势的球队将有权进行时间补偿。

每半场最后十分钟遇到任何情况，如果开球时时钟仍在计时，可根据规定将延迟的时间补上，按惯例补 5 秒。如果开球时开始计时，按规定将把具体延迟的时间补上。

防守责任：对球队而言，如果延迟主裁判的决定，将暂停比赛，评估处罚，比赛延迟（DOG），并在开球时开始计时，这是针对最后一分钟首攻后时钟仍在计时的情况。

示例 1——第四节比赛还剩 27 秒，A 队领先，B 队暂停次数已满。A 队在 B 队的 23 码线 3 攻 4 码。B22 在 B5 处被防守传球干扰。裁定：B13，1 攻 10 码，A 队有权决定在预备开始信号发出时或开球时开始计时，同时有权决定增加比赛时间且接受犯规，不增加时间但接受犯规，拒绝犯规且不增加比赛时间。

示例 2——离半场结束还有 47 秒，A 队在 A 队的 22 码线上三挡扫 8，A7 在边线障碍附近凌空传球给 B11 处的 A8。一位球迷干扰了 A8，A8 未能接住传球，此时离半场比赛结束还剩 38 秒。裁定：重新进行该挡进攻，A 队有权决定增加 9 秒比赛时间。

示例 3——最后一分钟防守队即将获胜，在跑阵中获得 10 码，但在争球线处阻挡犯规。裁定：尽管防守队码数有利，阻挡犯规使其被罚后退 10 码，将在开球时开始计时。

示例 4——比赛只剩 15 秒钟。A12 将球成功扔进 B 队的 5 码线。在比赛时，防守方出现了传球干扰。在比赛结束还剩 15 秒时，A 队要求处罚防守传球干扰。裁定：A 队在 B5 处 1 攻得分。由于提出处罚，因此不能重新计时比赛。

如果防守方在比赛最后一分钟时得分领先，进攻方必须在进攻、在争球线后方成功传球，或从合理的罚球等方面获得有利的码数。如果没有获得码数，则限时器停止计时，重新开始另一场发球（包括在合理的罚球过程中失码）。“有利码数”是指在争球线之外获得的所有码数。注意：此规定只在进攻方比分领先时适用，如果双方打成平局，则该规定不适用。

16. 丢球和计时停止

在第四个挡中，半场中一分钟警告之前丢球和球出界的一分钟警告后丢球：如果在半场的最后一分钟丢球向前出界，限时器才停止计时，直到球回到丢球点准备好开局，限时器重新开始计时。如果球在丢球点后方出界，限时器停止计时，直到在下一挡重新开球时限时器开始计时。在任何一种情况下，比赛最后一分钟内如果丢球被判定为人为故意，裁判可以从限时器中扣除 10 秒比赛时间

(除了比赛中的最后10秒)。如果丢球碰到底端线或底端线障碍，则为死球。

17. 35/25秒比赛计时器

比赛限时器负责人在比赛中设定35/25秒比赛时间。如果上一局比赛结束时裁判挥手示意，则该负责人就会设定35/25秒比赛计时器。如果上一局比赛中或之后出现管理停止，25秒钟限时器会在主裁判发出预备信号之后开始计时。如果计时器停止之前比赛还没有开始，具有球权的球队会受到拖延比赛的处罚。

如果比赛限时器由于任何情况而在发球之前停止，但还有比赛时间，排除停止原因之后，计时器上的时间与它停止时的时间相同，除非：

(1) 停止是因为发球、犯规的球队暂停，一分钟警告或一段比赛终止，在这种情况下，限时器将会设置到25秒的位置上。

(2) 限时器上剩余时间在10秒以内，在这种情况下，限时器会被设置到10秒的位置上。

18. 最后进攻或者最后一分钟防守犯规

在上下半场任何一方最后一次进攻时，如果防守犯规，理应给进攻方一个不计时进攻的选择。如果该犯规是双重犯规的一部分，在这个半场将延长一个不计时进攻。在上下半场最后进攻不存在防守犯规或者进攻方存在个人犯规的情况下，此规则才适用。在半场赛的最后进攻，两组同时出现个人犯规将会结束该半场赛。在上下半场赛最后进攻时产生的任何犯规，如果有一组不存在犯规，只要比赛还剩时间，无论犯规方接受或拒绝，被冒犯的那一组将有权选择在发球或者准备发球时开始计时。

示例——第一半场还剩30秒时，A组进了第一球，在25码线的10码位置，B组75越位。比赛结果后退两码。裁定：时钟在A的第一球在B的20码线的5码处发球或者准备发球时开始计时。

19. 进攻犯规

如果进攻组犯规，则没有比赛时间的延长。如果这样的犯规在一个半场的最后进攻中发生，那么之前的得分不计并且这个半场结束。例外：如果是达阵后加分，则可以重新进攻，除非是需要实施之前的进攻处罚。

示例1——在比赛的最后进攻中，进攻方达阵得分，但是拉人犯规。裁定：比赛结束，不得分。例外：踢球违规冲撞。

示例2——进攻方在球出去10码以内违规触球，然后防守方冲撞球并且时间到了。裁定：接球组在踢球组违规触球的位置得到一次不计时进攻。

两组中其中一组在第二节和第四节比赛的最后一分钟犯规，在裁判的信号下开始计时，除非进攻组赢了比赛并且故意犯规来消耗时间。

20. 最后一局双方犯规

双方犯规时不能结束半场比赛。然而，如果其中的一次犯规属于进攻方的个人犯规，则比赛结束。球队双方的个人犯规，也会判定比赛结束（该挡不会重新进行）。

21. 达阵半场的最后一局/比赛

随着时间结束半场或比赛时，如果达阵得分，则可以增加附加比赛（除在突然死亡期间达阵使球队赢得比赛，或得分差距在 2 分内）。

22. 最后一局安全得分

如果在半场的最后一局出现达阵，则得分有效。此时也不用进行任意球。

23. 强制暂停

如果在每局比赛的 9 分钟之前限时器没有停止，主裁判将发出强制暂停的信号。暂停信号长达 60 秒（事实上为 70 秒），将会出现在球队双方初次变换球权的时候。同样的，如果限时器在 9 分钟标和 4 分钟标之间没有停止，主裁判也会发出强制暂停信号。暂停信号在第一次变换球权的时候也将长达 60 秒（事实上 70 秒）。主裁判发出预备信号后限时器开始计时。

24. 附加分比赛

副裁判将在达阵后安置球的位置。当一名裁判发出信号后，限时器管理员将会在达阵后进行计时。如果限时器因罚球而停止计时，如球队超时或 25 秒限时器停止，则计时会在主裁判的预备信号后开始。主裁判不会坐等球队结束庆祝，不包括最后一分钟计时规则，如果球队在结束达阵或达阵后加分之前呼叫超时，25 秒限时器会根据主裁判的信号计时或在发球开始后计时。

四、规则 4：球员、替补和球员装备

1. 球员数量

在正规比赛场上，每队有 8 名球员。如果球场上某队球员少于 8 人，则比赛中不予处罚，除非出现违法阵式。如果球场上某队球员多于 8 名，比赛中将会对进攻方执行后退 5 码处罚。

更换球员资格，但球员没有按照规定告知主裁判，则会处罚后退 5 码，违规更变资格。

2. 球队队长

每个球队必须指定一个或几个球队队长。只有这些被指定的队长能够代表球

队和裁判交流。

3. 首选

球队在比赛结束之前参与比赛或期间替换的球员中选出队长，首次选择则为最终选择，不可以更改。

4. 球员号码

建议进攻组球员使用以下号码：

四分卫：1—19

全卫/线卫：30—49，80—99

外传手/防守后卫：1—29，80—89

进攻线锋/防守线锋：50—79

边锋：30—49，80—99

5. 替补

（1）地比赛中，禁止替补队员进入球场。违规替补——处罚从上一次开始进攻的位置后退 10 码，除非裁定为明显的不公平行为。

（2）球员退场后必须回到休息区。球员只能回到规定的休息区。如果不按照该规定，则属于违规替补。

（3）球员违规返回——违规替补球员必须离赛。在发现这种情况时，按照违反体育道德的行为处罚，从上一次开始进攻的位置后退 10 码。

（4）任意替补。踢球手是唯一提名的专员。比赛中指定的踢球手，必须从参与争球踢球阵式的球员中产生。在所有的踢球阵式中，踢球手必须参加比赛。

如果球队采用落地球阵式（其中踢球手必须是接受发球的球员），则该球队只能踢落地球，除非踢球手漏接发球。如果踢球手漏接了发球，他可以跟着球跑并将球传给合规外接手。

（5）进攻队员战术靠拢（Huddle）时球员不得超过 8 名，多于 8 人的球队也不能阻拦进攻队员战术靠拢。如果出现违规替补，则判为死球，处罚后退 5 码。

（6）在替补过程或假装替补的过程中，禁止进攻球队快速冲向争球线试图创造防守优势。如果宣布预备比赛，只能等到防守方的替补到位以及在被替换的球员离场后裁判才能允许发球。防守方球员以及替补球员应迅速行动起来。比赛中途不得叫停。如果限时器停止，则进攻方犯规——延迟比赛，处罚后退 5 码。

注意：在每半场的最后一分钟，当防守方替补和防守方出现混乱的状况时，责任在于防守方。不得延迟比赛，等待防守方调整球员。如果防守方在发球时，超过 8 名球员在场，则防守方犯规——球员过多，处罚后退 5 码。

（7）球员受伤——比赛中球队可以暂停，保护受伤球员。如果 60 秒暂停之后球员仍无法返回球场进行比赛，则必须由替补换上。任何伪受伤将会由 AFL 进行调查，可能会导致比赛暂停，并予以处罚。

（8）球员大量出血：主裁判可以要求大量出血的球员离开比赛，直到停止流血或伤口由医务人员正确包扎后才能返回比赛。

6. 违规装备

主裁判和副裁判将会在比赛开始之前去两个球队的休息室检查球员装备。如果装备不符合规定，在比赛中任何球员都不得使用该装备：

（1）球员身体、鞋或衣服上有突出的金属或其他坚硬材料。

（2）可拆卸的踢球鞋尖。

（3）腰胯垫、腿垫和胫骨垫以及由坚硬材质制成的背带，除非用厚 3/8 英寸的柔软材料包住外表和所有边缘。

（4）由鞋底皮、石膏或纤维制成的护膝、护肘、护手、护腕或前臂垫以及头盔等，即使用软材料包裹也不行（除了官方允许的头盔和不阻挡视线的护面框）。

（5）用在手部或腕部的石膏、胶带或绷带，除需要保护的伤员（如要使用，必须报告裁判审查）。

（6）如要使用坚硬的物质保护膝盖、肘、手、手腕或前臂，则须用 3/8 英寸厚的泡沫橡胶等物质覆盖表面，确保包裹住坚硬物质的外表面及所有边缘，并且需裁判认定不足以危及其他球员。如果此类保护物质在比赛中会伤及其他球员，则必须拆除，并采取纠正措施，有其他球员加入时须征得裁判的许可。

（7）球鞋必须适合在橄榄球体育馆的室内地面运动。

（8）所有的球鞋都必须是统一标准生产的，且不可以任何方式随意修补，包括使用胶带粘、拍打或包裹鞋子。

（9）任意球时，不得使用超过 1 英寸高的球 T。在争球时，不允许使用任何球 T。

（10）所有可以穿到义肢上的球鞋必须要有踢球面，遵从正常的踢球鞋。

（11）球员身体、装备或球服上不得出现任何胶黏剂或湿滑物质。

7. 强制装备

在热身运动和比赛中，球员必须穿着专业合适的保护装备。没有正确穿着或换掉装备的球员要受到处罚，之后还会受到官方的罚款。不允许卸掉或移除装备的任何部分，使其外观发生重大变化，包括头盔。必须穿着长袜。裁判将会定时提醒球员联盟的着装规定，但在比赛期间没有遵循着装规定不予处罚。然而，球员没有遵循该规定的，球队就会受到官方的罚款。

所有球员必须穿着下列具备保护性能的装备：

（1）NOCSAE（全美体育用品标准化技术委员会）批准的头盔。

（2）垫肩。

（3）长袜。

（4）足联批准的品牌球裤和运动衫。

（5）可接受的鞋子。例外：允许赤脚踢球，踢球并不需要穿腰胯垫、腿垫或膝垫。注意：建议所有团队成员穿相同颜色的鞋。

（6）腿垫。

（7）护膝。

裁判已经从官方得到许可，有权换掉不遵从以上标准的球员。

8. 混淆球员的装备

球员不得带有主裁判认为可能混淆两方球员的色系相近的头饰、其他装备或部分队服。橄榄球或球员的手上不能有任何东西。

9. 球队颜色

主队应该准备替换的球衣，以防客队球员的球衣颜色与橄榄球比赛行程中指定的颜色不一致，需要更换球衣。如果球队的球衣颜色与规定的不同，则主裁判应该立即报告给 AFL，该球队将被罚款。主队可以优先选择球衣的颜色，且必须要在比赛日期之前一周的星期一通过传真的方式告知客队和主队选定的球衣颜色。为了拍摄视频和电视直播的方便，球衣的号码和颜色必须是白色或浅色球衣配深色号码，或深色球衣配白色或浅色号码。

10. 违规装备处罚

（1）所有没有按要求穿着装备或穿着违规装备的球员都要被替换掉。

（2）所有后来返回比赛却没有正确着装的球员将会受到违规装备后退 10 码的处罚，并离场二挡，直到球员换好正确装备。

11. 带毛巾的球员

球员不得在球场上丢弃毛巾或其他用来擦手或擦球的材料。球员可以携带体积较小、不太显眼的毛巾，颜色须与队服颜色相近，应塞或别进背带里。毛巾大小必须为 4 英寸×12 英寸。除了球衣号码或球队队标之外，毛巾上面不得印有任何图案。若不遵从以上要求，裁判有权没收毛巾，并罚款。

示例——防守球员 A1 装备不合规。裁定：必须替换 A1，除非可以迅速换上符合规定的装备。

12. 球员鞋罩

球员不得安装鞋罩或以其他任何方式捆绑球鞋，除非球队医生每周的正式文件证明其属医疗原因。为证明球员可以安装鞋罩，须出具医生每周的治疗文档。

白色球鞋——白色鞋罩

黑色球鞋——黑色鞋罩

彩色球鞋——黑色鞋罩（彩色球鞋必须与球队颜色相同）

13. 球员制服

球员须穿宽松、裁剪合适的球衣，不得穿着拖沓的球衣。球员须遵循规定，穿着长短合适的球裤以及为大号球裤缝上三角形衬料（用其他材料）。球员应穿着球队统一发放的袜子、绑腿和统一印有号码的衣服。任何先前没有批准的服装更换，都是违规。

14. 球员佩戴护眼装备

球员不得佩戴护眼装备。受伤球员佩戴获得批准的彩色护眼装备不得挡住眼睛、鼻子和嘴，以便医生观察伤情，并且要保证伤员能够及时得到治疗。该规定不适用于以下情形：由于球员对光线过于敏感，医生要求球员佩戴彩色护眼装备。其他须佩戴彩色护眼装备的，须与联盟办公室商量。

五、规则 5：踢球

1. 任意球或争球的一般规则

（1）接球时机。

防守方有权接球。在球冲撞草皮或冲撞防守方 5 码线内之前，进攻方不得越过防守方的 5 码线（违反此条规则，会受到“接球干扰”的处罚，违反者被罚出 5 码线或 5 码线外停止的地方，以最大者为准）。越过 5 码线或造成非强制接球干扰的惩罚为 5 码（无接触），如果对防守方造成强行“接球干扰”，惩罚为 10 码。进攻方不得干扰任何正在尝试接凌空传球的防守方，无论是否发出警告。室内橄榄球无安全接球。

在其自身球门区的防守方必须踢回任意球或竞争球。未能踢开防守方球门区外的球，需将球放置于防守方 3 码线。未能试图踢开防守方球门区外的球，需将球放置于防守方 2 码线。

（2）门框（Overhead Structure）。

击中门框的任意球或争球，应立即吹罚死球，球权归属防守方。球应放置在防守方的 20 码线上专业码线（Pro Hash）处。

（3）踢球出界。

踢球击中场地又称中止场地（Exits the Field of Play），球应放置在其中止场地（Exited the Field of Play）的学院码标（College Hash）处。此条规则的唯一例外情况为，球未冲撞防守方球员，在防守方的 5 码线和得分线之间踢球出界，则球应放置在防守方的学院码标 5 码线处。击中障碍的合规踢球均为死球，球应放置在学院码标边线点（Inbounds Spot）处。例外：击中防守方 5 码线内障碍的合规踢球，球应放置在 5 码线处。离开场地飞出球网，包括击中网架但停在场外或端区的任意球，球应放置在防守方的 20 码线处。此仅涉及安置球位，不吹罚犯规。例外：出界越过防守方 20 码线的踢球，球应放置在其离开场地的学院码标的码线处。

飞过网袋的三分球，球应放置在 5 码线处。此仅涉及安置球位，不吹罚犯规。

（4）球迷干扰踢球。

若球在网架中间和下部区域内被干扰，包括保护网，球应放置在 5 码线处。

网架外和沿端线所有区域的相关规定如下：离开场地的踢球被规定为活球，被球迷干扰，球应归属防守方，放置在 20 码线处，如干扰发生在 20 码线前第一挡到 10 处，则球放置在干扰发生处。若踢球击中场地，则球应放置在球迷干扰发生处。

（5）回踢球。

外接手可以在端线上，或越过端线回球，或倚在界外端线障碍上，在空中或捧网接住高球并回球。若外接手在重新接球时，处在端线内至少一英寸处，则外接手可以在球触底后重新接球并回球。当接触踢球符合规则时，进攻方可以合规冲刺。

（6）未回踢球犯规。

除未回踢球上的 UNS/UNR 犯规之外的犯规全部失效。包括：①踢球挂在松网上；②踢球越过防撞墙，未被踢球回攻手触碰落到网下；③踢球出界；④踢球过网；⑤踢球未经触碰击中障碍；⑥踢球击中门框。除 UNS/UNR 外所有犯规均被废除。

（7）净手（Clean Hands）。

除常规首次交换球权外的球权转换，若双重犯规，将适用净手规则，判罚应如常强制施行（有违规行为不能获得球权）。如果防守方回任意球丢球后犯规，进攻方重新接球后将得到球权。若防守方在重新接丢球后犯规，将适用净手规则，进攻方将重新获得球权，但会被判罚犯规。若某队在得到球权前被吹罚犯规，球权将归还丢球方，并判罚在丢球处划分间隔。

(8) 双重犯规。

转换球权后的双重犯规，球应放置在防守方的犯规点或跑球点末端（End of the Run）。

2. 任意球

(1) 开球。

每场比赛开始、下半场开始和加时赛开始之前均需开球。每次尝试得分，成功得分和安防得分后也需开球，以继续比赛，开球要从进攻方得分线处发出。开球开出 10 码以上后，球为自由球，任意一队均可拿球冲刺。

示例——第四节某次得分后，A 队到位开球。球在 A 队的 9 码线处被 B22 漏接，A34 在 A 队的 11 码线处捡起球并达阵。裁定：达阵。

(2) 任意球。

进攻方为避免犯规防止防守方踢回开球，不会被吹罚故意越位。判罚：故意越位，判罚防守方在本方 20 码线第一挡到 10 处接球。如果回踢过程中到时间，防守方应得到一次不计时挡。

如果防守方不能在其端区外拥有球权处开球，球应放置在 3 码线处。

例外情况，在其端区外拥有球权处未开球，球应放置在 2 码线处。球触地之后，球放置处由裁判决定，在专业码标或学院码标处。若未提出要求，则放置在专业码标处。

示例——开球后，B11 漏接从网袋下掉落的球，重新接住球并试图冲刺，但在端区被抓住。裁定：没有犯规，根据规则球应放置在 B 队的 3 码线处。

注释：拦截成功的球员无须试图离开本方端区。

(3) 门柱之间的任意球。

任意球中，若球踢过立柱之间，落到网袋上反弹并回到场上，球为活球并可发动持球跑动进攻。若球被缠在网袋上或未立即下落，裁判应吹罚死球。此应被视作球触地，球应放置在 5 码线上。

若来自端区的任意球回球并非故意，球应放置在 2 码线处。若回球者在端区外尝试回 KO 球，并在端区被抓住，球应放置在 3 码线处。

示例——任意球或争球未到网。回球者回球并继续将球踢往 25 码线时碰到端线墙的背面。裁定：合规冲刺。

如果任意球击中网袋或隔板，并反弹至防守方 5 码线外，球员不得干扰任意球接球。

(4) 短任意球。

任意球开出后球被防守方球员碰到或出界之前，未达到防守方任意球线（进攻方 10 码线）则被认定为短任意球。若防守方在战术结束点拥有球权，则防守方在此点仍拥有球权。若进攻方在球越过任意球线之前触球（违规触球），防守方将在违规触球点获得球权。

在短任意球当中，对任一方的 5 码线或 10 码线判罚点，由球出界处或犯规点决定。当进攻方在球到达 10 码线处之前越位或违规触球，防守方将承担战术结果（Take the Result of the Play）或在违规触球点获得球权。

在短任意球当中，进攻方球员在球到达 10 码远或被防守方球员触碰之前，不得与对手主动接触或为重新接球将对手推开。判罚：犯规点 5 码远处。进攻方必须给防守方队员踢没有落地的三分球的机会。例外：当球被防守方球员触碰后，进攻方有重新接球并冲球的自由。

如果短任意球未能达到 10 码远，未经防守方触碰停留在进攻方端区，被进攻方重新接到，此非安防得分。球权归属防守方，球放置在进攻方 5 码线处。

若只有进攻方触球，且球运行未达 10 码，球权归属防守方，球放置在触球处。

若进攻方球员越位并合规重新接踢球，将在进攻方重新接球处强制判罚。

对接短踢球员的保护取决于常规任意球规则。触地短踢不受保护。

(5) 任意球不得重踢。

为了使比赛流畅进行并避免不必要的延迟，除接任意球方越位（后退 5 码或重踢）外，任意球不得重踢。

解释：当进攻方在任意球中执行球权优先判罚，并获得球权，防守方将获得球权，裁判可选择其认定对进攻方更不利处，在防守方 5 码线或死球点强制执行判罚。

示例 1——进攻方与防守方均越位，防守方得分。裁定：球放置在进攻方 10 码线处（R 犯规点）。

示例 2——进攻方越位，防守方用腰部以下部位在 10 码线处违规阻截，跑球在 25 码线处终结。裁定：防守方球权，球放置在防守方 10 码线处，1 攻 10 码（强制后加倍）。

示例 3——回任意球方在其 10 码线处用腰部以下部位违规阻截，进攻方主要面罩犯规（Major Facemask Foul），跑球在进攻方 10 码线处停止。裁定：防守方球权，球放置在防守方 1 码线处，1 攻 10 码（强制后加倍）。

示例 4——进攻方踢球接球干扰（Kick Catch Interference），防守方在本方端区内阻挡犯规。裁定：防守方球权，球放置在防守方1码线处，1攻10码。

示例5——开球后，进攻方某队员在防守方8码线处首先触球，球滚到防守方15码线处被某外接手捡起，行进几步并丢球。进攻方重新接球。裁定：进攻方球权，球放置在防守方8码线第一挡到得分线处。

示例6——若任意球在开出要求的10码后且某进攻方队员在未能干扰到防守方队员接球前在空中接到球，该球员可以拿球冲刺。

示例7——任意球开出后在其行进10码远之前被进攻方某球员触碰。在球滚出场外之前被防守方触碰。裁定：进攻方球权。球放置在违规触球点。

示例8——开球后，防守方某球员在端区内漏接。球在最后触碰到某尝试重新接球进攻方球员后在防守方2码线处滚出界。裁定：防守方球权，球放置在离出界点最近的码标处。

示例9——开球后，进攻方在个人犯规后5码线犯规。裁定：进攻方多重犯规。防守方将从开球后后点（Succeeding Spot）10码线处接受个人犯规处罚。若防守方丢球，进攻方重新接球，10码判罚将在丢球处划分界限。若丢球处在端区，此为坏球，球权归属防守方，球放置在本方15码线处，1攻10码。

示例10——在开球过程中，某进攻方球员向防守方得分线击打或踢出被防守方漏接的球。防守方在本方5码线处重新接球。裁定：此为地点犯规（Spot Foul），防守方将承担战术结果或在距离击打或踢打点5码远处获得球权。

示例11——在规则当中，若开球超过规定10码，并非故意停在进攻方踢球并重新接球的端区内，进攻方在本方5码线处获得球权。若球穿过端区后部出界，或碰到防撞墙被判出界，或停在端区线内，则防守方在进攻方的5码线处获得球权。此规则变更将对假接/漏接/错接开球裁定为与丢球重新接球和其他踢球重新接球情形相关规则相一致的合规触球。此规则变更适用于常规任意球和同等加时球权机会（Overtime-Equal Possession Opportunity）规则的例外情况。

示例12——①进攻方越位。回球过程中球出EZ防守方未能得球。裁定：防守方在15码线处，1攻10码，获得球权。②进攻方越位。回球过程中防守方丢球（Runs Ball Out）至进攻方2码线处。裁定：防守方在进攻方15码线处，1攻10码，获得球权。

（6）冲撞任意球主罚者。

防守方某球员在踢球手重新寻找平衡之前与之相撞是不必要的粗暴行为，此行为将造成在开球后后点的10码判罚。

（7）过网任意球。

越过网袋或松网（Slack Net）的任意球，球将放置在20码线处。此仅涉及球位放置，不吹罚犯规。此规则不适用于争球。坏球之后球放置点由教练定夺。在专业或学院码标上。未作要求则放置在专业码标上。

（8）阻截/违规用手拦截——空中踢球。

球在空中飞行时，进攻方球员禁止在后方阻截/违规用手拦截防守方队员。此规则对争球和任意球均适用。判罚：距基本点（Basic Spot）10码远。

（9）踢球挂在松网上的OFK。

踢球挂在松网上或从网袋底下飞过，此为OFK，旗将被捡起且判罚不可归还。OFK对战术无影响。若踢球被接住且外接手未离开端区则另当别论。此情况将被强制因为不能判定是否是OFK导致其在端区被擒。

3. 争球

（1）争球阵形。

①进攻。

a. 进攻争球阵形包括争球线上5名球员（投手两边各1名球员）。这些球员可以两点或三点式站立，并必须处在紧凑5球员线上。邻近投手的两名球员将他们的腿与投手的腿重叠。在LOS末端的两名球员不叠腿。

b. 在踢球手和阻挡手旁，所有个人保护者必须处在进攻线内。

c. 踢球专家必须参与比赛（其无须处在踢球点但必须牵扯到比赛当中）。

d. 一旦某队处在争球阵形，除非某队叫暂停，其不能转换为标准进攻阵形。

e. 如果某队排出落地球阵形（指定踢球手必须为接投球手），除非踢球手漏接开球，否则只能进行落地球。若踢球手漏接开球，他可以带球跑并将球传给合适的外接手。

f. 无资格球员（Ineligible Players）必须向裁判报告以赢取资格。裁判将通过公共扩音系统做资格宣告。

g. 落地球——指定的踢球手必须向裁判报告。指定的落地球手可以在他踢球之前先跑几步，然后实施“橄榄球式落地球（Rugby Style Drop Kick）”。但他必须留在LOS后，并且两名协防人员必须在进攻线内。到了每个半场的最后一分钟，只能在第4挡进攻中如此行动。除非指定踢球手漏接或丢球，否则必须踢球。判罚为违背体育道德的行为。

示例——B10上的第四挡到10，阻挡手漏接投且丢球落地。踢球手踢出丢球且球被部分阻截，并在A重新接球前被在线后的B触碰。裁定：违规踢球，后退5码，丢挡。B队的球，1攻10码，B15。

②防守。

a. 在争球阵形中防守方必须有4名球员处在争球线上。这些球员必须在投球手旁处于三点或四点式站立，且必须紧密排列在 4 个进攻外锋旁（不包括投球手）。违反此条规则将造成活球违规阵形判罚，强制距先前球点 5 码远处置球。

b. 只有 4 名防守前锋可以冲争球。

c. 若进攻方假跑或踢球被阻截，对防守球员的所有冲锋限制将被解除。

d. 若阻挡手漏接投球，他受到保护除非他重新得球解放自己，之后他将失去保护。

(2) 在争球线后。

被投出或踢出的球若仍留在争球线后，球可以被任何球员重新获得或接到并冲刺。

若在四挡时球被进攻方在争球线后重新获得或抓取（甚至在争球线后击中网袋/仪器之后），为进攻方能保持球权需设立争夺线（the Line to Gain）。

若球在争球线上或后反弹（在从网袋/仪器上弹落之后）接触草皮或在空中被接到（防守方无球员处于接球位），进攻方将不得不设立争夺线首攻。若未得到争夺线，防守方将在死球点得到球权。

在第一、二、三挡中的三分球：

球若被场内踢球手重新接到，球权归属踢球手。

球若出界，球权归属防守方。

争球若在防守方端区成为死球，为安防得分。

(3) 越过争球线。

a. 踢出球被防守方某球员触碰或在网袋/仪器上，弹掉后越过争球线触碰到防守方球员或草皮，将造成拥有球权方在末挡获得首攻。

b. 接球机会：

防守方可回接任何定位球或落地球，在防守任何空中踢球的时候，也可以不受阻拦。

在场地当中，对进攻方躲避某接球手的码数不做要求。例外：投球在进攻方的 5 码线外，直到球被防守方触碰或已从网袋/仪器上弹落并已接触草皮和 5 码线内防守方某球员后，进攻方才可穿过 5 码线。

若球在进攻方 5 码线内被投出，直到球（离开网袋/仪器）越过争球线接触防守方某球员或接触草皮，进攻方才可穿过争球线。

c. 在试图踢一个三分球时，球不能打网，如果球被进攻方在争球线之外接到或者重新获得，则进攻方不能向前推进该球。如果标出了得球线，进攻方将重获在定位点 1 攻 10 码的控球权。

d. 踢出去的球从网上反弹回来并且首先打到争球线之外的区域或者防守方在争球线之外碰到球，在这些情况下，进攻方可能重获并且向前推进该球。只要比赛结束时，进攻方有球权，则比赛的结果是进攻方获得 1 攻 10 码。

e. 进攻方在争球线之外接住从网上反弹回来的球，可能会获得向前推进任何一个这样的争踢球。进攻方必须要把球向前推进超出得球线，以便获得新的 1 攻 10 码的机会。

f. 争球过程若打到了门框，那会被立即判为死球，防守方在其 20 码线处获得球权。

g. 球被踢出界（比网宽）并且球在防守方 20 码线内时，防守方将被奖励在他们 20 码线的位置任何一个争踢球。如果球被踢出界并且超出防守方 20 码线，则防守方将被奖励在踢球越过边线的位置上任何一个争踢球。

示例 1——4 攻 10 码，B 队 15 码线处。A 队尝试的三分球从网上反弹回来并且在 B 队 8 码线处被 A1 接住，A1 向前推进到 B 队 3 码线。裁定：合规推进，A 队已做出得球线，A 队第一个球在 B 队 3 码线得分。

示例 2——在 A 队 7 码线上，4 攻 12 码，当 A 队将球向后踢到没有接球手的 A 队 24 码线位置时，A2 尝试踢个三分球。A 队在球第一次反弹时踢球并且将球推进至 B 队 11 码线，在此位置被拦截。裁定：合规推进，A 队在 B 队 11 码线上，1 攻 10 码。

（4）获得球权后犯规。

在争球进攻并且防守方重获球权时，在球被踢出去之后（球越过争球线），如果防守方犯规，则防守方犯规的处罚将被裁定为获得球权后犯规，并且处罚将被进行以下评估：①球权获得的定位点；②球被宣布死球时的定位点；③犯规的定位点。对防守方来讲，该评估更加具有破坏性。

注意：在踢球之前或之后，撞到或者冲击踢球员将导致退回到之前的定位点并且进攻方重新获得球权。撞到踢球员或扶球员的处罚是退后 5 码，冲击踢球员的处罚是退后 10 码。死球之后的违反体育道德的行为，将导致比赛结束。防守越位和防守阵形违规在球被踢出前会被认定为犯规。在进攻结束时防守方必须有球权。

六、规则 6：争球

1. 球的前部

当球被判为死球后，球的前部应该作为测量和获得距离的基准点。在测量中球不能被旋转。

2. 整个球出界

在端区被带向比赛场地的球仍在端区。当球被判为死球时，如果球的任何部分压住得分线、在得分线上，或者在得分线后，则安防得分或者达阵得分。

3. 阵式

进攻方：进攻方有 4 名球员在争球线上，其中一个是边锋，距离守卫不少于 5 码。例外：发球的情况。角卫和外接手距离争球线至少 1 码，且必须在守卫与近锋以及进攻阵式的后侧（例如：不得覆盖到守卫或/TE 的任何区域）。

发球时，后卫与四分卫指尖的距离不得大于守卫与近锋内侧肩膀间的距离。开球之前，球队不得使用 3 名后卫的阵式，在开球之前变换一名球员的位置。处罚：违规阵式，后退 5 码。后卫与四分卫在发球时应保持不动。

四分卫可以处于拉开进攻阵式或者单边进攻阵式的中心。但是，如果四分卫从一种阵式转换到另一种阵式，所有 8 名运动员必须在任何一名合规球员运动之前转换阵式。处罚：违规阵式或者违规运动，从上一次开始进攻的位置后退 5 码。

争球时，近端锋一定要在外接手的对面。进攻方内线卫可以是开立姿势，下蹲姿势或者 4 点姿势。只要在争球线上有 4 名球员，且四分卫与后卫都在阵式之中，进攻阵式就可以变换。

防守方：防守方有 3 名挡线卫，三者之间最宽的距离应该是与进攻方守卫与近锋肩并肩列阵的距离，且距离争球线不超过 1 码。发球时，所有的防守方线卫都必须是 3 点或 4 点站姿。后线卫在发球之前不得向前或向后移动。处罚：违规阵形后线卫或者防守端太长或者后线卫移动，从上一次开始进攻的位置后退 5 码。

远离近端锋的 Mac 可以突袭，但是只能从第二中立区后方突袭。他只能从“A”间隙突袭，且在四分卫处于阵式中时，不能冲到外面。

站在近端锋一侧的 Jack 可以在发球时离开阵式在旁边做掩护，距离争球线不超过 5 码，除非他是在掩护传球线上的近端锋或者后卫，或者防卫线解除。

Mac LB 可以在进攻方中心的右侧或左侧突袭“A”间隙。只有在四分卫离开争球区 Box，后线卫才可以向外突袭。

当四分卫离开争球区，两名后线卫都可以向外突袭或者减弱掩护。

除了三名防守线卫，只有两名后线卫（Mac 和 Jack）可以在发球时静止在进攻区。

角卫或者安全卫在掩护移动球员时可以在进攻区活动，但是角卫或者安全卫在发球时不可以在发球区静止。

防守变位与绕穿是违规操控，除非是在争球发球时。处罚：违规防守，后退5码，对方自动获得新的首挡。

规则6.4（侵犯与越位）的常规规则适用于常规中立区。任何防守中立区的犯规都是有效球犯规，且比赛继续。Mac和Jack后线卫在进攻方接近争球线时必须马上宣布。违规突袭会受到后退5码的违规防守处罚，且对方自动获得新的首挡。后线卫不得堆叠，且与争球线距离不得超过5码。Mac后线卫与外接手并列，Jack应该与近端锋并列。

在争球区外一字排开的防守方后卫可以向争球线移动，参与合规传球战术。如果接球手介入阻截，掩护接球手的球员可以冲出来接触四分卫。

在争球发球时，只有Mac后线卫可以进行突袭。如果四分卫离开争球区或者做出跑的假动作，Jack可以越过争球线。

在所有阵式中，任何跑的假动作都可以使防守方球员越过争球线，接触四分卫（不包括四分卫向前进入争球区以避免传球冲击的情况）。

在比赛中的奔跑，没有规定谁可以冲撞或者突袭，包括安全卫、角卫和Jack。如果在奔跑中发生违规突袭，则不予以处罚。

如果四分卫从争球区传球，并且打到违规安全卫、角卫或者Jack突袭者，将构成个人犯规。处罚：个人犯规，后退10码。

一旦四分卫出现假动作，对后线卫的限制则不再适用。

A队的球，在25码线处，3攻7码。四分卫A7在争球区做出传球的假动作。B17（Mac）离开争球区。裁定：比赛合规。

4. 侵犯、越位&Jack防守区外

中立区建立之后，球员不得侵犯中立区或在发球前越过中立区。处罚：后退5码。

防守方收到后退5码的处罚，且对方自动获得新的首挡DOF、ENC和NZI、ILF，每场比赛两次。

防守方的额外犯规包括DOF、ENC、NZI，以及任何防守方ILF。

防守方越位——包括所有防守方的越位。对前两次防守方越位，将处罚后退5码。第三次之后，处罚后退5码，对方自动获得新的首挡。这在半场或加时赛中不清零。

防守方越位（每个球员）——第一次犯规，后退5码。第二次犯规，从此半场剩余比赛移除。（如果第二次犯规发生在上半场）第三次犯规，从剩余比赛移除。

新2013－防守越位－Mac/第二中立区（每名球员）——第一次犯规，后退

5码。第二次犯规，从此半场剩余比赛移除。（如果第二次犯规发生在上半场）第三次犯规，从剩余比赛移除。

球员可以从特勤组或者进攻组回归。

如果处罚被拒绝，其仍然被计入球员个人总数。

进攻队在进攻时犯规超过三次，包括DOG、FST、OOF、ILF，将处罚后退10码。

战术人越位——处罚后退10码。如果战术人（Motion Man）越过争球线，则为越位。如果越位，则停止比赛。

不可以结合两队的犯规来处以额外犯规处罚。如果出现额外处罚，在累计到达5次与10次之时清零。

不服的犯规会被司线员记录下来。

示例——A队的球，从25码线处，3攻8码。B越位，比赛裁定为不完全传球。B的越位处罚是半场比赛中的第四次犯规。裁定：处罚后退5码，对方自动获得新的首攻。A队的球，在B队的20码线处，1攻10码。

新2013－Jack防守区外（每名球员）——首次犯规，5码处罚。第二次犯规，在剩余半场时间内逐出比赛。第三次犯规，逐出整个比赛（如果第二次犯规发生在第一个半场）。

5. 越位和侵犯情形

（1）B1跳入（Jumps In）中立区却在未接触进攻方球员的情况下回归原位：不造成犯规。B1穿过或绕着中立区，但并未接触到进攻方球员，也尚未发球：比赛中止，B1会被罚以5码侵犯处罚（不会影响四分卫）。

（2）B1在没有接触到进攻方球员且已经发球的情况下跳入中立区或在中立区列队：B1越位。

（3）B1跳入中立区，并且A1与B1发生接触：B1造成侵犯行为。

（4）B1跳入中立区且A1退开了：B1违反了中立区规定。

（5）后卫A1快速向前移动假装发球，B1马上与其接触：A1违规先动，比赛立即中止。

（6）外接手A1穿过了争球线，B队接触到了护锋A2：A队违规先动。

（7）发球后，进攻球员为了下蹲（Two-Point Stance）而身体向下：违规移动，有效球犯规。

（8）在发球前进攻方前锋冲出或移动：违规先动。

（9）近端锋像前锋一样处于站立姿势并静止，这时他做出的任何举动都会造成违规先动。例外：当近端锋被副裁判要求指明他的位置时，他有可能脱离这个姿势（Break His Stance）。

注意：裁判有责任停止任何会危害四分卫安全的侵犯性行为。

防守方的任意试图引起进攻方违规先动的行为都会造成惊扰犯规，这些行为包括任何口头或非口头，且不同于合理推撞。

示例 1——边锋 A1 沿线运动然后停止，然后后卫 A2 向后移动或者试图移动，同时进行了发球。裁定：符合规定。边锋 A1 和后卫 A2 的行为都不是自发行为。

示例 2——进攻队伍战术靠拢（Huddle），且除了内前锋 A1 以外所有前锋都处于站立状态。A1 肘触膝盖蜷伏着，经过短暂的休息后 A1 站了起来，在他站立过程中，B1 越线接触了 A1。裁定：B1 受到侵犯处罚，比赛立即中止。

6. 位置变更报告

近端锋在每次争球时，若他到达争球线（并不只是脱离战术靠拢的时候），则必须举手进行声明。这个手势表明在这挡进攻他是有效接球手，且副裁判也会要求近端锋进行声明。如果近端锋未声明，则副裁判会延迟比赛以得到正式声明。如果因为这个延迟造成了 35/25 秒时钟超时，那么犯规者会受到相应的处罚。如果副裁判用强硬的办法（Harms Way）使近端锋进行了声明，并且已经发球，那么会对四分卫处以 10 码犯规的处罚。

一个穿着有效序号队服的有效接球员（例如一个带有有效序号的全卫或外接员，除了边锋）不管在哪个位置上，都必须告诉主裁判。主裁判随之会宣称此球员的有效性。对于没有宣告出有效接球员位置的处罚即是“违规阵形”，须后退 5 码。当一名球员成为有效或非有效时，若他不通知主裁判，那他就必须一直在同一个位置（Participate In That Position）。

7. 发球手的限制

发球手有一些潜在规则：发球必须从草皮的长轴，并且与线成直角处发出；发球员发球必须迅捷且连贯。球在发球员的发球动作后必须马上离手。发球员不能：①在球离手之前就将脚离开发球起点；②在抓球之前将球在他的两手之间滑动；③不是自发性发球而是用两手抓球然后快速举起一手或双手进行发球；④主裁判还没有充裕时间恢复其状态，发球手在确定中立区后便快速发球。在以上情况球皆为死球。在情形①②③中，若对对手没有损害，就不会造成犯规。在情形④中，若在警告之后再犯便会造成犯规，会被判拖延比赛。注意：若在发球时发球手仍持有球，并在不断摇晃球的情况下被防守方接触，比赛会立即停止并给予后退 5 码的不合规发球的处罚。

8. 违规先动

在确定位置后，进攻方球员不得交换或移动位置，因为这会使防守方误会已经发球。处罚：进攻方违规先动，后退5码距离。在任一半场如果有多个进攻方提前移动、越位和拖延比赛会有额外的码数进行处罚。一般是普通码数加倍。

额外犯规列表（List of Bonus Fouls）中新加入了进攻方的违规阵式。

示例——A队的球，3攻1码，位于25码线处，A75造成进攻方违规先动，这是A队在这个半场的第四次违规先动。裁定：仍是A队的球，3攻11码，A15，普通处罚码数进行了加倍。

在5码和10码的情况中，这些额外犯规会被抵消（Offset）。

9. 四分卫转头或移动

四分卫有任何明显举动欲使对手越位，就会以进攻方违规先动犯规给予他处罚。注意：四分卫的头部、肩部、手臂、腿、膝盖或脚的任何不规则或快速移动都是犯规（口头上的行为不属于犯规）。例外：这条规则不适用于进攻队员在中锋收到手到手的发球（Hand to Hand Snap）并进行转头或转肩膀时的情况。处罚是后退5码。

示例——四分卫A1在中锋后面停球，然后向前移动并发球，同时向前推进。裁定：违规移动。

四分卫不能在发球时向前移动，然而，这是一个有效球犯规。

10. 伸手

球员在争球线后无视其距离，并试图伸手接收发球的行为，不论其静止或移动，都算是违规先动，除非球员伸手接到了发球。这种情况也适用于球员在中锋身后并用手搭在中锋身上的行为。若出现这种情况，这次进攻会在发球后直接结束。例外：发球之前，落地球或定点球在置球员的位置时，任何四分卫或球员伸手且未收回的情况。

示例1——在“T”阵形中，四分卫A1在进攻队伍展开阵形时处于中卫位置，并在中锋下方（Under the Center）伸手，而当进攻队伍展开阵形时，防守方的B1造成了越位。裁定：进攻方违规先动，处以后退5码的处罚。如果防守方没有越位，比赛照常进行。

示例2——发球太高，球手或置球手跳起接球却造成漏球，随之防守方B1捡起球并得分。裁定：达阵。

11. 被防守方接触

当一名跑卫被防守方接触，若他除了手或脚以外身体任意部位触地，球会立即被判为死球。如果跑卫不是因为防守方接触而是自己接触到地面，则他可继续带球前进。

四分卫用滑行（Slides）来躲避接触，以使他处于保护之中，他接触到地面滑行时不会被接触或触犯前面的规则，但他已然无法继续带球前进。注意：当两名球员为了球跳到空中并进行了合规接触，随之其中一名接到了球并倒地时，这名球员会被声明为接触倒地（Down by Contact）。如果在空中接触与球员倒地之间有明显延迟，且他在地上时没有受到防守性接触，则他可以继续带球前进。

12. 误吹口哨

（1）在比赛进行追逐环节时，球若还在球员控制之下，裁判却让哨声响起（即使是失误），致使比赛中断，那么持球队伍可以选择原地继续或者重新进行这一挡进攻。

（2）在向后传球或丢球时，若哨声响时是攻击方的球，哨声响后球在底线，则继续比赛时球会被放在1码线处。

（3）在进行一个合规自由球或争球时，球会放回之前的地点并重新进行这一挡进攻。

（4）在争球线后向前传球，攻击队伍的球会放回之前的地点并重新进行这一挡进攻。

（5）越过争球线向前传球，球会在传球点归还进攻方。

注意：在球已标记好准备进行比赛前，发生误吹口哨之前的任何犯规都会被处罚。

示例1——一个向前传球被非有效球员A1超越争球线有意识地首次冲撞。裁定：违规触球，在先前地点失去本挡进攻。

示例2——跑卫A1在争球线被包夹，并在B队的2码线处射门却射失，球滚进了底线区且并未被任一队获得。

当主裁判无意识吹口哨后，防守方可将球复原到底线区。裁定：口哨响起时若为死球，球仍属于A队并放置在1码线处，A队进行第三挡进攻。如果在比赛过程中造成丢球，则球也属于A队，并放置在哨声响起时所处的地点。

13. 动作说明

任何球员欲进行动作时必须先退后一步再向前，且不应从进攻阵形中开始动作。动作中的球员允许在发球前走出其底线。如果已经发球，且动作球员超出了争球线，比赛会停止并处以后退10码的处罚。

任意试图造成防守方越位的停止动作都会造成进攻方违规先动犯规。

任意动作中的球员，不管是在进行激烈动作或寻常动作的球员都不应该穿过A缺口（“A” gap），除非他是持球者。这种违规动作行为会被处罚后退5码。

一名球员在发球前的任何动作阻挡了防守方前锋都不是有效的，而发球后的动作便可以阻挡防守方前锋。

战术人移动——战术人可以/必须怎么做?

(1) 战术人（High Motion Man）必须在向前时先向后退。

(2) 战术人不能在进攻阵形中开始动作。

(3) 当战术人越过中立区或与防守方进行接触，作为死球 OOF，他会被扔黄旗。

(4) 战术人不能突然停止。

(5) 战术人不能阻挡防守方前锋。

(6) 直到战术人超过争球线 5 码，否则他不能铲防守方球员。

(7) 除非他持球，否则不能进行任何动作穿过 A 缺口。

(8) 战术人不能通过低铲将球铲离原来位置。

(9) 战术人或者任何有效接球手在合规得球（争球线）的 1 码距离以内阻挡防守方，这不算进攻阻挠（OPI）。

(10) 若传球在合规得球后完成，战术人或者任何有效接球手可以阻挡这次进攻。

七、规则 7：向前传球、向后传球与丢球

1. 一个向前传球——不犯规

在每场比赛中，攻击队伍可以有一个向前传球，前提是球未超过争球线并是从争球线后传出，向前传可通过奔跑、传球、丢球或踢球进行传递，之后会传回争球线。

在 T 阵形中，四分卫不能在争球中接收向前传球。例外：如果传球先被有效接球手或防守队员接触到，或者在发球时，四分卫承担了后卫球员的位置并离线至少 1 码，则四分卫可以接受向前传球。

2. 违规传球

除了上述情况，任何队伍的所有向前传球都是犯规的。当任意违规传球被阻止时，会取消处罚并继续进行比赛。处罚：(1) 若不是由争球发起地向前传球，则会被退后 5 码。(2) 争球线后的第二次向前传球或球穿过争球线后才传出，球会回到原来的位置，这一挡进攻失败。例子：A 队从底线区传出的第二记向前传球被判定为安全得分。(3) 越过争球线向前传球会失去这挡进攻机会并从传球点再退后 5 码。所有从底线区传出的违规传球都是安全得分（在接受处罚的情况下）。

当一个传球手接触到任何争球线外的东西时，他会被判定为已经越线。为了判断传球是否越线，有一个例子，传球手在线后脚离地并将球抛入空中，即使这时球越线了，仍是个合规传球。有效性和传递干扰规则不适用于任何违规传球，除了这是第二记传球或者球是越过争球线后才传出的情况。

示例1——2攻18码，A4。A1接到了来自线后的第二记向前传球，一名有效接球员在其底线区。裁定：安全得分。

示例2——一个向前传球被防守队员B1在其底线区拦截到。在底线区B1试图向后传球。这个传球向前飞去，打到1码线的地面，并被第一个传球队伍接到。裁定：安全得分，这是一个来自底线区的违规传球。

示例3——3攻10码，B15，争球线后的第二记向前传球给散锋A1。防守队员B1在B10干涉A1，不过A1还是接住了球，但却被拦截在B10。裁定：双犯规，抵消处罚。进攻方的违规传球被防守方干涉，干涉规则应用在这种情况时，结果即为3攻10码，B15。

示例4——3攻15码，A20，在中场地带发生越线向前传球，且进攻队员A1在B队的20码线处徘徊，这时传球还未成功。这里造成了多重犯规。裁定：防守方进行选择，进攻方失去这一挡进攻并且从传球点退后5码，或者从中场地带退后10码（因为犯规发生在原始地点的前方）。最后结果，有可能是A队的球，4攻15码A20，或者3攻20码A15。

一个来自线后的向前传球可能会被任何有效球员接触。进攻方不能在传球过程中再次将球击打向前给队友，这样的行为会得到违规击球（Batting）的处罚。

3. 其他人员利用向前传球干涉比赛

如果一位粉丝干扰向前传球，这时由裁判判断，这个传球进攻球员如果可以接到，那么重新进行这一挡进攻。如果这个传球接不到或可能会被阻断，它就会被判定为传球失败。注意：如果任何非比赛人员干涉比赛，裁判会判断比赛在未被干涉的情况下会如何发展，并做出相应裁定。

在每个半场的最后时刻，队伍若被粉丝干扰，其可以选择返回时钟，重新进行这段比赛。如果发球时时钟仍在走，可以根据规则将消耗的时间补上，一般是5秒。若开球时时钟刚启动，则额外的消耗时间会直接加到总比赛时间中。

示例——A队的球，3攻8码，A22。比分为A队24比B队27，场上剩余时间为11秒。四分卫A将球传向离边线很近的A8，A8在B队的5码线处。这时，第一排的一名粉丝进入场中并从A8手中抢走球。根据判断，这个传球是可以接到的，而比赛时间只剩2秒。裁定：重新进行这挡攻击。A队可以选择加9秒到比赛时间中，即3攻8码，A22，并还有11秒的时间。

4. 有效性规则

一个空中接球手或是防守球员的决定性因素即是能接到或拦截球员的首次接触开球，不论是用脚或身体上的任何部位。裁判必须通过球员在空中的首次接球情况裁定这个接球是否有效。这条规则在所有边线上也适用。

注意：在边线栅栏处，栅栏会使球员处于最接近的区域。裁判要预想在底线也有相似的栅栏。如果这些栅栏被损伤，球员会失去资格。在其他情况中，一旦传球被一名有效接球员或任何防守球员接触，攻击球员便都会成为有效球员。

5. 传球失败

如果传球符合撞到地面或弹起（向前传球若撞到栅栏弹回则其依然有效，直到它撞到地面），或被口哨失误吹成死球，那么任意向前传球（合规或违规）都归为传球失败。

6. 传球中的违规接触

如果传球被一名非有效进攻球员接触或接到，便会对其处以违规接触的处罚，犯规队伍会丧失一挡进攻并将球放到原来的位置。

7. 接球手被拦截

如果一名接球员在空中并被防守员拦截，如果接球手仍保持控球权则这个接球仍然有效。

“一脚开球规则”适用于所有边线和底线传球。即使一名接球手或防手首先接触到边线或底线栅栏，他仍可以接收传球。一名球员可以一直依附边线或底线栅栏，只要他在界内便可以接球。球员可以一直带球前进，只要防守球员未接触到他。

当接球员接触到人墙时，即使脚并未接触地板，也允许接球。接球员必须在接球过程中保持控球。如果没有人墙，仅有一条线（比如人墙不相邻的一些底线），那么接球员应该至少一直保持一只脚触地。

示例 1——当在空中时，一名接球手稳稳接住了传球，但当他肩膀撞到地上时他丢了球（不管有无被对手接触）。裁定：传球失败。接球手在其落到地面时必须稳稳地拿住球以完成这个传递。

示例 2——3 攻 10 码，B20。有效边锋 A1 接触到了从 B 队 15 码线处发出的传球，球随之在 B 队 15 码线处被非有效接球手 A2 接触，接着一名防守球员拦截了传球并跑回中场，又丢了球，A 队马上接起球。裁定：合规接触。A 队进行第一挡进攻并退离中场 10 码。时钟继续计时。

示例 3——一个有效向前传球被防守方 B1 拦截，他是从界外跳进来拦截的，着陆时他先被对手接触到然后一脚着地。裁定：截取成功。

示例 4——有效进攻接球员 A1 跳向空中（在争球线后或超过线）以接收向前传球，然后在他飞落之前便向后传给非有效进攻边锋 A2，A2 接到了球。裁定：A2 有效接球。

示例 5——一个有效向前传球不小心接触到线后的非有效护锋 A1，球随之被防守方拦截并折返。裁定：A1 接触到球，传球失败。比赛继续，B 队进行第一挡进攻，从离折返处 10 码处开始。

8. 合规冲刺（Downfield）

在争球线后完成传球后，进攻队伍有可能进行冲刺并被阻拦。

当球离开传递者的手并穿过争球线后，非有效进攻传递的接球员可以从他们的初始交换位置前进，只要他们没被阻拦或被防守方接触，他们可以一直前进，直到球被任一个队伍的球员接触。这样的阻拦或接触是面对攻击方的传递干扰，最终会导致从先前位置退后 10 码，但不会损失进攻机会。

9. 无效球员冲刺

直到一个合规向前传球穿过了中立区，无效球员才可以移动出中立区。例外：发球后进攻方的无效球员马上行动并接触对手，但要保证不超过中立区 1 码，且超过 3 码后也不会继续进行接触。或者当这个接触迫使对手离开中立区 3 码之内，但却丧失接触，而那名球员直到传球都保持不动。处罚：离原始地点退后 5 码。

10. 传球过程中手的合规利用

当一名有效球员接触到一个合规向前传球后，任何球员可能会用他们的手推开对手以防他们抢球，这时不考虑他们原始是否有效。

11. 传递干扰

当一个进攻挡正在进行时，有一个合规传球穿过中立区，并被双方队伍球员违规接触。当出现这种情况时，传球队伍在发球时就会被限制行动，防守队伍在球脱离传球者手上时才被限制行动。当球到达任一球员手上或打到网上或栅栏上后，限制才解除。

对于防守方的传递干扰的处罚是离先前地点退后 10 码和对方自动获得新的首攻。一般的传球干扰是属于场地犯规，最小的处罚都是 10 码。在底线区的传球干扰会给进攻方获得一挡进攻机会，且就在防守方的 1 码线处。

在每个半场的最后时刻防守方对有效接球手进行传递干扰、违规接触、违规防守、用面罩或拉手犯规等行为，对方队伍可以选择加时以弥补逝去的时间，并决定接受或拒绝犯规处罚。

球员必须接受在最后时刻犯规以弥补时间的行为，但被犯规的队伍可以选择时间从发球开始算起，或者在时钟已经在走时、从裁判的开始信号算起，不管他们接受或拒绝这个犯规处罚。

在每个半场的最后时刻，接受处罚的队伍可以选择时间从发球开始算起，或者在时钟已经在走时、从裁判的开始信号算起。

对于进攻传递干扰的处罚是离原处退后 10 码，没有进攻机会损失。

当任何队员超过进攻线并阻挠有效接球手或者类似队员的接球动作时（合规向前传球时），便被称为队伍的传递干扰。当队员为球争抢位置时，除非规则禁止，手、手臂或身体的任何接触都会被认定为偶然事件。禁止行为即是球员显而易见地用身体限制或阻碍对手并实质上妨碍对手的位置，使他们无法保持位置来抢球。如果一名球员抢到了位置，他也不会被认定为用非正规手段阻碍或限制了对手（如果他的所有动作都是真的为了抢到球）。如果一名有效接球手不被这样的行为干扰，那便可以进行以下传递干扰的例外行为。

防守传递干扰包含以下但并不仅限于以下行为：

（1）被一名没有抢球的防守方接触，并使接球手的接球机会受到限制。

（2）从防守方的后方试图抢球。

（3）抓住了接球者的手臂限制其接球。

（4）伸手穿过接球者限制其接球，不管防守方是否在抢球。

（5）通过接触切断接球者的路线，但并不抢球。

（6）钩住准备接球的外接手，这样会使外接手的身体在接到球之前就摔倒。

（7）防守队员的职责是避开对手。然而，在发球之后，当防守队员在中立区外不多于 1 码的点上直接接触对手时，且没有在中立区外多于 3 码处继续接触时，不构成进攻传球干扰。

不构成防守传球干扰的包括以下动作，但不限于以下动作：

（1）当两名球员在争球或两名球员都没有争球时，外接手的手、胳膊或身体与球员的意外接触。

（2）当两名球员运球时或没有球员运球时，在脚部发生的无心碰撞。

（3）一般来说会被认定为传球干预，但发生碰撞的球员们很明显不可能碰到球时的接触。

（4）将手放在外接手的身体上，但不会限制外接手准备运球。

（5）在准备接球的外接手身边的防守员的接触。

构成进攻传球干扰的包括以下动作，但不限于以下动作：

（1）进攻球员在触球之前拦截前冲。
（2）准备接传球时通过挤或推走对方等方式与防守球员的最初接触。
（3）冲向在争球线外超过 1 码处占位的防守员。
不构成进攻传球干扰的包括以下动作，但不限于以下动作：
（1）外接手的手、胳膊或身体在两名球员抢球或没有抢球时发生意外接触。
（2）当两名球员抢球或没有抢球时脚部发生无心碰撞。
（3）一般来说会被认定为传球干预，但发生碰撞的球员很明显不可能碰到球时的接触。

注意 1：如果对球员之间的接触是否有意存在争议，应该裁定为没有干扰。

注意 2：防守方球员和有效进攻球员对于球传递路径有相同权力。

注意 3：当传球时受到碰撞，则两队的传球干扰结束。

注意 4：在争球线上或后方不应该存在传球干扰，但是在某些情况下，如擒挡外接手的防守动作可以裁定为防守阻挡。

12. 违规接触

在 5 码区内，防守员不能从外接手的后面接触他，也不能使用手或胳膊抓紧或抱住外接手。在比赛过程中防守员不能使用阻拦或钩住外接手等方式，阻碍和限制外接手运动。

在 5 码区外，如果接受开球的球员留在挡盒内，防守员仅仅在防守或保护自己不受外接手阻碍的情况下可以使用手或胳膊。

在 5 码区外，只要没有严重影响或阻碍外接手，没有给自己球队创造明显的优势，防守员和外接手之间就不会产生意外接触。

进攻区、防守区的界限定义如下：

如果球位于球场上一条“内码线”码标上，那么“区”的宽度的界限是从一边的“内码线”码标到另一边的最近的联盟码标。

如果球位于球场上一条“外码线”码标上，那么”区”的宽度的界限是从一边最接近的“内码线”码标到球场另一边的最接近分码线号的地方。

进攻“区”的长度没有限制，防守“区”的长度是从争球线开始的 5 个码。

四分卫出盒：一旦四分卫出了进攻盒，在争球线后方漏接发球或丢球都属于合规冲撞，不会受到处罚。

13. 故意出界

发生故意触地的情况，将会在以下情况吹哨：

（1）当踢球手由于防守带来的压力而面临失码时，虽然没有从进攻盒成功传球的机会，但还是向前传球。

注意：成功传球的机会是指把球传给附近的合适的外接手。

故意出界由主裁判吹哨，他的首要责任就是保护传球者（其次才是空中的球）。如果对四分卫是否故意出界有争论，则主裁判不得罚球。

（2）当踢球手在进攻盒外面临失码，向前传球传到临近或超过争球线时，即使进攻球员没有接到球，主裁判不应该吹哨裁定为故意出界（包括球越过边线或底线出界，也不能裁定为故意出界）。

（3）踢球手出于战略目的故意延迟传球，则禁止踢球手将球扔向自己前方的场地上，即使没有防守员防守。

（4）如果踢球手直接接到发球后继续将球扔向前方，则允许踢球手叫停比赛限时器（故意出界罚球不允许叫停）。

（5）如果防守员的动作严重影响踢球手正常传球给前方的外接手，则属于故意出界的吹哨范围。

处罚：点犯规，失一挡。在端区故意出界属于安全得分。所有故意出界都可以减轻为传球失误。

示例 1——A4 的 2 攻 20 码。四分卫 A8 退后到端区。刚刚在端区受阻后，四分卫 A8 将球扔到自己前方，属于故意出界。一名防守球员摔倒。裁定：故意出界。安全得分。

示例 2——A24 的 2 攻 10 码。四分卫 A5 站在 A14 上防止被阻拦时故意出界。裁定：从犯规点失一挡。A14 的 3 攻 20 码。

14. 犯规

球队成功合规向前传球或阻拦合规前传球之前，如果出现个人犯规，则没有犯规的球队可以做出以下选择：①从之前点罚球 10 码；②从争球线外死球的受拦点开始罚球 10 码。

除了以下情况：如果没有犯规的球队在成功传球或成功阻拦之后失去球权，犯规罚球从以下两个点开始：①如果完成传球，则从之前点开始；②如果丢球发生在拦截之后，则从拦截时失去球权的点开始。在另外一种情况下，没有犯规的球队将在个人犯规罚球结束后获得球权。

注意：个人犯规不包括拉扯、违规动手、违规击球和正常碰到面部或头盔脱落等。然而，如果发生在争球线后方，10 码面框罚球将从之前点开始。

示例 1——A15 的 3 攻 10 码。当踢球手抓获抛球扔给被拦截在 A12 的后卫 A1 时，防守球员恶意犯规外接手。裁定：按往常传球犯规处罚，从之前点发球。在 A25 处的 1 攻 10 码。

示例 2——A20 的 3 攻 10 码。哨锋 A1 试图拦截从踢球手手里接球的防守员

B1。B2 阻拦了传球并将球带回到中场位置。裁定：从死球点开始罚球，这种情况下，从球场中线开始。个人犯规在阻拦之前。B 队球在 A 队的 15 码线上 1 攻 10 码。

示例 3——A15 的 3 攻 10 码。踢球手在球场中线成功传球给外接手 A1 之前，防守球员 B1 对踢球手恶意犯规。A1 跑到他被阻拦的 B20 处，丢球后防守球队在 B15 处获球。裁定：个人犯规先于成功传球。罚球从之前点开始并把球权给没犯规的球队。球场中线的 A 球 1 攻 10 码。

示例 4——A15 的 3 攻 10 码。B1 在 B20 处阻拦前传球并带球回到 A20 处。在传球之前，A3 在 B12 处阻拦后卫。裁定：B 队的球在 A 队的 10 码线上的 1 攻 10 码。个人犯规在阻拦之前。

15. 故意丢球

如果跑球手故意向前丢球，会被裁定为向前传球，按违规向前传球处罚。在争球过程中，如果被裁定为节省时间而向前传球，也属于违规前传——从之前点罚球 5 码，并罚失挡。

16. 第四挡丢球和合规前进

所有向前出界的丢球都会放到丢球点。

如果在争球挡中的第四次挡丢球（包括一切附加比赛的球），只有丢球球员可以带球前进或向前或向后递球或传球（规则规定）。如果故意将球丢在人工草皮上，则不属于丢球，两队的任何球员都可以向前运球。

如果在争球挡期间的第四次挡丢球，而另外一名进攻球员获球或接到球（也就是说成了死球），下次发球的点是丢球点，除非获球点位于丢球点的后方，否则将会在获球点发球。

如果在争球挡期间的第四次挡发生丢球，且球出界，以后比赛从丢球点开始，除非球出界的点在丢球点的后方，否则将在球出界的地方开始。

第四个挡丢球以及所有越过端区或底端线的丢球将裁定为坏球，要将球拿到防守球队 1 攻 10 码的 5 码线上。第四个挡丢球则由防守球队带球前进。第四个挡丢球规则不适用于置球员和踢球手，但也不会从中锋直接发球（在空中开球与手跟手交换相反）。这些例外在中场的最后一分钟内也有效。注意：拉开进攻的四分卫与置球手和踢球手一样。第四个挡丢球规则也同样适用于四分卫丢球，因此只有四分卫可以带着丢球前进。同样，中锋直接发球给四分卫也会被裁定为四分卫丢球，也只有四分卫能带丢球前进。如果四分卫发球不成功，发球属于丢球，不能裁定为漏接球。因此，只有四分卫才能获球和运球前进。

17. 在一分钟警告之后丢球

在一分钟警告之后，所有丢球只能由丢球球员或防守球队的球员带着前进。如果在中场最后一分钟丢球，球从丢球点的前方出界，则在丢球点进行点球，计时器也要做好计时准备。如果在丢球点的后方出界，则不需要调整计时器，从发球开始计时。后传球或故意将球扔到场上则不属于丢球，因此任何一个球员可以运球前进。

示例 1——在 B10 上的 A 的 4 攻 10 码。试图射门得分，直接从中锋处发球，球掠过置球员定位踢球的手或在 B17 处被落地球手接到。踢球手在 B20 处获球并取得达阵。裁定：合规达阵。

示例 2——在 B9 处的 4 攻 4 码。进攻球员 A1 在 B9 处丢球。防守球员 B1 碰到球，然后进攻球员 A2 在 B7 处获球。裁定：返回丢球点发球。B 球在 B9 处 1 攻 10 码。如果在 B4 处获球，也是同样的裁定。

18. 如果两名异方球员同时获得后传球或丢球，则球应该奖励给传球或丢球方。

19. 在边线障碍区内传球或丢球

在球碰到边线或端区障碍之前或之后，球仍为有效球且比赛可以继续。除以下情况：碰到临近端区底端线障碍的丢球、漏接球、后传球属于死球，可裁定为坏球并获安全得分。

前传球碰到边线或端区障碍，且被有资格的进攻球员或防守球员接住，则裁定为进攻传球成功或防守阻拦成功。如果球碰到边线或端区障碍，则不属于传球干扰。一旦传球碰到边线或端区障碍，外接手则“复活”，无罚球的防守球员可以碰触外接手，但不能出现个人犯规。

20. 后传球或丢球执行点

在后传球或丢球时发生犯规，发球应该从传球点或失球点（基本点）。除了后传球、丢球或犯规点在争球线后方，基本点为之前的点。

当四分卫或置球员射门得分时，后传球或漏接球或附加比赛，以及任何后传都可以由两队任何球员带球前进。除以下情况：防守员或进攻员随时可以把空中传球（无论前传或后传）击向任何方向（包括端区），以防守防守员阻拦传球。进攻方球员不可以在传球时将球向前击给自己球队的球员。

示例 1——A8 的 4 攻 15 码。踢球受拦，防守球员 B1 帮助队友 B2 在端区获得球时，推了 A1，球进入端区。裁定：合规比赛。

示例 2——B20 的 2 攻 10 码。四分卫 A1 在 B22 处丢球。防守球员在 A1 获球处将待争球打到 A15 处。裁定：违规击球罚后退 5 码，自动为一挡，A 队在

B15 处的 1 攻 10 码。

示例 3——B20 的 2 攻 10 码。后传球或丢球碰到球场中线的草皮，防守球员 B1 将球打到他获球的 A15 处。裁定：违规击打待争球。从争球线后方 B1 犯规的之前点开始发球。A 球在 B15 处的 1 攻 10 码。后退 5 码，自动为一挡。

示例 4——B1 在端区阻拦前传球后，带球前进到他丢球的 2 码线上。B1 获球。在丢球期间，B2 在自己的端区犯规。裁定：还要将球放到 1 码线上。从丢球点开始发球。

示例 5——空中：A1 接到前传球。但球仍然在空中时他控制住球，将其向前扔给队友 A2。裁定：违规击球，罚后退 5 码，球定位在上一次的进攻位置，失一挡。

21. 前传球传到球网

传球碰到球网，球弹出网后除了球员，没有碰到地面或任何物体，因此根据规定，比赛仍然可以继续。注意：一旦传球碰到球网，则不属于传球干扰，但球员仍然可以防守或仍然会犯规。

22. 保护踢球手

按照解释，传球从踢球手（具有球权的球员）带球前进开始。开始传球后，如果球碰到地面，则会被裁定为传球失误。如果踢球手在用手带球之前球已经离手，则裁定为丢球。

在比赛中，当球离开踢球手的手时，防守球员被迫与已经开始合规向前传球的球员发生碰触。球还在踢球手手上时，主裁判必须要明确防守球员是否有合适的时机停止阻碍传球或放弃阻拦踢球手。

当防守员靠近任何地方时，不能撞击踢球手的膝盖部位。在无法避免的情况下，如果防守员受阻或对踢球手犯规，则不属于犯规行为。只要踢球手很明显地被防守球员控制或抓住，则裁判就会按死球吹哨。

八、规则 8：触回和安全得分

1. 触回

（1）在得分线后方球成为死球或宣布为死球时会发生触回，以及防守球队的对手应该把球放在那里（得分线上）时会发生触回。

（2）在发生触回之后，由发生触回的防守球队继续在 5 码线上带球比赛。这是触回期间出现犯规的基本发球点。

2. 安全得分

安全得分发生在以下情形中：

（1）球员在自己的端区受阻拦。

（2）在争球时或踢球时，球员经过端区发球或丢球。

（3）进攻球员带球走出自己的端区。

（4）所有从端区扔出的违规前传球都属于安全得分。

注意：当接受或执行的时候，这是导致对方安全得分的唯一犯规。

球落到自己球队得分线后的安全得分为 2 分。

在安全得分后，得分的球队必须通过任意踢球开始比赛。要从得分线开球。注意：在比赛最后一局中安全得分后，开球的球队不一定必须是得分球队，这时候比赛结束或平局时继续比赛。

九、规则 9：得分

1. 得分

得分更多的球队为最后的获胜方。得分规则如下：①达阵得 6 分；②通过落地球、跑、传球等获得追加得分可得 2 分；③定位球得 1 分；④定位球成功射门得 3 分，落地球成功射门得 4 分；⑤安全得分为 2 分；⑥防守球队安全得分为 2 分；⑦在两队任意一方的得分球漏接或受阻拦（球位于争球线后方）后，球进入端区，则另一方得 2 分。

2. 不公正行为

（1）在主裁判的观念中，一方的犯规行为造成对方达阵失败，则应该裁定对方达阵得分。

（2）在防守方故意使用违规防守取得战场优势的情形下，主裁判有权处罚防守方，比赛时间为违规防守之前剩余时间。

联盟办公室将处罚故意违背比赛规则获取竞争优势的球员和教练。

3. 附加分比赛

在取得达阵之后，得分球队可以获得附加比赛的机会。附加比赛时可以在争球挡获得一分或两分。得分方应将球放在 2 码线上或放在球场码标之间的任何位置上。在最后一局比赛中，如果双方得分差距在两分以内时必须增加附加比赛。在正常比赛阶段和后比赛阶段都可以增加附加比赛。如果达阵后该方获胜，则无须在突然死亡的情形下增加附加比赛。

第四个挡丢球规则也可以增加附加比赛。除了在每个半场的最后一分钟内，丢球规则都有效（只有丢球队员重新获球并带球前进。如果进攻方的其他球员获得丢球，该球为死球）。

示例——在附加比赛阶段，定位球置球员或落地球手 A1 丢球。B1 在 2 码线踢到或击到待争球，并且球在得分线后方出界。裁定：安全得分，A 队得分记 2 分。

（1）附加比赛时个人犯规。

附加比赛开球之后，当出现个人犯规和违反体育道德的行为时，第一局会继续进行下去。或者可以让 A 队选择重新开挡并进行 2 分的附加比赛。

注意：如果平局的最后一场比赛出现这种情况，A 队可以选择 2 分的附加比赛或在第一局结束之后选择执行罚球。

示例——A 队在第一局比赛没有剩余时间的情况下成功达阵，比分为 A27 比 B28。A 队想要进行附加比赛。开球很成功，但 B 队在比赛中恶意犯规踢球手。裁定：A 队可以选择接受惩罚，并开始 2 分的附加比赛或继续当前比赛，在第一局开球结束后继续个人对踢球手恶意犯规惩罚。

（2）附加比赛时的有效球。

如果附加比赛受阻且球在争球线后方，则为有效球，任意一队还可以获球并开始 2 分的附加比赛。发球时越过争球线，不论球是否偏离，如果没有成功传球，则立即为死球。如果要开始一场 2 分的附加赛，任何防守方获球/回弹将算作 2 分的回弹。如果附加赛阶段 A 队获得 2 分安全得分，则 B 队也会获得 2 分。

4. 附加赛之前犯规

如果防守方犯规不允许进行附加赛，或防守方在附加逼死失败时犯规，则在该挡重新比赛。未犯规的一方可以选择审估距离处罚，并可以将球重新放置在码标之间的任何位置。

5. 阻拦和接球/获球

如果 B 队的球员阻拦了一次前传球、丢球、后传球或在他们队的 5 码线和得分线之间接到/获得争球开球、任意球、丢球或后传球，且球员最初的动力使他和球进入被宣布为死球的端区，在阻拦、接球或获球时球将属于 B 队。如果在裁判宣布为死球之前，球员在端区漏接球、丢球或后传球，则该球依然为有效球，且可以由对方球队重新获球争取达阵。这些规则包括开球出网。例如：

（1）如果球员从端区阻拦违规前传球，则会获得安全得分。然而，如果对方球队的球员在端区阻拦违规传球，且球为有效球，则对方球队达阵。

（2）如果截断一方球队的球员在场上犯规，并且球在端区变为死球，则截断点就是基本点。如果犯规是在截断点后方，那么犯规点就是基本点。例外：如果在端区犯规，球放置在1码线。

（3）如果开球后球员跟球到达端区或者越过端线，则球放置在获得球权的位置。如果球员返回球场，接球失误或者向后传球，那么球为有效球，可以恢复并前进。

示例1——B20 2攻10码。防守方球员B1截断传给B4的合规前传，他的冲力使他进入端区。之后他把球传给B20。裁定：合规比赛，B队球员B20的球。

示例2——B20 2攻10码。防守方球员B1截断了B4的合规前传，他的冲力使他进入端区，他受到拦截，丢球。球员A1在B队端区接到漏球。裁定：传球队得到了一个有效球并且达阵得分。

示例3——B20 2攻10码。防守方球员B1截断了B4的合规前传，B1的冲力使他进入端区并倒地。在比赛中，B2在2码线上绊倒。裁定：B队的球，B1球员1攻10码。如果B2的倾斜（Dip）发生在端区，则球定位在1码线。

6. 进攻方得分线后犯规

如果进攻方在自己一方的端线内犯规，球定位在1码线。依照规则，所有从端区投出的违规前传都判防守队安防得分。

示例1——A4 2攻15码，球员A1在5码线处漏接一个传球。球滚到端区，A1把球击出或踢出端线，使防守方无法拿到球。裁定：比赛结果是防守队安防得分。

示例2——防守队球员B1在自己的端区漏接了一个任意球，球滚到85处，B2故意把球踢出界。裁定：违规踢球，处罚防守方退后5码或者进攻方从犯规点向球门推进2.5码。

示例3——B1拦截到开出的球，并在得分线后方前传。裁定：端区内违规前传，安防得分。但是，A队可以拦截、推进或者接受比赛判罚。

7. 端区内受控四分卫

四分卫受控，就是说四分卫在场上被困，失去移动能力。这取决于裁判的主观判断，为保护传球球员实施。四分卫有一次恢复自由的机会，但是如果他无法从防守球员的防守中脱身，则马上被裁定为受控。如果四分卫在端区内被裁定为受控，比赛结果为安防得分并停表。

8. 合规射门得分

在射门得分时，球在通过球门时不能碰到草皮或者任何进攻方球员。球必须完全通过球门。如果防守方出现明显不正当行为（例如：一个球员坐或站在另一个球员的肩膀上试图阻止射门），裁判可以裁定进攻方射门得分。

示例 1——B1 去接一个射偏的球（在空中或者在球网外），侧身在端区奔跑，漏接。A1 接到球。裁定：A 队达阵得分。

示例 2——A 队试图射门，球被弹出界外，在争球线后或超过争球线。裁定：B 队的球。

示例 3——第二挡进攻时试图射门，球被拦截，A 队在争球线后方得到球。裁定：在第三挡进攻时，球定位在恢复时的位置。如果护球球员为了得分带球过界，则获得这一轮的首挡进攻。

示例 4——B10 4 攻 2 码，A 队射门成功。在进攻过程中，B1 在争球线打中了 A2。裁定：A 队得分，并在第一轮开球后接受后退 10 码的处罚，或者接受处罚，减去得分，在 B 队 5 码线处射门。取消 B1 的比赛资格。

十、规则 10：球员行为/球员装备

1. 在双方都未控球情况下双手的使用

在双方都未控球情况下，任何球员都可以用他的手或手臂推或拉对方球员，争夺球权。

2. 越线时双手的使用

在争球时，发球方的球员在没越过自己的线之前，不得使用手推开或者拉防守方的球员。这样的发球方球员会被视为是争球线上的拦截者。

3. 违规使用身体

进攻方球员不得推或者拉本队持球球员，也不得抬起持球球员使其双脚离地。处罚：后退 5 码，协助带球手。

（1）进攻方球员不得推或者用身体冲撞本队球员以帮助本队球员阻拦对方球员，或者帮助本队球员争球。处罚：后退 5 码，协助带球手。

（2）进攻方球员不得推或者用身体冲撞本队持球或者摔倒的球员，也不得用手打击或者拖住对方队员的背部和腰部以上的身体部位（在任何情况下，这都是违规阻拦）。处罚：后退 10 码。

（3）球员不得绊倒对方球员。处罚：个人犯规，后退 10 码（如果防守方球员违规，对方自动获得新的首攻）。

（4）进攻方拉扯，违规使用手、手臂或者身体部位，处罚后退 10 码。

（5）手打到脸，个人犯规，后退 10 码。如果防守方球员违规，对方自动获得新的首攻。

（6）球员在进攻线外静止，或者球员在开球之前向球运动都不造成冒犯阻挡

犯规。

(7) 在开球前正常或高速运动的球员没有资格阻拦防守线卫。但是，在开球前向远离球的方向运动的球员可以阻拦防守线卫。

4. 合规 Chuck

合规接球手只有在距离争球线 5 码以上的某一点上才是“阻拦的对手”，除非接到球的队员明显表现出没有传球意向。而在 5 码以内的位置，防守方球员可以与合规接球手进行冲撞，只要冲撞没有中断，就可以一直持续。防守方球员不能用手或者手臂推、抓或者环抱合规接球手，妨碍其运动。

依照规则，一旦四分卫脱离了进攻阵队或者传球、接球失误，则不存在违规冲撞处罚。

5. 腰部以下阻拦

合规接球者，当在争球线或争球线之后，可能受到腰部以下的阻拦。在超过争球线后，合规接球者不得受到腰部以下的阻拦。处罚：个人犯规，违规阻拦，退后 10 码，对方自动获得新的首攻。

在发球进攻、任意球或者任何球权交替时，如拦截回攻或者漏球回攻中，球员禁止在初次冲撞时冲撞对方球员腰部以下的部位进行阻拦。例外：争球发球，球还没有越过争球线之时。处罚：个人犯规，违规腰部以下阻拦，后退 10 码。

如果上述任何一种行为被裁判裁定为恶意行为，只要裁判看到了整个违规过程，则进攻方球员被取消比赛资格。在争球时，如果一个静止球员站在进攻线卫外围，或者一个运动球员在发球之前向球的方向运动，则该球员不造成冒犯阻挡。

在争球线 5 码以内的区域，战术人高速运动的球员不得从腰部以下的部位阻截防守方球员。

一旦四分卫或者接球手受到拦截，向前或向后传球，或者因丢球或者漏接，使得球触地手离开球，又或者四分卫离开争球地，则防守球员可以对合规接球手进行腰部以下的阻截。如果发生这些情况，球在空中，则防守球员对进攻球员的阻截不再受限制。

6. 肩部以上手的使用

防守球员不得用手掌冲撞对方球员肩膀以上的部位，除非是为了警告对方球员远离争球线，但是，这种动作不能在一次冲撞中对同一名球员重复多次。当对方球员试图去接漏球的时候，防守球员可以用手掌冲撞对方球员的头部、颈部或脸部。

7. 抓面罩或头盔带

球员不得扭、转或者拉对方球员的面罩或头盔带。如果面罩或头盔没有发生扭曲、转动或者拉动的情况下，不属于犯规。

扭动、转动或者拉动头盔或面罩的行为是犯规的，处罚后退 10 码，对方自动获得新的首攻。如果被裁判裁定为恶意犯规，则进攻方球员会被取消比赛资格。如果有疑问，则不构成犯规。

所有球员都不得抓其他球员的垫肩或者球衣内侧的领子，并把带球者拉倒。这对于带球者、进攻方四分卫不适用。

示例 1——如果带球者 A20 在挡区奔跑，防守球员 B56 从后面抓住他的球衣领或者垫肩领，并把他拉倒在地。裁定：个人犯规，后退 10 码。

示例 2——如果带球者 A20 在挡区奔跑，B56 从后面抓住他的球衣领或者垫肩领，此行为持续了几尺的距离，但是 A20 没有被拉倒，而是被另一个防守球员扑倒。裁定：比赛合规。B56 没有犯规，因为他没有马上将 A20 拉倒。

8. 撞到踢球手

落地球手、定位球手和置球手是被保护的，防守方球员在其线后不得撞到他们，除非发生这样的冲撞：①是意外冲撞，并且是在防守方球员触到飞行中的球之后；②是由发球者自身的动作引起；③在快速发球中发生；④在发球过程中带球者越过争球线后或者在争球线之后跑了一段距离；⑤发生在发球者拿到一个触地的待争球后，怀疑踢球是否能够成功的情况；⑥在防守球员违规拦截了发球者或置球员之后。注意：防守方球员合规撞到发球者或置球员，也要为此行为负责，同样遵循此规则。

当踢球手有离开地面的势头之时，防守方必须等到他回到地面再进行冲撞。任何情况下，当防守方球员在踢球者落地前滑倒在其脚下，都被视作撞到踢球者。

处罚：撞到踢球者，后退 5 码。处罚：打到踢球者，后退 10 码，对方自动获得新的首攻。

9. 禁止堆叠

在裁判吹哨终止比赛时，球员不能堆叠在带球手身上。处罚：个人犯规，后退 10 码。如果带球者明显不能带球推进，裁判应该马上吹哨终止比赛，以阻止比赛继续进行。

10. 不必要的冲撞

禁止不必要的冲撞，包括：①用脚踢对方球员膝关节以上的部位或者腿部膝关节以下的部位；②用前臂打到对方球员的头部；③在球被判为死球后把带球者扑倒；④在带球者摔倒或滑倒在地但没有尝试推进的情况下，撞向或者扑向带球者；⑤在球被判为死球前后，撞向或者扑向停止比赛的带球者；⑥球员用头盔抵撞、飞冲或者撞击对手；⑦球员为了接到传球用头冠或者头盔顶部撞击传球者或者接球者；⑧撞击无防备的球员。处罚：不必要的冲撞，后退 10 码。

即便没有冲撞，以下的行为也被视为是违反体育道德的行为：拳打、脚踢或者用前臂打对手。如果裁判认为此种行为或举动是恶意行为，球员会被取消比赛资格。处罚：违反体育道德的行为，后退 10 码。

11. 背后绊人

在球场上任何位置都禁止背后绊人（从后方低位阻截对手），包括争球线的位置（除了争夺双方都未控制的球的情况）。处罚：后退 10 码。如果裁判裁定为背后绊人，则球员被取消比赛资格。

12. 冲撞传球手

为了保护传球手，裁判员应在传球手在争球线之后被明显困住之时，立即宣布死球。裁判会手握拳，手臂举过头顶，表示传球手被困。发生此种情况不会停表。然而，当裁判员认为防守球员在阻挡传球手或者带球者后停留时间过长，裁判员会在比赛半场的最后时刻停表。在此种情况下，裁判员做出准备好的手势后，开始计时。在传球手传球过程中，防守方球员必须尽力不去冲撞传球手。如果防守球员已经做好了阻挡传球手的准备，或者裁判认为冲撞不可避免，则必须缓和冲撞的冲击。作为基本规则，应该应用“两步”规则。例如：在传球手扔出球后，防守球员迈出一步，他只可以在一步范围内冲撞传球手；如果迈出第二步以触碰到传球手，他就会犯规。违反此项规则的会受到冲撞传球手的处罚。如果裁判员认为是恶意犯规，则犯规球员被取消比赛资格。如果带球者（通常是四分卫）主动把球丢在地上，则球马上被判为死球。

为了保护传球手，裁判员需要特别注意防守队员的犯规，防止他们违规使用头盔或者面罩去撞击传球手，或者使用手、手臂或身体其他部位去撞击传球手的头部、颈部或脸部。防守方球员不得有以下行为：①用头盔或面罩击打传球手的头部、颈部或脸部，或者用其手臂抓或者抱传球员以阻拦其行动；②低头用头盔强行接触传球者的身体。此规则不禁止对传球手进行常规阻拦时所发生的意外冲撞；③防守方球员不得跳向传球手或者发起任何可能以头盔或者面罩撞击到传球者头部、颈部或脸部的撞击。

例如：防守球员把面罩埋在传球手的胸口，防守球员跳起，使得头盔撞到传球手的头部或者脸部。防守球员以正面姿势或者头微低的姿势击中传球手颈部以下的身体部位，防守球员抬起头，其面罩或者头盔冲撞到传球手的头部、颈部或者脸部。

角卫对接球手攻其不备的行为可以总结为：只要防守后卫没有击中头部，则不构成犯规。

如果防守方球员对接球手头部或膝盖进行突然袭击，则防守球员被驱逐。只有在攻其不备的情况下击中头部的犯规以及低位攻击接球员头部的行为构成犯规，但不构成驱逐。

注意："头部重击"规则适用于任何无防备的球员。

13. 违规言语冲撞裁判员

对任何裁判员的违反体育道德的语言都会受到后退 10 码的违反体育道德的处罚。当这是多重犯规时，两种犯规同时实施。

14. 下肢拦截（Chop Block）

在争球挡，在球场任何位置，由阻截方球员对对方球员实施的大腿部以下的任何拖延阻截都构成下肢拦截。处罚：个人犯规，下肢拦截，后退 10 码。

15. 不公平行为

当任意一队利用插入替补、合规球员、替补球员、边线障碍或退场球员试图迷惑对方球队时，无论是否战术靠拢（Huddle），都视为不公平行为。另一种不公平行为是故意让无资格线卫举手，示意其是合规接球手。处罚：违反体育道德的行为，后退 10 码。

在达阵后粗鲁的庆祝。处罚：违反体育道德的行为，后退 10 码，不驱逐出场。

迷惑对方的打法/欺骗：任何迷惑欺骗对方的打法都会被裁定为违反体育道德的行为。包括：在发球之前不以三点或四点姿势站立，后卫面向他方试图抓住防守方球员或者所有进攻方线卫都处于开立姿势。

进攻方的停止动作是犯规的，因为这是试图使防守方越位。

示例——B22 3 攻 4 码，A 队在争球线有 4 个人，两个外接员在边侧看着边线外的教练，后卫看向教练的方向，四分卫拉开进攻阵形，对后卫大叫。防守线上的球员等待进攻方进攻。球发给四分卫，四分卫把球扔出界。处罚：B 队犯规，试图欺骗防守方，违反体育道德的行为。裁定：A 队的球，在 A 队的 17 码线上，3 攻 14 码。参见规则 9"不公正行为"。

16. 干扰行为

球员不得把球藏到球衣或者装备之下，也不得把球换成其他物品。

不得假装替补或换装备以迷惑对手。不得用替补或者替补过程作为战略来迷惑对手。

不得使用任何装备来迷惑对手。

17. 杠杆

跳或者站到队友身上试图阻拦对方踢球的行为是犯规的。把手放到队友身上来增加高度试图阻拦对方踢球的行为同样是犯规行为。然而，防守球员允许把一名队友作为杠杆使用，但是必须用手或者手臂，不能用脚。处罚：个人犯规，从上一次进攻开始的位置后退10码。对方自动获得新的首挡。

18. 与裁判员的冲撞

在任何情况下，球员都不得以攻击性或者明显会让观察员产生误会的方式，铲、拳打、击打或者以其他方式冲撞裁判员。任何做出此种举动的球员都会被处罚取消比赛资格。处罚：违反体育道德的行为，后退10码，自动取消比赛资格。当构成多人犯规时，两种犯规同时实施。

19. 为阻止进球故意犯规

在接近其得分线时，防守方不得连续犯规，阻止对方进球。如果在警告之后还是违反规定，进攻方得分。

20. 摔球触地

球被摔触地后弹到或者被扔到看台上不属于犯规。然而，球员的此种行为会被记录下来，并且会处以罚款。危险的摔球触地行为会构成犯规，处罚后退10码，违反体育道德的犯规，对方自动获得新的首挡。如果犯规发生在达阵之后，则处罚在下次发球或争夺附加分时实施。

21. 干扰

任何使进攻方违规先动的言语或者行为，包括与合规冲锋无关的言语与非言语行为，都被视为干扰。发球时的假动作也会构成违反体育道德的犯规。处罚：违反体育道德的行为，后退10码，对方自动获得新的首挡。

22. 球员的装备

球员必须穿着符合标准的正规专业装备，允许装备有一些符合标准的小调整。球员在未离开球场前脱下头盔的行为（除了暂停时段、装备调整、间息以外）会处以后退10码的违反体育道德的处罚。当带球者的头盔在比赛中完全脱落，比赛会被吹哨中止，但是不停表。

23. 违反体育精神的裁定

首次犯规，违反体育精神行为判为后退10码处罚，应该是处罚进攻队。第二次犯规，同样也是处罚进攻队。第三次犯规，在处罚进攻队的同时，取消进攻球员比赛资格。注意：如果第一次犯规情节严重，则会构成违反体育精神行为犯规，并且接下来会予以警告。如果裁判员在争球线让 TE 宣布，并且球已经发出，那么四分卫受到后退 10 码的违反体育道德的处罚。

十一、规则 11：非球员人员行为规范

1. 大声喧哗

禁止一切扬声器或声音放大设备。也禁止任何有利于主场的扬声器或声音放大设备（人群尖叫声等）。处罚：违反体育道德的行为，后退 10 码。

2. 球队工作人员

允许在球场内部的球队工作人员，包括法定的正式球员，最多不超过 10 人（无论比赛期间球队工作人员是坐在长椅上，还是其他沿着边线的位置），其中包括教练、非活动球员、为运动员送水的员工、教练员、助理教练和医生。

只有穿着整齐的人才能进入场内。为了确保不遮挡球迷的视线，所有场内球队工作人员必须在界限外走动。

3. 非球员人员犯规

在比赛进行中或暂停（包括中场休息）时，由替补球员、教练、服务人员以及其他所有的非球员人员（有资格坐在球队长椅上的人）造成的违反体育道德的行为，应该接受退后 10 码的违反体育道德行为处罚。

4. 场地服务人员

在双方球队任意一方提出的休息时间内，球队服务人员及其助手可以进场照顾球员。其余时间，没有主裁判的允许，其他非球员人员禁止入场。

5. 场内活动

从比赛前半场开始直到结束，只有正式球员可以参与传球、踢球及其他比赛形式。这段时间包括半场和每两节间的休息时间。在中场休息期间，由主场球队组织的竞赛、展示或球技表演应在球队监督下进行。这些活动在每节休息时间内会消极进行。因为他们必须迅速表演，以免延误下节比赛的开始。任何这种形式的团体赛导致的比赛延误，美国足球联盟可能对球队进行罚款，或者禁止其参加以后类似的活动，特别是在每节休息时间举办的活动。任何违反此裁定的行为会导致的后果如下：

初次犯规：主裁判暂停比赛与比赛管理员交涉使得问题得到解决，同时通知

球队主教练。

第二次犯规：对延误比赛进行处罚，并通知主教练。

第三次犯规：对主场球队进行违反体育道德行为处罚。

6. 违反边线约束规则的教练

第一次违反：予以边线警示。

第二次违反：处罚该球队退后 5 码。

第三次违反：因违反体育道德的行为处罚球队后退 10 码。

第四次违反：因违反体育道德的行为处罚球队后退 10 码，并将其强行逐出赛场。

7. 广播系统播音员的体育道德

当进攻球队战术靠拢时，广播系统不应播放任何音乐或人声。

十二、规则 12：处罚的执行

1. “3 和 1”执行方案

“3 和 1”执行方案应按如下条例执行：①当进攻方在基本区域之后犯规时，应在犯规处进行处罚；②除了故意出界和进攻方在本方底线区内犯规外，进攻方在争球线后犯规，应在上一次进攻开球的位置进行处罚；③如果跑锋在争球线之后（底线区除外）倒地，同时一个进攻球员在争球线后犯规，此时处罚应在上一次进攻开球的位置执行。

(1) 得分线之后的犯规。

如果跑锋在底线区内倒地，而他的队友对底线区的球没有责任（例如由于开球、争球、拦截或者丢球），这样球将放置在 1 码线上作为该队底线区内所有犯规的处罚（例如故意出界和违规前传）。如果进攻方在自身底线区内犯规（比如拉手犯规），球将放在 1 码线处。例外：违规前传和故意出界视为安全得分。

示例 1——A 队开球触网，B3 捡起底线区的球，B2 在底线区背后绊人，B3 在底线区被拦截。裁定：球被放在 1 码线处。B 队 1 攻 10 码，位置在 B1 处。

示例 2——A 队开球触网，B3 捡起底线区的球，并被拦截在内。B2 在底线区背后绊人，A44 造成堆叠。裁定：所有犯规均在球权转换后发生，球会被放在 B 队的 1 码线处，B 队 1 攻 10 码。

示例 3——A4，2 攻 10 码。护锋 A66 在球前传至中场区时牵制 B45 于底线区 2 码内，但造成拉手犯规。裁定：在接受犯规的情况下，球将被放置在 1 码线处。

示例 4——A4，2 攻 10 码。四分卫退后以进入本方底线区，当他被擒抱时将球踢至没有有效接球手的争球线后。裁定：故意出界，如果接受处罚，则判为安全得分。

示例 5——B1 接住开球，并从得分线后前传。裁定：违规向前传球，如果接受处罚，则安全得分。

（2）争球线后的防守方犯规。

如果争球线后的防守方犯规，处罚将在上一次进攻开球的位置进行。例外：恶意冲撞传球手。在恶意冲撞传球手和个人犯规的情况中，如果传球完全超过争球线，码数处罚将会延续到比赛结束。

2. 成为死球后的犯规

当犯规发生在球被宣布为死球后，到下次开球之前，处罚将在后一区域到得分线之间进行。如果防守方犯规，那么进攻方将开始新一轮的首攻 10 码。

3. 有效球、死球、双方犯规以及屡次犯规

在同一比赛中，如果有效球犯规之后，对方球员在比赛准备好之前死球犯规，处罚将会因为双方犯规而抵消。

如果一支球队在同一比赛中屡次犯规，若是连续犯规，无论是有效球还是死球，只会处罚最严重的犯规。屡次犯规的情况下，若与裁判发生冲突，那么整个球队都会受罚。一次冲撞裁判将会被驱逐出场。

示例 1——在一次传球中，护锋 A69 成功传球。在比赛结束后，B22 仍继续冲撞，即 UNR/Late Hit。有效球阻挡战术与死球 UNR 皆出现，处罚抵消，重新开始新一挡。

示例 2——防守边锋 B99 在一次成功传球中恶意冲撞传球手。比赛结束后，跑卫 A22 在哨声吹响后为了报复与防守边锋 B99 发生冲突，处罚抵消，若冲突严重，将跑卫 A22 驱逐出场。

例外：如果得分方在死球犯规之前得分，且在得分之前没有犯规，则分数保留，处罚抵消。

示例 3——防守边锋 B99 在一次成功传球中恶意冲撞传球手，且该球达阵，比赛后 A89 将球打到 B26 脸部，并且被扔黄旗，UNS。裁定：达阵得分，处罚抵消。

示例 4——4 攻 10 码，A15。A 队进攻方采用违规阵势。A 队踢到 B10，球被 B1 捡起并达阵得分。在 B1 得分后，B2 被扔黄旗，UNR/Late Hit A15。裁定：达阵计分。B 队在追加得分中接受处罚，或者在开球后进入首攻。A 队不

得分。

4. 附加（Tack On）犯规

从争球线后方的前传在成功完成或被拦截之前，若进攻方球员有个人犯规，将有如下裁定选择：①通常的惩罚为从先前的进攻位置倒退 10 码；②从死球超过争球线的地方再后退 10 码。

例外：如果进攻方在拦截或成功前传时丢球，则处罚将在以下地点试行：①若为成功前传，则在上一次进攻开球的位置；②如果是拦截后丢球，则定位点为丢球位置。无论哪种情况，进攻方都在犯规处罚后继续持球。

注意：个人犯规不包括拉扯、手部动作犯规和击球犯规。

示例 1——3 攻 10 码，A15。B98 短挥抛球，并抛向在 A12 被阻截的后卫 A1，然后冲撞传球手。裁定：根据一般传球裁定，处罚将在先前的进攻处实行，并在 A 队 25 码处，1 攻 10 码。

示例 2——3 攻 10 码，A30。进攻方护锋 A1 在他接近传球手时对 B1 采取背后绊人，B2 拦截下球并将其扔回中场地带。裁定：处罚在球无效的地方进行，在上述情况中是中场地带。因为个人犯规发生在拦截之前，因此判定为 B 队的球，在 A15 码线处，1 攻 10 码。

示例 3——A15，3 攻 10 码。在传球手成功传球给外接手 A1 之前，防守方球员 B1 在中场线上冲撞传球手。A1 跑到 B20 处，遭到拦截，丢球，防守方球员接到漏球。裁定：传球前个人犯规。从上一次进攻开始的位置实施处罚，进攻方获得控球权。A 队的球，在中场 1 攻 10 码。

示例 4——A15，3 攻 10 码。B1 拦截 B20 的前传，并将球扔回 A 区 20 码处。在这个传球之前，A3 在 B 区 12 码处冲撞后卫。裁定：B 队的球，在 A 队 10 码线处，1 攻 10 码。由于个人犯规发生在拦截之前，冲撞奔跑队员。

5. 未转换球权时的犯规

如果在带球进攻时球权未发生转移的情况下犯规，处罚地点将是判定为死球的地方。

（1）如果进攻方在争球线后犯规，那么处罚将在上一次进攻开球线判罚。

示例 1——在中场区域，2 攻 10 码。四分卫 A1 在 B20 被阻截。A2 在 A20 处拉手犯规。裁定：A 队从先前位置后退 10 码，因为攻击方犯规是在争球线后。因此攻击方保持球权，后退 10 码，在 A15 处 2 攻 20 码。

（2）如果进攻方犯规位于争球线后同时跑锋在线后被阻截，则处罚将于上一次进攻开球的位置进行。

示例 2——在中场区域，2 攻 10 码。四分卫 A1 正为了追回之前的 3 码损失，同时 A89 后方阻止拦截防守方后卫。裁定：在 A22 处 3 攻 13 码，或在 A20 处 2 攻 20 码。

(3) 如果该区禁止前传，那么处罚将在犯规处进行（与此不同，再次从争球线后前传犯规时，应从上一次进攻开球的位置处罚，这条规则也适用于从底线区传出地向前传球犯规，这是一个位置犯规）。

示例 3——A5 码线处 2 攻 10 码。四分卫 A16 顶住压力退入底线区，并抛球传给边锋 A88。球从底线区继续前传给 A89 以完成达阵。裁定：安全得分。从底线区发出的第二次前传为位置犯规。

(4) 当防守方犯规位置位于争球线上或争球线后，同时球在争球线后出界，那么处罚将在上一次进攻开球的位置进行。

示例 4——A10，2 攻 10 码。四分卫放弃了 5 码损失，同时防守方后卫 B23 拽倒了有效接球员 A88。裁定：在 A20 处 1 攻 10 码。

6. 带球进攻并转换球权时的防守方犯规处罚

如果在带球进攻时防守方发生犯规，或转换球权后发生犯规，那么将在犯规处进行处罚，并将球权给进攻方。例外：当犯规地点在进攻方失去球权位置之前时，处罚地点则为失去球权地点。

示例 1——A15 处 2 攻 10 码。跑锋 A1 在中场区域丢球，B1 重新获得此球。然后在 A1 区带球跑时，B2 在争球线处拉手犯规。裁定：B 队在犯规处受罚，A 队得球，并在 25 码线处，1 攻 10 码。

示例 2——A15 处 2 攻 10 码。跑锋 A1 在中场区域丢球，B1 重新获得此球，然后在 A1 区带球跑时，B2 在 B20 处拉手犯规。裁定：因为犯规比丢球严重，所以处罚从 A1 失去球权的位置进行。A 队的球，在 B 的 15 码线处，1 攻 10 码。

注意：如果进攻方球员在防守方得分线后持球进攻时犯规，同时跑锋已越过得分线，则处罚将在防守方得分线处进行。

示例 3——A20 处 2 攻 10 码。当 A1 持球跑时：①A2 对 B10 进行背后绊人。裁定：从犯规处开始处罚，A 队的球，在 B20 处 1 攻 10 码。②A2 在 B 队底线区背后绊人，而跑锋 A1 尚未越过得分线。裁定：在得分线处进行处罚。A 队的球，在 B10 处首挡得分。

7. 犯规与转换球权

争球进攻犯规时，无论之后转换球权结果如何，得分线保持不变。

示例 1——A20，2 攻 10 码。A 队越位。前传在 B15 处被 B1 拦截，B1 跑至 B20 丢球，然后球由 A2 获得。

裁定：A 队的球，A15 处 2 攻 15 码。如果 B 队不同意该处罚，则裁定 A 队的球，B20 处 1 攻 10 码。

示例 2——A15，2 攻 4 码。跑锋 A1 带球至 B15。持球期间，A2 在 B20 背后绊人。裁定：处罚后，进攻方依然在得分线之前进行首攻。A 队的球，A20 处 1 攻 10 码。

8. 转换球权后的犯规

比赛发球或任意球之后，在转换球权时发生了犯规，在对此犯规进行了距离处罚之后，犯规时持球的球队会得到 1 攻 10 码。

示例 1——在开球时，B2 已经进入 B15，B1 持球跑向中场区域时被撞出界。裁定：B 队的球，在 B15 处 1 攻 10 码。

示例 2——开球后，B1 持球跑到 A15 时丢了球，A1 在 B20 获得球却被撞出界，而在这之前 A2 在 A20 背后绊人。裁定：A 队的球，在 A20 处 1 攻 10 码。

示例 3——如果防守方在底线区内背后绊人，随之接球员在底线区内被阻拦，那么球将被放置在 1 码线处。

9. 无转换球权时的双方犯规

如果发生无转换球权的双方犯规，则处罚抵消，这挡进攻重新开始，得分线与进攻点均与犯规前一致。

除非是组合犯规（Combination Foul），或者 10 码的个人犯规处理会与球队的持球权发生冲突，否则不能以双方犯规结束这一半场，并且会转入无时限进攻阶段。

10. 转换球权时的双方犯规

如果在一挡进攻中进行转换球权时发生了双方犯规，在双方受到处罚后，在最后转换球权之前球队没有造成犯规的前提下，最后持球者会保留球权。如果球队持球犯规并且丢球，则将在之前的位置重新进行这挡进攻。

示例 1——在传球过程中，护锋 A69 拽倒了 B89 后，球被 B23 拦截，返回时 B56 进行低位阻拦（Block Low）。裁定：因为低位阻拦，在犯规处理后仍是 B 队的球，1 攻 10 码。

示例 2——传球过程中，B89 用他的前臂撞击传球者的头部（RPS），然后球被 B23 拦截，在返途时，A44 面罩损坏（Flagged for a Major Face Mask Foul (FMM)）。裁定：在之前的位置重新进行此挡进攻。B 队在球权转换之前犯规。

如果双方犯规发生在球权转换之后，只要该区域不位于死球地点之前，则持球方可以在球权犯规点仍保持球权。在这种情况下，球将被放置在死球地点（the Dead Ball Spot）。通常，如果该位置是坏球点（Touchback），那么球将放于

5码线处。如果该位置是个安全点，球将放于1码线处。在球权转换的情况中任何“5和10”条例都不适用（例如，如果某球队在拥有球权并双方犯规之前就犯规了，那么他们的该次进攻便无法得分）。

示例3——A15，2攻10码。A16传球被B23拦截，在返回时，B56在B区5码线处低位拦截，A23拽住B23的面罩将其拖倒，随后持球前进，最后止步于A10码线处。裁定：球权转换后双方犯规。B队的球，并在B5码线处1攻10码。

示例4——A15，2攻10码。A队越位。比赛中B1在拦截到一个前传后，带球跑回到A20。在跑回途中，B2在B15处背后绊人。裁定：因为球权转换在犯规之前，所以是B队的球。B71/2（从犯规发生处B15一半的距离），1攻10码。实施“净手准则（Clean Hands Rule）”。

示例5——在三分射门触地后，A队越位。B1在底线区得球并带球跑回A20。在持球跑动进攻途中，B2在A24背后绊人。裁定：B队的球，在B16码线处1攻10码。实施“净手准则”。

11. 得分及个人犯规

如果球队在进攻中得分（达阵、触地得分、三分球），同时对方球员个人犯规或有违反体育道德的行为，则处罚可能在追加得分或开球后的第一轮进攻时进行。非个人犯规将按照规定自动降级（Declined）。

如果这是一个延迟犯规（Carry Over Foul），球将被放置在防守球队犯规处或者死球发生处，无论哪种情况都对防守球队更为不利（因犯规造成了双倍处罚）。

示例1——A队达阵得分，得分后A5受到嘲弄处罚。B队选择在开球后首攻时实施处罚。A队开球，B2在B队的10码线处，实施腰部以下违规阻断。裁定：球定位在B2犯规的位置上（B队的10码线处）。

示例2——A队达阵得分，B队UNS犯规，选择在随后的开球时实施该处罚。接球组（犯规组）返还达阵发球，允许达阵，并且仍推迟犯规的处罚。随后的开球：接球组（从UNS中收益的球队）在接球组的5码线上IBW犯规，奔跑的终点为接球组的15码线。裁定：双重犯规，球定位在IBB的位置上（接球组的5码线上，首挡进攻）。

示例3——A队达阵得分，B队带球犯规。随后的开球：B队把球返还至被开球组阻截的位置，25码线处。裁定：接球组的球，在25码线处，1攻10码，取消犯规（没有UNS的犯规实施点）。

示例4——A队达阵得分，B队带球犯规。随后的发球：B队（从UNS中受益的球队）返还达阵开球权，但是在25码线处IBW犯规。裁定：B队不能在IBB处保持他们达阵，防守方的球，25，1攻10码。

在为了达阵将球回传时，如果对进攻方造成个人犯规，则达阵将会计分，同时处罚会在追加得分或者开球后的第一轮进攻时实施。如果是对防守方造成个人犯规，达阵将被取消，处罚在原始位置执行。

12. 达阵与触地得分后的犯规

达阵之后发生个人犯规或者违反体育道德的行为，处罚会在追加得分或者开球后的第一轮进攻时实施（包括开始加时赛）。

当B队追加得分犯规时，A队可以选择取消得分并在处罚结束后再尝试一次，或者取消对B队的处罚且得分有效。

当防守一方在一次不成功的追加得分中犯规，进攻方可以减少距离处罚，并在上一次进攻开球的位置重新开始新一轮进攻，进攻方可以要求将球放在码标之间的任意处。

任何球队在追加得分之后发生了个人犯规或违反体育道德的行为，如果此时追加得分成功了而且并没有重新进行，则犯规会在开球后的第一次进攻时进行处罚（包括加时赛在内）。

防守方在半场最后一局得分赛中，发生了个人犯规或违反体育道德的行为，那么他们会在追加得分环节中、后半场开球后的第一次进攻中，或者在加时赛中受到处罚。

若是在PAT中，除非是失去进攻机会的犯规，否则就必须重新进行这次进攻。

半场最后一局中，任何由进攻方造成的个人犯规，都将使得该半场结束（即分数无效，半场结束）。

若决定将处罚延至开球后的第一次进攻，那么之前做出的处罚选择不能更改。

示例1——A队达阵得分，B队26码线处举旗示意UNS犯规，A队决定在开球后的首挡实施该处罚。在随后的发球中，B队达阵得分。A队要求在尝试附加分时实施处罚。裁定：请求被驳回。UNS犯规处罚仍然在开球后的首攻实施。

示例2——在最后一挡时，A队达阵得分，此时比分为A27比B28，限时器上无剩余时间。A队发球尝试附加分。发球成功，但是B队球员冲撞了踢球手。裁定：A队可以选择接受处罚，重新进攻并尝试2分附加分，或者在加时赛首轮比赛发球时实施冲撞踢球手的个人犯规处罚。

13. 半距处罚（Half Distance Penalty）

如果距离处罚是在得分线间的特殊位置，那球将会被放在距离进攻球队得分线一半以上距离的位置，正常情况下，处罚会在距离进攻球队得分线一半的距离实施。

示例 1——在 A 的 20 码线上 3 攻 10 码。四分卫 A1 在传出球后被 B1 冲撞。A2 接到球，跑到 B 队的 10 码线上，被拦截。裁定：A 队的球，获得新的首挡，并在 B 队的 5 码线上射门。

14. 带有 5 码处罚的 10 码处罚

“10/5 准则”适用于从争球区开始的跑阵或传球中没有转换球权的情况。当双方犯规发生，且一方为个人犯规，另一方为简单的“5 码犯规”（并不包括第一挡或者丢失进攻机会的情况），此时只有个人犯规会处以从先前区域后退 4 码的处罚。

示例 1——在 B 的 10 码线上 3 攻 8 码。A2 越位，B1 在 B 队的 6 码线上打到 A3，带球者 A1 达阵得分。裁定：遵守“10 和 5 规则”。A 队的球，获得新的首挡，并在 B 队的 5 码线上射门。B1 被取消比赛资格。

示例 2——A 队的球，在 B 队的 10 码线上 3 攻 8 码。A10 违规冒犯阻挡，Jack 后线卫 B6 违规防守犯规。裁定：处罚清零，重新进行 3 挡进攻，在 B 的 10 码线上 3 攻 8 码（违规防守不仅仅只有后退 5 码的处罚）。

示例 3——在 B 的 15 码线上 2 攻 5 码。A 队越位。B1 拦截了传给 B10 的球，跑到中场线上，被阻截，丢球。A1 在中场线拿到球。在 B1 奔跑时，B2 在 B15 处倾斜犯规。裁定：抵消犯规，重新在上一次发球位置进攻。A 队的球，在 B 的 15 码线处 2 攻 5 码（球权转换）。

示例 4——2 攻 10 码，A15，A 队越位，B1 拦截并达阵得分，得分之后 B2 绊人。裁定：达阵得分算数。背后绊人犯规导致了 B 队可以进行追加得分，或者在开球之后进行首攻。

示例 5——2 攻 10 码，B20，A 队越位，B1 在底线区拦截，随之 B 队在底线区发生了绊人。跑卫 B1 被拦截在 B10。裁定：B 队在 1 码线处开球（底线区规则），符合“净手准则”。

示例 6——四分卫 A1 获得了一个安全得分，然后 B2 压在了四分卫身上。裁定：安全得分，并在进行任意球后处罚后退 10 码。

示例 7——交换位置后的双重犯规（如进攻方接球干扰，防守方持球干扰）。裁定：球放置在防守队伍犯规处或者发生死球的地点，不论在哪，防守队伍更有损失。

15. 拒绝处罚

所有犯规皆有处罚，但在犯规队伍的队长否认这次犯规并且比赛还可以继续时，队长有可能拒绝处罚。当发球前会有35/25秒的处罚时，防守方便有可能拒绝距离性处罚（a Distance Penalty），这时这一挡会从先前位置重新开始。

16. 过多防守犯规

在一场比赛中，任何队伍造成了三次防守越位、侵犯或侵入中立区、违规阵式，那么它们会被罚以5码距离，对方在第3轮和剩下的比赛中自动获得首次进攻。

17. 自由球与争球处罚的实施

踢球制度摘要：

（1）只有个人犯规和违反体育道德犯规会被处以不可回踢球（Un-returnable Kicks）的处罚。

（2）净手（Clean Hand）准则适用于双重犯规的情形。

（3）在交换球权造成双重犯规时，球会放置在防守队伍犯规处或者发生死球的地点，不论在哪，防守队伍更有损失。

（4）短途任意球。

（5）只有当防守队伍越位时，才可以再踢任意球。如果两个队伍都越位，那么将球放置在防守队伍的犯规地点（根据双重犯规）。如果进攻方OFK，然后在球前进10码或被防守方冲撞后恢复任意球，那么防守方可以选择将球放置在恢复开球的地点。而这个地点也用来执行OFK的处罚。

（6）当已经开球并且球已经超过争球线后，之前的持球犯规也都算作犯规。如果防守方在这挡的最后持有球并造成了犯规，那么会根据以下原则进行处罚评估：

①根据获得球时的位置。

②根据判断为死球时的位置。

③根据犯规位置。

无论哪种情况都对进攻球队更为不利，都要根据以上原则。

十三、规则13：工作人员的权限和责任

1. 比赛裁判

每场比赛的裁判包括主裁判、副裁判、主司线、副司线以及后场裁判。在突发事件或受伤事故中，裁判将使用四人轮换制。

2. 员工大会

为了完成赛前的准备工作，工作人员至少应在开赛两小时之前抵达赛场。准备工作包括但并不仅限于以下内容：检查场地，装置球网，与电视台代表以及教练进行协调，通知赛场时间控制员、捡球员以及撑杆标记推进距离的人员做好准备。

3. 裁判更衣室

根据理事的命令，从任一个裁判第一次进入更衣室算起，直到比赛结束时，所有裁判离开更衣室，在这一段时间以内，只有俱乐部服务员或联盟工作人员可以进入裁判更衣室。这个禁令也适用于联盟中的教练和企业赞助商。

4. 裁判的裁定

裁判要为规则中的所有应用、解释和实施所做出的裁定负责。如果任何裁判关于规则的解读有误，其他裁判必须在比赛恢复之前纠正他，否则所有裁判都要为此错误负责。关于规则，裁判之间若有冲突，工作人员必须在旁边召开紧急会议。

所有裁判对于犯规有共同审判权，在这方面没有地域之分。当一位裁判发出犯规信号，他必须汇报给主裁判，并告知球犯规时的位置、犯规球员（如果知晓）、处罚类型以及实施地点。

主裁判应该告知全体犯规报告员这个犯规，并令记录员记录下来。记录员记录了整场比赛的相关报告。在离开更衣室并把报告交给主裁判前，全体犯规报告员要与其他裁判检查这个报告副本。

5. 场地检查

在预定比赛时间的两小时之前，主裁判和副裁判要进行场地检查，看看主场代表的所有电子设备是否正常。然后五位裁判会进入比赛场地并环绕一周，检查所有标记和设备，并特别注意是否有安全隐患。任何安全隐患会被立即调整和消除。

6. 其他规则

在比赛开始一小时之前，主裁判和副裁判要首先去主队更衣室，然后去客队更衣室获取队员名单，并检查运动员们所需佩戴的特殊保护性设备。他们也会回答球员设备或球服的相关问题，并根据联盟办公室前一周所建议的内容告知教练和所有球员设备违规情况。

随后副裁判和后方裁判员将把队伍名单带到场上并核对，确保名单上每个球员的号码与他们在比赛当中的号码一致。

如果球员衣衫上的号码不符合队伍花名册，裁判会要求队伍头号教练进行必要的更正。任何号码纠正都会汇报给裁判。如果那仅仅只是一个号码错误，那么相关球员仍然可以正常参赛，不会接受处罚。注意：建议在比赛开始至少一个半小时之前纠正好花名册。

比赛之前的 1 小时 15 分钟，主司线需要会见工作人员（工作人员中只有 3 名可以被允许进场）。在讨论工作人员的职权之前，还要介绍一系列安全预防措施。主司线要判断工作人员是否适任这些职责，并认真检查链条（使用 5 码标记的卷尺）和挡标志是否合规，然后视察周边。如果可以了，主裁判会在比赛前与电视台代表会面。司线员会擦拭橄榄球并检查球压（Ball Pressure）。

注意：主司线必须保证后挡标（Rear Rod）正确安放，并确保前挡标人员与挡标人员已经在前挡标与先前地点安放了安全标志，这些安全标志用于任一挡进攻过程。

主裁判与比赛限时器裁判和 25/35 秒计时者进行协商。比赛限时器裁判和 25/35 秒计时者将会在赛前一小时将相关信息汇报给主裁判。

裁判们要仔细检查主场的违法设备和制服。副裁判要检查客场的违法设备和制服，并检查每个队的球员装备是否合格，若有不合格的要报告主裁判，主裁判便会向各自的主教练提出相关违规的地方并要求整改。

7. 投掷硬币

在开球前 15 分钟，主裁判、副裁判（拥有 10 个比赛用球）、后方裁判、主司线、司线员都要出现在场地上。后方裁判和副裁判会预先通知他们各自的队伍官方时间。开球前 3 分钟，主裁判通过规定的方式投掷硬币。为了电视台的播放，这个时间可能会有略微修正。然而，不论何种情况，都必须在开球前 6 分钟内进行硬币投掷。主裁判会指示哪个队进行开球，在第二个半场开始前队伍上场后，他会再次重复这个过程。主裁判还要记录硬币投掷胜方的结果和他们的选择。

硬币投掷时比赛裁判们的位置：

副裁判：场地中央。

主司线和司线员：在码标的位置，使队伍在底线裁判前面。可能的话，底线裁判根据主场制度与主裁判在场地中央会面并保证硬币投掷顺利进行，然后须与主司线或司线员进入规定位置。

十四、规则 14：场地橄榄球加时

加时没有限制，必须决出优胜方。

1. 加时时间

为了给予双方队伍一个公平且对等的机会来赢得比赛，每个队伍在加时中会获得至少一次的持球权，除非在加时中首次持球便被防守方得分。在两个队伍都有了一次持球权且得分又相等时，比赛会进入一球定胜负阶段，首先得分的球队会赢得比赛。如果在比赛的第五节最后比分仍然相等，队伍会交换底线区并进行第六节。要是出现了在第六节末仍然比分相等这种不太可能的情况，硬币投掷的败方可以马上选择（不能有队伍离开场地）是否开始第七节，然后第七节会在两分钟间隔后再开。在第六节和第八节的最后，一分钟规则有效。

2. 加时中的硬币投掷

在叙述规则之后会进行加时硬币投掷，然后有两分钟让双方队伍准备加时比赛，也可以要求暂停（为了配合电视转播硬币投掷会延后，直到两分钟中断结束）。硬币投掷的胜者可以选择开球、接球或防守。根据比赛规则，每个队伍可以有 3 次暂停。

3. 加时的公正性

如上规则“加时时间”所提到的，为了给予双方队伍一个公平且对等的机会来赢得比赛，每个队伍在加时中会获得至少一次的持球权，除非在加时中首次持球便被防守方得分。达阵时造成的安全得分或者拦截会终止比赛。一个丢球回传会算作此队伍有控球权。一个失误的开球或成功的到位开球不会被算作防守方的控球权。接触落地橄榄球不会算作控球。

如果当两个队伍都得分了，而其中一个队伍先得分，则比赛结束。如果比分相等，比赛会进入一球定胜负阶段，因为双方队伍都有过了一次持球权。

4. 加时中补充暂停时间

加时中损失的时间会补充在暂停时间中。

5. 额外加时规则

在任何加时时段中，被驱逐的球员都不能再返回比赛。

通常为了保存或延续时间的规则都会被应用在加时时段中。

暂停规则与规定一致，其中也包括第二节和第四节的最后时刻。当幕间休息或队伍暂停时队伍应该离开赛场。

如规则 14“加时时间”所提，在两个队伍都有了一次持球权且得分又相等时，比赛会进入一球定胜负阶段。然而，如果在加时中任何时刻，一个队伍率先得到了 8 分以上，那么在两队都没有过控球权的情况下比赛结束。

如果只有不到两分的分差，会进入得分点。

6. 加时电视覆盖区

在电视转播的加时情形中，队伍会被提醒防止一系列无意义推迟比赛的行为。加时会对电视网络造成程序问题，也会对联盟和队伍造成额外电视广播开销。

十五、规则 15：紧急情况的事先准备

1. 场上有非球员人员

如果有任何非球员，包括摄影师、报道者、员工、警察或观众进入场地或底线区，经过裁判的判断，相关人等干扰了比赛，主裁判通过咨询工作人员后，可以根据干扰给予相应的处罚或得分。

2. 场地控制

如果观众在比赛进行过程中进入场地并影响了比赛进程，由主裁判判断无法继续比赛了，那么他会呼叫暂停。在这种情况下，主裁判要记录下这是第几挡进攻，取得的码数和球的位置，还要确认时间剩余并让限时器裁判记录下来。然后主裁判会通过他的管理层告知主场队伍清理场地。当场地清理结束，并保证了观众、球员和裁判的安全后，裁判认为已经可行，便可以继续比赛了。

3. 适用法律

如果比赛触犯了州或国家的法律时，主场队、客场队和裁判必须马上向橄榄球联盟高级主管递交报告。在接收到报告后，橄榄球联盟高级主管会与理事商议，并根据比赛结果给出最终结论。

4. 主场球队义务

主场队伍有职责保持场地清洁，有不符合规则未穿合适衣裤的人员都需清场。所有摄影师都要在比赛场地之外。

5. 主裁判特权

主裁判拥有寻求援助的特权，如果他认为场外援助有助于平息赛场上的矛盾时，可以请求场地安保上前，当然，这样有可能影响到比赛的结果。

除非被主裁判特别要求，联盟和队伍工作人员不能在比赛进行中进入场地（除了中场休息或幕间休息时的特殊活动）。主场队伍与场地管理方要进行合理安排，当主裁判需求时有人可以马上进行安全帮助。

十六、规则 16：队长的指导方针

开球之前一小时，每一方的教练要指定他们的队伍队长。每个队伍可以有至

多两名队长。

参加硬币投掷的球员数量没有限制；然而客队只能有一名队长（如果没有主场队主裁判会任命一个队长）可以宣布关于硬币投掷的选择。赢得硬币投掷的队伍也只能有一名队长宣布他们的选择，输方同理。

比赛中只允许一名队长做出处罚选项。

主教练可以在比赛任意过程中更换队长，或者在一名队长离开比赛时，他可以告知主裁判谁会接替他的位置。顶替队长的球员也可以再告知主裁判新的队长。

第八章　美式橄榄球的裁判技术

第一节　美式橄榄球的执裁流程

一、赛前职责

全部裁判：如果已取得航班信息，应至少在比赛前的那个周三之前告知主裁判。主裁判将安排交通，包括接送的时间和地点。

全部裁判：赛前会议的时间和地址应提前通知与会者。与会者只有在发生紧急情况时并告知主裁判后才可缺席。

主司线：在主裁判缺席的情况下，应承担起确保赛前会议按照预定程序进行的职责。

主裁判：如果（主办方）没有提供服务，应对往返赛场的交通做出安排。

后场裁判：确认时间准确，其他裁判员将与其对表。应与主场组织者确认开赛时间并安排好所有裁判准时到达赛场。要有备用秒表以应急需。

全部裁判：至少在赛前两个小时抵达赛场并进行检查。副裁判检查场地中央，边线裁判检查防护墙和周围区域，后场裁判检查球门区和反弹网，主裁判负责检查电子设备、计时和电视协调人（小红帽）的调试。要确认所有器材、码标和特殊警示，以避免任何形式的受伤。检查时应穿着裁判服。

主裁判/副裁判：在赛前 1 小时 45 分钟，裁判和副裁判应到主队更衣室和客队更衣室，了解他们的特殊保护装备、队长人选以及与比赛相关的其他信息，并回答他们关切的问题。期间应穿着裁判服。

主裁判：如果比赛有电视转播，主裁判应在赛前一个半小时参加与转播方举行的会议。

全部裁判：在赛前 1 小时 15 分钟时，主裁判应与主队代表会面，后场裁判应与记分员会面，主司线应与码标组会面，分别予以检查指导。副司线应检查、验收并擦净 36 个比赛用球，副裁判应检查球童的准备工作。

主司线/后场裁判：在赛前 40 分钟到 45 分钟时进入场地，根据球队提供的名单核对队员号码，检查是否有违规服装和装备。赛前热身时检查所有队员，此后队员和裁判组分别回到各自的更衣室。

全部裁判：在赛前 15 分钟时进入场地，检查主司线和后场裁判之前检查出的违规装备与服装是否纠正。确认码标组和球童已明确各自的工作岗位。后场裁判应与计时组和 25 秒计时员进行沟通。

主司线/副司线：赛前 5 分钟时，应给两队教练最后 5 分钟的提示。

全部裁判：赛前 3 分钟时，进行抛硬币选择。

全部裁判：在比赛预定时间开球。

二、硬币选项

主裁判：主裁判位于场地中央，应从裁判席进入场地。

副裁判：从裁判席的对面进入场地。

主司线：位于裁判席对面的码标线上，站在球队之前。

副司线：位于裁判席一侧的码标线上，站在球队之前。

后场裁判：迎护开场嘉宾入场并介绍给主裁判和副裁判，位于主司线或副司线旁边。

主裁判：向双方队长作自我介绍，并告知他们本场比赛中非常规的裁决和特殊的规则。应让双方队长面对面，背向达阵区。应请客场队长选择硬币的正反两面，说明各自代表的选项，并以此确定首选权。主裁判应面对裁判席，并根据选择结果确定开场的攻防球队。

全部裁判：当抛硬币选择结束后，赛场裁判人员与主、副裁判一道，将最终结果进行记录，同时跑向开球的位置。

三、暂停说明

全部裁判：保持工作状态，专注赛场。

主裁判：与后场裁判和小红帽协调核实计时。

副裁判：控制比赛用球。

主司线：掌管边线，让队员按规定进出场地。

副司线：掌管边线，让队员按规定进出场地。

后场裁判：和小红帽站在一起，给予球队和队员警示，让他们回到自己的位置。

四、距离裁定

主裁判：确定下一挡的位置。

副裁判：领先。

后场裁判：持有赛球。

副司线：给主司线标出开球点。

主司线：把球放在副司线的位置上。

五、犯规处罚

主裁判：给裁判席信号。

副裁判：判断犯规类型。

主司线：与副裁判确定犯规惩罚的码数。

副司线：保持在起始点位，然后分别确定副裁判和主司线的位置。

后场裁判：保持现场的秩序。

六、常规职责

（1）处罚报告仅提交给裁判长助理，包括犯规队员，以及被驱出场队员的号码，还应有对所有犯规行为的描述和犯规类别。

（2）以下表格应提交副裁判长，包括犯规报告、特殊比赛报告、比赛日报告和 21 人的先发名单。

（3）以下表格应提交裁判协调员，包括犯规报告、特殊比赛报告、比赛日报告。21 人的先发名单除外。

（4）主司线负责犯规报告和罚款的处罚。

（5）主司线和副司线负责记录和处罚防守和进攻的犯规次数。

（6）手势：

一只手举过头顶＝开始计时/出界。

两手向前并伸出 10 个手指＝靠近得分线的裁判布置。

一只手放到胸部＝近端峰在我这侧（主司线和副司线）。

两手紧握交叉＝第四挡丢球/最后一分钟丢球。

竖立大拇指＝队员的号码已核对。

（7）如果战术人在场地一侧越位犯规，应由那一侧的主司线或副司线判罚。

（8）主司线负责进攻第二中立区、副司线负责防守第二中立区的判罚。

（9）远端锋必须在近端峰的对侧。

（10）码标组工作以外时必须待在端区。

（11）如果两方队员的休息区在同一侧，码标组应位于两队的对面。

（12）沙包放在第一挡的位置上。

（13）码标组必须在 5 码处使用码标。

（14）所有球童只能在场外，不得进入场地。所有裁判包括副裁判必须协助确定每次进攻球的点位。

（15）队员被驱出场后必须离开场地到更衣室，不能回到板凳休息区。这是教练的职责。

（16）当球送到更衣室，应和在场的球员代表核对数量。

（17）当后场裁判位于比赛计时屏幕下方时，主、副司线应协助他执裁。

（18）裁判站在场地四周、交叉进行判决是必要的。

（19）传接球应准确到位。

（20）裁判定律：

专注赛场，必有建树。

总是在读懂比赛时做出正确判罚。

总是在犹豫之间出现判罚瑕疵。

总是在平稳节奏中把握比赛精彩。

总是在明白后找到自己的位置。

总是在果断中做出准确的判罚。

总是和同伴共同掌控比赛的进程。

总是和同伴分担判决处罚的压力。

只有球在自己的视野中才可吹哨。

精确永远是赛场的沟通语言。

死球方能成就优秀的裁判。

七、赛场用球

（1）球童严禁进入场地，他们不能跑入球场把球交给副裁判。裁判会向球童索取球或继续使用场上的球。

（2）副裁判不应跑出赛场捡球。

（3）如果球传出超过 20 码线，主裁判会把球交给副裁判。

（4）如果球队超过 25 码线或者更加靠近，则后场裁判、主司线或者副司线会向球童索取球交给副裁判。

（5）任何一次跑动进攻中，球到了裁判所在的区域，不更换球，继续用于此次进攻中。

第二节　美式橄榄球的执裁技术

一、执裁技术

（一）自由球

（1）主裁判：站在接球方的达阵区底线，位于对方踢球队员斜对面。
准备好裁定：
从反弹网下踢出界；
在达阵区接球失败；
在进攻点阻挡犯规；
球击中端区底部防撞墙。
（2）副裁判：站在接球方的自由球线，正对后场裁判，核实接球方人数。
准备好裁定：
接球手越位；
犯规和第一次触地；
低位防守；
外侧接球手合规的阻拦；
球击中两侧防撞墙。
（3）主司线：在裁判席对面接球方 5 码处。
短自由踢：走到远端的 5 码线处，和副裁判同侧。核实接球方人数。
准备好裁定：
从反弹网外侧踢出界；
从反弹网下面上面，或者中间踢出界；
踢球抢断；
踢中天花板；
球击中两侧防撞墙；
球踢出达阵区；
在进攻点被阻截；
警惕从反弹网弹出；
向前进攻；

短自由球的第一次触地。

(4) 副司线：在裁判席同侧接球方5码处。

短自由球：移至接球方20码处，仍有5码空当。核实接球方人数。

准备好裁定：

从反弹网外侧踢出界；

从反弹网下面上面，或者中间踢出界；

踢球抢断；

踢中天花板；

球踢出达阵区；

在进攻点被阻截；

警惕从反弹网弹出；

向前进攻；

警惕向前或向后击打橄榄球；

球击中两侧防撞墙。

(5) 后场裁判：位于踢球方踢球点的一侧。核实接球方人数。

准备好裁定：

踢球手越位；

冲向踢球手；

踢球手必须在球前进10码或者接球方碰到球的情况下才能解除限制；

两端外侧外接手的合理阻截；

球触地。

(二) 开球进攻

(1) 主裁判：位于四分卫扔球手臂的一侧。核实进攻人数。

准备好裁定：

进攻阵形中仅有3人在争球线上；

进攻阵形中必须有5个队员在盒子区域内；

争球者限制；

队员穿错球衣；

战术人必须在向前冲之前后退；

确定四分卫掷球的点；

违规拦截；

协助确认球的位置。

（2）副裁判：位于 Mac 线卫和 Jack 线卫身后或者争球线 5 码之后（排除在 5 码线内或者靠近球门线的时候争球），以防止副裁判被球砸到。

准备好裁定：

Mac 线卫和 Jack 线卫闪电战——Mac 线卫进攻，Jack 线卫离开了；

位于副裁判身后的区域；

防守线卫交叉跑、阻拦或者堆叠；

进攻线卫与对方中锋正对；

近端峰举手示意；

争球的限制；

四分卫离开所在区域和 Jack 线卫闪电战；

违规拦截；

线卫离开所在区域；

协助球的点位。

（3）主司线：位于争球线，靠近球门线时站在 10 码处。负责争球线和进攻第二中立区。

准备好裁定：

防守端峰移动；

进攻阵形中必须 4 人在争球线上；

进攻阵形中外接手必须在近端峰对面；

防守阵形中必须有 3 名队员在后场；

开球犯规和越位；

盲边阻挡、违规投掷、在争球线上拦截外接手；

协助无远端锋一侧的队员进行防守裁定；

帮助裁定 Jack 线卫；

重点：保持让最外侧的外接手在主司线一侧，如果他需要战术跑动。

（4）副司线：位于争球线处，负责争球线和防守第二中立区。

准备好裁定：

防守端峰移动；

进攻阵形中必须 4 人在争球线上；

进攻阵形中，外接手必须在近端峰对面；

防守阵形中必须有 3 名队员在后场；

开球犯规和越位；

盲边阻挡、违规投掷、在争球线上拦截外接手；

协助无远端锋一侧的队员进行防守裁定；

帮助裁定 Jack 线卫；

重点：保持让最外侧的外接手在副司线一侧，如果他需要战术跑动。

(5) 后场裁判：位于后场外侧或者防守队员集中一侧，靠近球门线 10 码争球时，站在底线。核实防守队员数量。

准备好裁定：

防守端峰必须对位；

防守后卫闪电战；

进攻时间违例；

盲边阻挡、违规投掷、在争球线上拦截外接手；

重点：防守队员永远保持在外接手内侧。

(三) 踢球进攻

全部裁判：准备好应对所有可能出现的情况。

(1) 主裁判：当争球处于 15 码之内，位于踢球手及持球手身后。

当争球处于 15 码之外，则裁定踢球手及持球手。

核实踢球组人员。

准备好裁定：

3 分球/达阵附加分。

(2) 副裁判：位于每次进攻的 10 码线上，与副司线同侧。了解犯规情况。

准备好裁定：

防守阵形；

防守端峰列队于副司线一侧；

开球违规；

违规的闪电战；

达成首攻的距离。

(3) 主司线：位于争球线上。

准备好裁定：

防守阵形；

进攻阵形；

中间区违规；

开球违规；

违规的闪电战；

当争球位于 15 码内，则裁定踢球手及持球手。

(4) 副司线：当踢球在 5 码线外，则位于 5 码线上。

当踢球在 5 码线外，则位于争球线上。

准备好裁定：

踢球干扰；

违规的闪电战。

(5) 后场裁判：位于球门横杆之下，核实接球方人数。

准备好裁定：

防守阵形；

防守端峰列队于主司线一侧；

当争球位于 15 码线处，则位于球门横杆正下方进行裁定；

当争球位于 15 码线外，则负责裁定 3 分球。

二、判罚图解

在图 8-1 中，主裁判用 R 表示，副裁判用 U 表示，主司线用 H 表示，副司线用 L 表示，后场裁判用 B 表示。

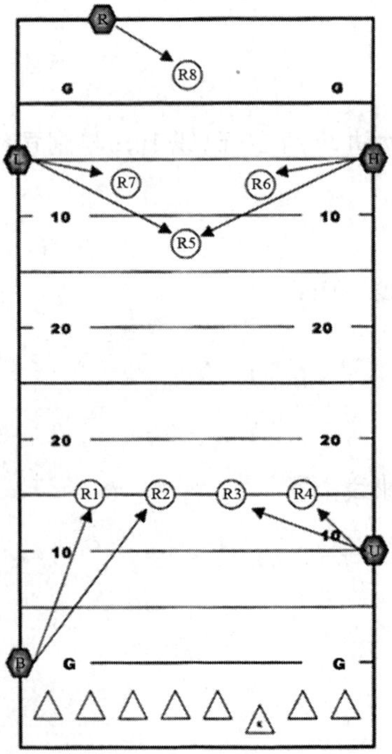

图 8-1 判罚图解

（一）自由球判罚图解

备注：

主裁判 R：主要负责持球手，R8，攻击阻挡。

副裁判 U：主要负责 R3 和 R4 的阻挡。

主司线 H：主要负责保护性接球和 R5 和 R6 的阻挡。

副司线 L：主要负责保护性接球和 R5 和 R7 的阻挡。

后场裁判 B：主要负责踢球手和 R1 和 R2 的阻拦。

副裁判和后场裁判 U/B：根据他们的职责在进攻开始时进入场地。

主司线/副司线：当球踢出外码线时，最近的裁判将在球接触到反弹网之后移至球门线处，剩下的保持在 5 码线处。

（二）短自由球判罚图解（见图 8－2）

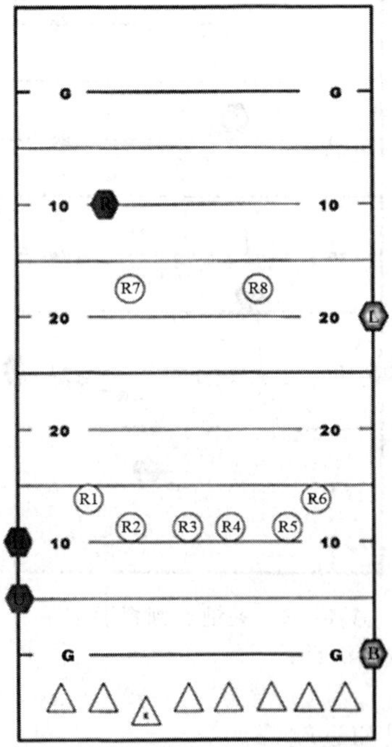

图 8－2　短自由球判罚图解

备注：

主裁判 R：站在 R10 码线上，对着 L 准备好裁定比赛。

副裁判 U：位于开球的对面。准备好裁定外接手越位。

注意踢球手的违规触碰/外接手的违规触碰。准备裁定球权。

主司线 H：与副裁判同侧。注意踢球手和外接手的合理阻拦。准备裁定球权。

副司线 L：在外接手的 2 码线处，与后场裁判同侧。主要负责 5 码线。观察球击中防撞墙。

后场裁判 B：位于副裁判及主司线对面，注意踢球手越位。

(三) 关键点判罚图解

1. 关键点判罚图解一（见图 8-3）

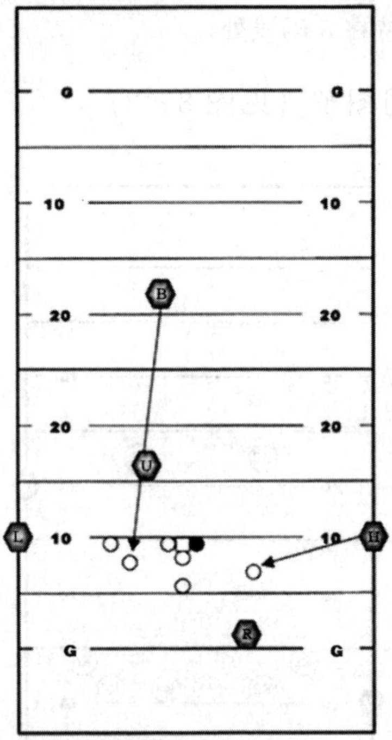

图 8-3　关键点判罚图解一

备注：

主裁判 R：明确四分卫和近端峰。

副裁判 U：明确近端峰，Mac 和 Jack 是否犯规。

主司线 H：近端峰和最外侧外接手与主司线同侧，以及 Jack 线卫是否犯规，进攻第二中立区。

副司线 L：最远外接手在副司线同侧，观察 Jack 线卫是否犯规，防守第二中立区。

后场裁判 B：协助执裁。

2. 关键点判罚图解二（见图 8-4）

备注：

主裁判 R：明确四分卫和近端峰。

副裁判 U：明确近端峰，Mac 和 Jack 是否犯规。

主司线 H：最远外接手在主司线同侧，观察 Jack 线卫是否犯规，进攻第二中立区。

副司线 L：近端峰和最外侧外接手与副司线同侧，以及 Jack 线卫是否犯规，防守第二中立区。

后场裁判 B：永远要紧盯战术人。

3. 关键点判罚图解三（见图 8-5）

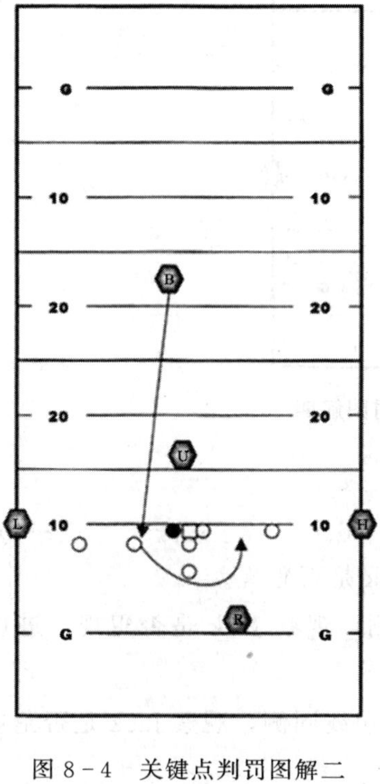

图 8-4　关键点判罚图解二

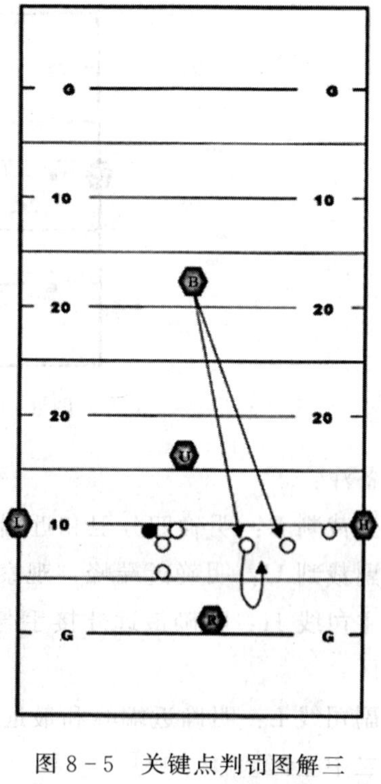

图 8-5　关键点判罚图解三

备注：

主裁判 R：明确四分卫和近端峰。

副裁判 U：明确近端峰，观察 Mac 和 Jack 是否犯规。

主司线 H：明确最远外接手与主司线同侧，观察 Jack 是否犯规，进攻第二中立区。

副司线 L：明确近端峰，观察 Jack 是否犯规，防守第二中立区。

后场裁判 B：观察所有的定点外接手和移动外接手。

4. 关键点判罚图解四（见图 8－6）

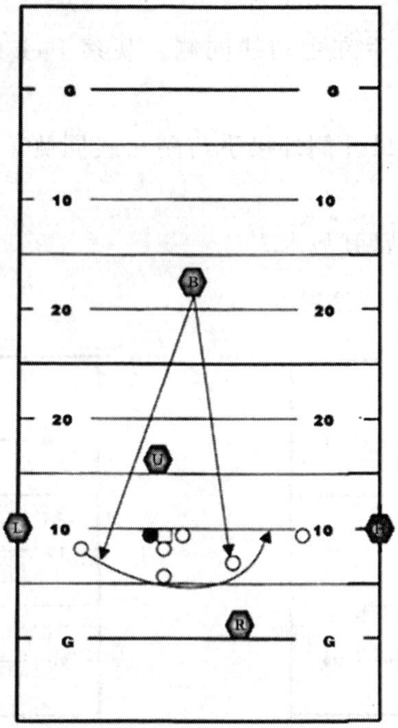

图 8－6　关键点判罚图解四

备注：

主裁判 R：明确四分卫和近端峰。

副裁判 U：明确近端峰，观察 Mac 和 Jack 是否犯规。

主司线 H：明确最远外接手与主司线同侧，观察 Jack 是否犯规，进攻第二中立区。

副司线 L：明确近端峰和最远外接手与副司线同侧，观察 Jack 是否犯规，防守第二中立区。

后场裁判 B：观察争球前队员保持自己的位置。一旦外接手开始移动了也需要对其注意。

5. 关键点判罚图解五（见图 8－7）

备注：

主裁判 R：明确四分卫和近端峰。

副裁判 U：明确近端峰，观察近端峰是否犯规。

主司线 H：明确最远外接手与主司线同侧，观察 Jack 是否犯规，进攻第二中立区。

副司线 L：明确近端峰，观察 Jack 是否犯规，防守第二中立区。

后场裁判 B：明确固定点位队员以及战术外接手。

(四) 球门线 (10—5 码线之间) 判罚图解 (见图 8-8)

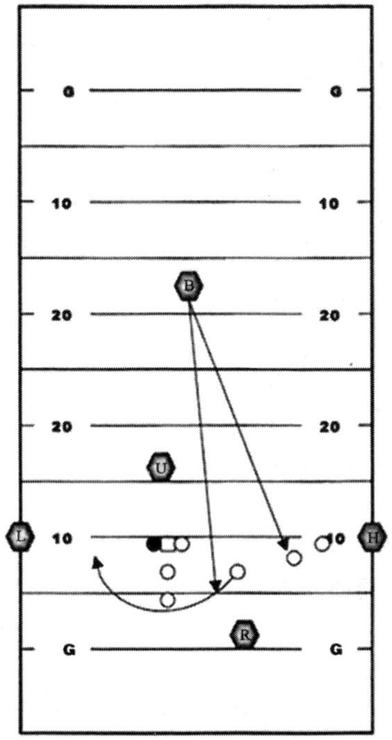

图 8-7 关键点判罚图解五

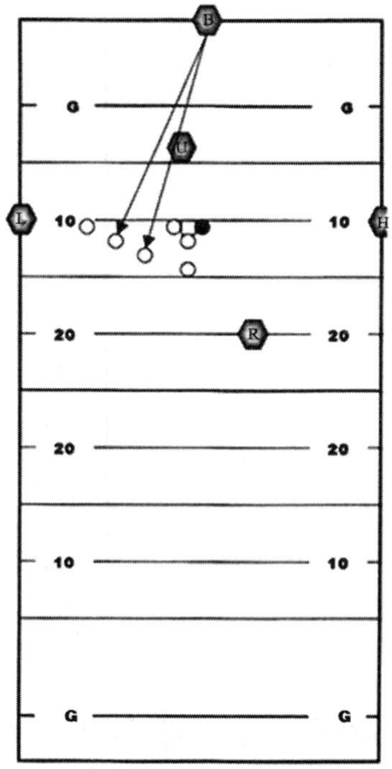

图 8-8 关键点判罚图解六

备注：

球门线起始于 10 码线处，或靠近 10 码线时，后场裁判在底线，接球和盲边阻挡大多数靠近球门线。

主裁判 R：明确四分卫和近端峰。

副裁判 U：及时帮助理裁判进行球门线上的判罚，明确近端峰，观察 Mac 和 Jack 是否犯规。

主司线 H：明确近端峰，观察 Jack 是否犯规，进攻第二中立区。

副司线 L：明确最远外接手与副司线同侧，观察 Jack 是否犯规，防守第二中立区。

后场裁判 B：明确固定点位队员以及战术外接手。

(五) 球门线 (5 码线—球门线之间) 判罚图解 (见图 8-9)

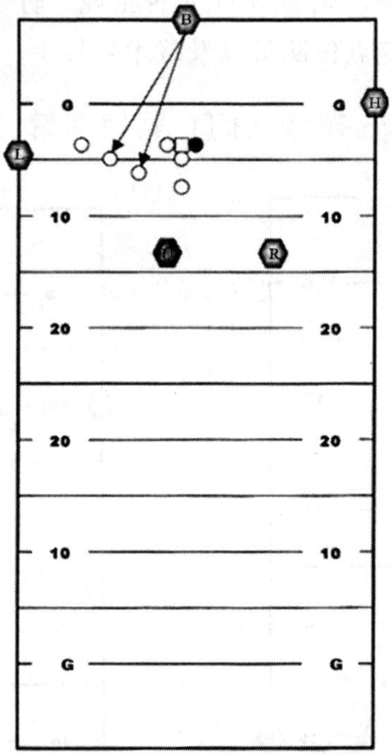

图 8-9　球订线判罚图解

备注：

争球线在 10 码线里面，或靠近 10 码线时，后场裁判在底线。接球和盲边阻挡大多数靠近球门线。

主裁判 R：明确四分卫和近端峰，协助观察进攻方后场是否有犯规。

副裁判 U：和主裁判明确近端峰位置，位于护锋、近端锋内侧。开球时盯紧 Jack。副裁判关注争球时，主裁判关注四分位。

主司线 H/副司线 L：最远的边裁始终保持在球门线上，这名裁判负责 Jack 线卫是否犯规。对面的边裁保持在争球线上，这名位置近的裁判负责中间区和第二中立区，观察战术人是否越过开球线，并协助观察 Jack 是否犯规。两名裁判都需要观察进攻和球门线上的犯规。

后场裁判 B：明确固定点位队员以及战术外接手。

（六）开球踢球/三分球（15 码线外）判罚图解（见图 8－10）

备注：
主裁判 R：明确踢球手和持球手。
副裁判 U：观察防守线并确定需要前进的码数。
主司线 H：观察争球线，观察防守第二中立区。
副司线 L：位于 5 码线上。
后场裁判 B：观察防守线，整个场上的犯规。

（七）三分球（15—5 码线之间）判罚图解（见图 8－11）

备注：
主裁判 R：三分球位置正后方。
副裁判 U：观察防守线，考虑需要进攻前进的码数。
主司线 H：观察争球线、踢球手/持球手。
副司线 L：位于 5 码线上，观察防守第二中立区。
后场裁判 B：观察防守线和球门横柱。

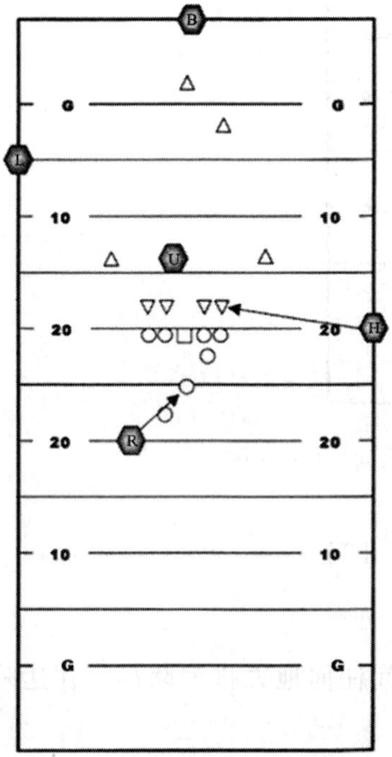

图 8－10　开球踢球/三分球判罚图解

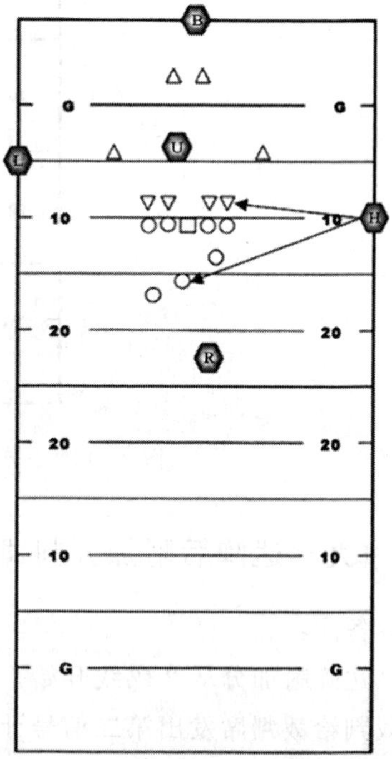

图 8－11　三分球(15—5 码线之间)判罚图解

(八) 三分球 (5码线—球门线之间) 判罚图解 (见图8-12)

备注:

主裁判R:正对踢球点,准备裁定。

副裁判U:观察防守线,考虑需要进攻前进的码数。

主司线H:观察争球线、踢球手/持球手。

副司线L:位于争球线上,观察防守第二中立区。观察进攻锋线队员的KCI/KCIC犯规,一直观察开球线。

后场裁判B:观察防守线以及球门横杆。

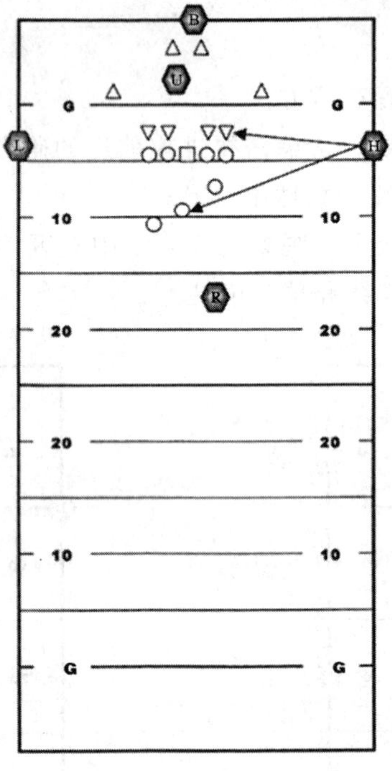

图8-12 三分球(5码线—球门线之间)判罚图解

(九) 达阵后附加分判罚图解 (见图8-13)

备注:

达阵附加分从2码线开始,在外侧两点处中间任何地方排列队形,在达阵后主裁判给裁判席发出第二信号计时开始。

主裁判R:正对达阵附加分。

副裁判U:观察前场的锋线队员。

主司线 H：观察争球线上的动作、踢球手和持球手。
副司线 L：观察争球线上的动作，观察球过争球线是否犯规。
后场裁判 B：观察防守线和球门横柱。

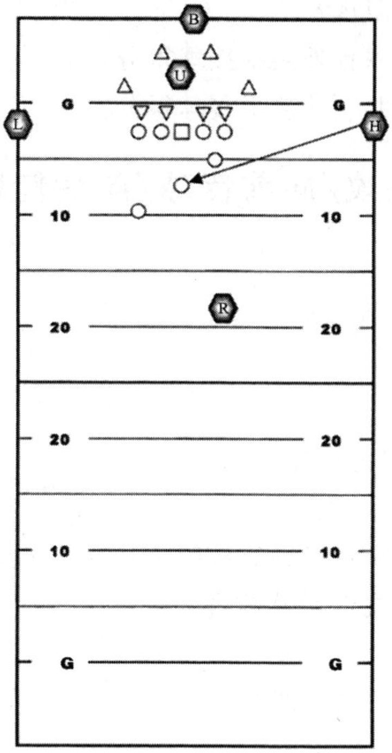

图 8－13 达阵后附加分判罚图解

第三节 美式橄榄球的赛前会议指导

一、自由球

个人的站位及职责？
踢球手的约束？
防止接球干扰？
当出现短踢或者未触及反弹网的情况，踢球手如何前进？
两个 20 码线内的踢球出界？
未触及场地的踢球出界？

在 5 码线到球门线之间的踢球出界?
接球手最终触碰到球但是球出界?
踢球手争夺到球权但是犯规?
为了改变球权的战术犯规?
对踢球手的个人犯规并且外接手接球得分?
对外接手的个人犯规并且外接手接球得分?

二、开球战术进攻/向前传球/向后传球

个人的站位及职责?
寻找球的点位?
阵形及其约束?
故意触地?
界外丢球/前进中的界外丢球?
在起始点后的丢球?
在第四挡/达阵附加分/每半场的最后一分钟丢球?
向后传球触地，A 队或者 B 队前进?
向后传球触地并出界?
确认向后传球出现失误的位置?
违规的身体接触?
背后冲撞?
盲边阻挡?
战术人?
侵犯、违规开球、越位?
传球进攻中接球手是否出界?
防护墙对于外接手空中接球的作用?
OPI/DPI?
违规传球/抢断传球?
违规接球/违规触球?
球门线上的站位?
Jack 线卫的 5 码横向运动?
球迷接到球?

三、开球踢球进攻/达阵附加分

个人站位?

球的起始点位?

踢球进攻阵形及约束?

球迷接球?

踢球进攻踢中天花板?

踢球进攻未触地情况下出界?

踢球进攻触地情况下出界?

防止接球干扰?

踢球手再次持球并前进?

四、暂停

谁应该叫暂停?

给教练还剩多少次暂停的提示?

超过规定暂停次数?

技术暂停?

五、执裁尺度/比赛结束/犯规处罚

个人的站位及职责?

每半场最后一次进攻的犯规?

“3 和 1” 侵犯?

致使球权改变的犯规?

得分但是存在个人犯规?

致使球权改变的双重犯规?

没有改变球权的双重犯规?

常规时间和加时流程:

每节开始时,计时开始?

达阵后的计时?

附加分进行中及之后的计时?

最后一分钟的时间规则?

伤停后的补时?

暂停时间后的补时？

跟小红帽的沟通？

加时的程序及时间？

六、回放规则

在一场比赛的正常时间中，一个球队有两次可以要求裁判回放比赛。如果回放证明裁判的原判罚准确，申请回放的球队就失去一次暂停。如果一个球队申请了两次回放，并且都证明了裁判的判罚有误，球队有权力再要求回放第三次。

在加时赛中，一个球队有一次可以要求裁判回放。前提是球队必须还有一次暂停才可以申请回放。

在总决赛和全国电视播出的比赛中，可能会有关于回放规定的调整。

如果有一位裁判自己扔出裁判旗。他可以要求回放。这样不算任何球队申请的。

如果一个球队申请回放的理由不列入“可申请回放情况”列表内，球队失去一次暂停。

如果一个球队使用了暂停为了申请回放，自动添加回来10秒钟。

以下为申请回放的情况/理由：

得分情况：

(1) 活球穿越的分区线；

(2) 裁判决定了球已经死了，但是活球被带进到的分区。

传球情况：

(1) 成功、失败、拦截；

(2) 超过了LOS之后被扔了；

(3) 传球被另外一位球员碰上了；

(4) 球队COP之后传球了；

(5) 从LOS后面传球时，裁判判罚有误。

参考文献

[1] 莫争春．美式橄榄球入门宝典 [M]．北京：人民体育出版社，2007.
[2] 赵仁鑫，张涛，安震一，程龙．玩转美式橄榄球 [M]．北京：人民邮电出版社，2017.
[3] 何阳译．橄榄球技术图解 [M]．北京：人民体育出版社，1996.
[4] 冯志远．教你打手球·橄榄球 [M]．沈阳：辽海出版社，2010.
[5] 毛振明，王骁．腰旗橄榄球 [M]．北京：北京师范大学出版社，2017.
[6] 王卓轩．武汉市高校美式橄榄球推广的可行性研究 [D]．武汉：武汉体育学院，2016.
[7] 于凯．美式橄榄球运动在我国训练与竞赛开展现状研究 [D]．长春：吉林大学，2016.
[8] 潘前，王然科．美式橄榄球发展分析 [J]．体育文化导刊，2013 (7)．
[9] 陈思宇．美式橄榄球运动对青少年身心健康的影响 [J]．青少年体育，2015 (4)．
[10] 常琦．从中国传统文化看美式橄榄球在中国的发展 [J]．科技信息，2009 (8)．